TVöD · TVÜ

dtv

Schnellübersicht

TVöD · TVÜ

Tarifrecht öffentlicher Dienst
Bund und Kommunen

Textausgabe mit
einer Einführung von
Rechtsanwältin Gabriele Cerff, Weil am Rhein

1. Auflage
Stand 1. November 2005

Deutscher Taschenbuch Verlag

Im Internet:

dtv.de

beck.de

Sonderausgabe
Deutscher Taschenbuch Verlag GmbH & Co. KG,
Friedrichstraße 1 a, 80801 München
© 2006. Redaktionelle Verantwortung: Verlag C. H. Beck oHG
Gesamtherstellung: Druckerei C. H. Beck, Nördlingen
(Adresse der Druckerei: Wilhelmstraße 9, 80801 München)
Umschlagtypographie auf der Grundlage
der Gestaltung von Celestino Piatti

ISBN 10: 3 423 057768 8 (dtv)
ISBN 10: 3 406 538622 (C. H. Beck)
ISBN 13: 978 3 423 057768 4 (dtv)
ISBN 13: 978 3 406 538629 (C. H. Beck)

Inhaltsverzeichnis

Abkürzungen

Abs.	Absatz
ADO	Allgemeine Dienstordnung für Angestellte im öffentlichen Dienst
ÄndTV	Änderungstarifvertrag
Anm.	Anmerkung
Art.	Artikel
ATZ	Altersteilzeit
AVG	Angestelltenversicherungsgesetz
BAG	Bundesarbeitsgericht
BAT	Bundes-Angestelltentarifvertrag
BBesG	Bundesbesoldungsgesetz
BGB	Bürgerliches Gesetzbuch
BGBl.	Bundesgesetzblatt
BhV	Beihilfevorschriften
BMI	Bundesminister des Innern
BPersVG	Bundespersonalvertretungsgesetz
BRRG	Beamtenrechtsrahmengesetz
Buchst.	Buchstabe
BUrlG	Bundesurlaubsgesetz
bzw.	beziehungsweise
DAG	Deutsche Angestellten-Gewerkschaft
d. h.	das heißt
EStG	Einkommensteuergesetz
ev.	eventuell
ff.	folgende
GewO	Gewerbeordnung
GG	Grundgesetz
GMBl.	Gemeinsames Ministerialblatt
HGB	Handelsgesetzbuch
i. d. F.	in der Fassung
KAV	Kommunaler Arbeitgeberverband
Nr.	Nummer
RTV	Rahmentarifvertrag
s.	siehe
S.	Seite
sog.	sogenannte
SR	Sonderregelung
StGB	Strafgesetzbuch
TdL	Tarifgemeinschaft deutscher Länder
TV	Tarifvertrag
TVG	Tarifvertragsgesetz
u. a.	unter anderem
Unterabs.	Unterabsatz

Abkürzungen

usw.	und so weiter
u. U.	unter Umständen
VBL	Versorgungsanstalt des Bundes und der Länder
ver.di	Vereinigte Dienstleistungsgewerkschaft
Verg.Gr.	Vergütungsgruppe
v. H.	vom Hundert
VKA	Vereinigung kommunaler Arbeitgeberverbände
z. B.	zum Beispiel
ZPO	Zivilprozessordnung

Einführung

von Rechtsanwältin Gabriele Cerff, Weil am Rhein

Die vorliegende Einführung gibt den Reformprozess und die wichtigsten Inhalte des neuen Tarifrechts wieder und will einen schnellen Überblick über die Neugestaltung des Tarifrechts im öffentlichen Dienst verschaffen.

Seit dem 1. Oktober 2005 gilt für die Beschäftigten des öffentlichen Dienstes beim Bund und in den Kommunen ein neues Tarifrecht. Der neue Tarifvertrag für den Öffentlichen Dienst (TVöD) ist ein Vertrag, der einheitlich für Angestellte und Arbeiter und Arbeiterinnen in den Tarifgebieten Ost und West zur Anwendung kommt. Er löst den Bundes-Angestelltentarifvertrag (BAT/-O), den Manteltarifvertrag für Arbeiterinnen und Arbeiter des Bundes und der Länder (MTArb/-O) und den Bundesmanteltarifvertrag für Arbeiter der Gemeinden (BMT-G II/-O) ab.

Dem neuen Tarifrecht ist eine mehrjährige Reformarbeit vorausgegangen. Bereits in der Lohnrunde 2003 haben sich Arbeitgeber und Gewerkschaften auf eine umfassende Modernisierung des Tarifrechts des öffentlichen Dienstes verständigt. Das seit 40 Jahren geltende Tarifrecht war im Laufe der Zeit zunehmend kompliziert und unübersichtlich geworden. Es verlor sich in einer Menge von komplexen Einzelregelungen, die nur noch schwer nachvollziehbar waren. Knappe öffentliche Mittel, zunehmender Liberalisierungsdruck vor allem im kommunalen Bereich und politischer Druck haben darüber hinaus verstärkt zu Privatisierungen, Flucht aus dem Flächentarifvertrag und massivem Stellenabbau geführt. Damit öffentliche Unternehmen und Betriebe, bspw. der öffentliche Nahverkehr oder die öffentliche Energiewirtschaft, mit privaten Anbietern konkurrieren können, waren Regelungen erforderlich, die es ermöglichen flexibel auf die Wettbewerbssituation zu reagieren.

Die Verhandlungen zur Modernisierung des Tarifrechts wurden auf Seiten der Arbeitgeber zunächst von Bund, Ländern und Kommunen geführt. Nachdem die Länder die Verlängerung der Arbeitszeit zum maßgebenden Verhandlungspunkt machen wollten und dies am Widerstand der Gewerkschaften scheiterte, schieden die Länder aus den Verhandlungen aus. Bund und Kommunen setzten den Reformprozess mit den Gewerkschaften fort und am 9. Februar 2005 erfolgte die Einigung über die Neugestaltung des Tarifrechts.

Der TVöD soll den Ansprüchen an ein modernes, leistungsgerechtes, flexibles und einheitliches Tarifrecht für Arbeitnehmerinnen und Arbeitnehmer im öffentlichen Dienst gerecht werden. Wesentliche Reforminhalte sind: Vereinfachung, Deregulierung und Transparenz. Das bisherige Bezahlsystem wird abgeschafft. Leistungsfremde Aspekte, wie das Alimentationsprinzip, spielen künftig keine Rolle mehr. Lebensaltersstufen, familienbezogene Bestandteil oder Bewährungs- und Fallgruppenaufstiege sind weggefallen. Es erfolgt die Hinwendung zu leistungsbezogenen Bezahlungselementen. Das Fortkommen in den Entwicklungsstufen ist von den Leistungen des Beschäf-

Einführung

tigten abhängig. Liegen sie über dem Durchschnitt führt dies zu einem schnelleren Aufstieg in den Entwicklungsstufen und damit zu einem höheren Einkommen. Zusätzliche Leistungsanreize in Form von Leistungsprämien und Leistungszulagen ergänzen die leistungsorientierte Bezahlung. Das neue Tarifrecht ermöglicht ein hohes Maß an Flexibilisierung der Arbeitszeit. Darüber hinaus wird durch Einführung einer neuen Entgeltgruppe mit einem niedrigeren Bezahlungsniveau den öffentlichen Arbeitgebern ein wirkungsvolles Instrument an die Hand gegeben, um im Wettbewerb mit privaten Anbietern bestehen zu können. Mit dem TVöD wird der Erhalt eines funktionierenden Flächentarifvertrages ermöglicht. Er gewährt einen einheitlichen Mantel und bietet zugleich für die besonderen Bedürfnisse verschiedener Sparten spezielle Lösungen an. Das Prinzip des Flächentarifvertrages ist aber erst dann vollständig gewahrt, wenn es auch im Länderbereich gelingt, den BAT/-O und MTArb/-O durch den TVöD abzulösen.

II. Überblick über das neue Tarifrecht

1. Allgemeines

Das neue Tarifrecht ist am 1. Oktober 2005 in Kraft getreten. Die Bestimmungen zum Entgelt und zu Sonderzahlungen haben eine Laufzeit bis zum 31. 12. 2007. Im übrigen kann der TVöD frühestens zum 31. Dezember 2009 gekündigt werden.

Das neue Tarifrecht besteht aus zwei Teilen:

Der **Allgemeiner Teil**, der Regelungen enthält, die für alle Bereiche des öffentlichen Dienstes einheitlich gelten. Hierzu zählen bspw. allgemeine Arbeitsbedingungen, Arbeitszeit, Eingruppierung, Entgelt im Krankheitsfall und Ausschlussfristen.

Der **Besondere Teil** enthält Bestimmungen für die jeweiligen Sparten: Verwaltung (BT-V), Krankenhäuser (BT-K), Sparkassen (BT-S), Flughäfen (BT-F), und Entsorgung (BT-E).

2. Einzelheiten zu allgemeinen Vorschriften des TVöD

2.1. Geltungsbereich (§ 1)

Der TVöD unterscheidet nicht mehr zwischen Arbeitern und Angestellten. Sie werden künftig zum neuen Begriff der Beschäftigten zusammengefasst. Der TVöD gilt für alle Beschäftigten bei Bund und Kommunen, die Mitglied in einem kommunalen Arbeitgeberverband sind. Wie bereits im bisherigen Tarifrecht enthält auch der TVöD eine Liste mit Beschäftigten, die ausdrücklich aus dem Geltungsbereich ausgenommen sind. Im kommunalen Bereich gilt der TVöD nicht für die Arbeitnehmer, für die der Tarifvertrag Versorgungsbetriebe (TV-V), der Tarifvertrag Wasserwirtschaft NW (TV-WW NW) oder ein Tarifvertrag Nahverkehr (TV-N) gilt.

2.2. Arbeitsvertrag, Nebenabreden (§ 2)

Die Voraussetzungen über den Abschluss eines Arbeitsvertrages haben keine wesentliche Änderungen erfahren. Der TVöD sieht auch weiterhin die

Schriftform von Arbeitsverträgen vor. Nebenabreden müssen für ihre Wirksamkeit schriftlich vereinbart werden. Gekündigt werden können Nebenabreden, wenn dies schriftlich im Arbeitsvertrag vereinbart ist. Die Probezeit beträgt einheitlich sechs Monate.

2.3. Allgemeine Arbeitbedingungen (§ 3)

Die bisher bestehenden Arbeitsbedingungen wurden teilweise gekürzt und insgesamt gestrafft.

Der besondere Akt des Gelöbnisses wurde im TVöD nicht mehr aufgenommen. Die Beschäftigten haben über Angelegenheiten, deren Geheimhaltung gesetzlich oder durch den Arbeitgeber angeordnet ist, Stillschweigen zu bewahren; dies gilt auch über das Arbeitsverhältnis hinaus. Belohnungen, Geschenke oder sonstige Vergünstigungen dürfen nicht angenommen werden, mit Ausnahme der Arbeitgeber stimmt dem zu. Werden derartige Vergünstigungen durch einen Dritten angeboten, hat sie der Beschäftigte unverzüglich anzuzeigen.

Nebentätigkeiten gegen Entgelt müssen Beschäftigte ihrem Arbeitgeber rechtzeitig vorher schriftlich anzeigen. Unentgeltliche Nebentätigkeiten sind anzeigefrei. Die Untersagung der Nebentätigkeit ist nur möglich, wenn die arbeitsvertraglichen Pflichten des Beschäftigten oder die Interessen des Arbeitgebers beeinträchtigt werden.

Bei begründeter Veranlassung wird es auch zukünftig möglich sein, eine ärztliche Untersuchung durchführen zu lassen. Die Untersuchung kann bspw. bei einem Betriebsarzt oder einem anderen Arzt, auf den sich die Betriebsparteien geeinigt haben, durchgeführt werden. Die bisher im Tarifrecht vorhandene Vorschrift zur Einstellungsuntersuchung ist im TVöD nicht mehr vorhanden.

Die Vorschriften zur Abordnung und Versetzung sind erhalten geblieben und die Zuweisungsmöglichkeiten wurden erweitert.

Neu geschaffen wurde die sog. Personalgestellung. Die Modalitäten der Personalgestellung werden dabei zwischen dem Arbeitgeber und dem Dritten vertraglich geregelt.

2.4. Führung auf Zeit und auf Probe (§§ 31, 32)

Neu geschaffen wurde die Führung auf Probe und die Führung auf Zeit. Die Regelungen dienen der Verbesserung der Führungsqualität. Eine Führungsposition setzt in beiden Fällen Tätigkeiten voraus, die mindestens der Entgeltgruppe 10 zugeordnet werden und mit Weisungsbefugnis ausgestattet sind.

Auf Probe können Führungspositionen bis zu einer Gesamtdauer von zwei Jahren übertragen werden, wobei innerhalb dieser Gesamtdauer eine höchstens zweimalige Verlängerung möglich ist. Im Falle der Bewährung wird die Führungsfunktion auf Dauer übertragen.

Die Führung auf Zeit ist hingegen nicht auf eine dauerhafte Übertragung der Führungsposition ausgelegt. Der TVöD ermöglicht eine Übertragung von Führungsaufgaben auf Zeit in der Entgeltgruppe 10 bis 12, befristet auf vier Jahre mit Verlängerungsmöglichkeiten bis zu einer Gesamtdauer auf acht Jah-

Einführung

ren. Ab der Entgeltgruppe 13 ist eine Befristung bis zu einer Gesamtdauer von zwölf Jahren möglich. Wird einem bereits bei demselben Arbeitgeber Beschäftigten eine Führung auf Zeit übertragen, erhält er für die Dauer der Übertragung eine Zulage in Höhe des Unterschiedsbetrages zwischen den Entgelten nach der bisherigen Entgeltgruppe und dem sich bei einer Höhergruppierung ergebenden Entgelt. Darüber hinaus wird einer weitere Zulage in Höhe von 75% des Unterschiedsbetrages zwischen den Entgelten, die den übertragenen Funktionen entsprechen und der nächsthöheren Entgeltgruppe gewährt.

2.5. Qualifizierung (§ 5)

Zukünftig haben Beschäftigte einen Anspruch auf ein jährliches Gespräch zur beruflichen Fort- und Weiterbildung. Ziel ist es, festzustellen, welcher Bedarf an Qualifizierung besteht. Ein Anspruch der Beschäftigten auf eine Weiterbildungmaßnahme besteht hingegen nicht. Wird eine Qualifizierung auf Veranlassung des Arbeitgebers durchgeführt, hat dieser grundsätzlich die Kosten zu tragen.

2.6. Entgeltfortzahlung im Krankheitsfall (§ 22)

Die Vorschriften zur Entgeltfortzahlung im Krankheitsfall wurden neu geregelt. Bei Arbeitsunfähigkeit wird für alle Beschäftigten für die Dauer bis zu sechs Wochen das Arbeitsentgelt fortgezahlt. Danach zahlt der Arbeitgeber einen Krankengeldzuschuss, welcher bisher längstens bis zum Ende der 26. Woche gewährt wurde. Zukünftig erhalten Beschäftigte, die mehr als ein Jahr beschäftigt sind, einen Krankengeldzuschuss bis zur 13. Woche. Bei einer Beschäftigungszeit von mehr als drei Jahren wird er bis zur 39. Woche gezahlt. Die Bezugsdauer ist somit verlängert worden. Die Höhe berechnet sich wie bisher nach der Differenz zwischen den tatsächlichen Barleistungen des Sozialversicherungsträgers (Bruttokrankengeld) und dem durchschnittlichen Nettoentgelt der letzten drei Monate. Die Übergangsregelung des § 71 BAT (Tarifbereich West) wurde gestrichen. Die hiervon betroffenen Beschäftigen erhalten einen Krankengeldzuschuss, der sich aus der Differenz zwischen dem Nettokrankengeld und dem durchschnittlichen Nettoentgelt der letzten drei Monate errechnet.
Bestand bisher Anspruch auf Beihilfeleistungen im Krankheitsfall vom Arbeitgeber, gilt dieser Anspruch fort.

2.7. Erholungsurlaub, Sonderurlaub (§§ 26 ff.)

Der Anspruch auf Erholungsurlaub ist wie folgt gestaffelt: bis zum 30. Lebensjahr 26 Arbeitstage, bis zum 40. Lebensjahr 29 Arbeitstage, ab dem vollendeten 40. Lebensjahr 30 Arbeitstage. Im Falle der Übertragung muss der Erholungsurlaub bis zum 31. März des folgenden Kalenderjahres genommen werden. Ist dies wegen Arbeitsunfähigkeit oder aus betrieblichen/dienstlichen Gründen nicht möglich, verlängert sich die Frist bis zum 31. Mai. Das Entgelt wird während des Urlaubs in Höhe des Durchschnitts des Entgelts der letzten drei Monate gezahlt.

Bei Vorliegen eines wichtigen Grundes kann unter Verzicht auf die Fortzahlung des Entgelts Sonderurlaub gewährt werden. Die Arbeitsbefreiung unter Fortzahlung des Entgelts (bisher § 52 BAT) bleibt im Wesentlichen bestehen.

2.8. Beendigung des Arbeitsverhältnisses (§§ 33, 34)

Die Kündigungsfristen nach altem Tarifrecht bestehen fort. Die Regelungen zur so genannten Unkündbarkeit bleiben erhalten. Die Beschäftigten im Tarifgebiet West können nach 15 Jahren Beschäftigungszeit und 40 Lebensjahren die Unkündbarkeit erreichen. Eine Kündigung ist in diesen Fällen nur noch aus einem wichtigen Grund möglich. Für Beschäftigte im Tarifgebiet Ost findet diese Regelung auch weiterhin keine Anwendung.

3. Arbeitszeit (§§ 6 ff.)

Für den Bereich des Bundes gilt einheitlich eine wöchentliche Arbeitszeit von 39 Stunden. Bei den kommunalen Arbeitgebern im Tarifbereich West bleibt die regelmäßige Wochenarbeitszeit von 38,5 Stunden erhalten. Allerdings können sich die Tarifvertragsparteien auf landesbezirklicher Ebene darauf einigen, die regelmäßige wöchentliche Arbeitszeit auf bis zu 40 Stunden zu verlängern. Im Tarifbereich Ost gilt weiterhin die 40-Stunden-Woche. Der Ausgleichszeitraum für die durchschnittliche regelmäßige wöchentliche Arbeitszeit beträgt bis zu einem Jahr. Die regelmäßige wöchentliche Arbeitszeit verteilt sich auf fünf Tage und kann aus notwendigen dienstlichen bzw. betrieblichen Gründen auf sechs Tage in der Woche verteilt werden.

3.1. Arbeitszeitkorridor und Rahmenarbeitszeit (§ 6 Abs. 6, Abs. 7)

Grundsätzlich waren sich die Tarifvertragsparteien darüber einig, dass der neue Tarifvertrag in Fragen der Arbeitszeit ein größeres Maß an Flexibilität enthalten muss. Den Anforderungen des Arbeitgebers nach einer bedarfsgerechten Arbeitszeitgestaltung und die Ansprüche der Beschäftigten an eine erhöhte Arbeitszeitsouveränität wird der TVöD unter anderem durch die Instrumente Arbeitszeitkorridor, Rahmenarbeitszeit und Arbeitszeitkonten gerecht. Durch Betriebs- oder Dienstvereinbarung kann ein wöchentlicher Arbeitszeitkorridor von bis zu 45 Stunden eingerichtet werden. Die in dieser Zeit geleisteten zusätzlichen Arbeitsstunden sind keine zuschlagspflichtigen Überstunden, sondern sind grundsätzlich innerhalb eines Jahres auszugleichen. Auch die Einrichtung einer Rahmenarbeitszeit setzt eine Betriebs- oder Dienstvereinbarung voraus, welche in der Zeit von 6.00 Uhr bis 20.00 eine tägliche Rahmenzeit von bis zu zwölf Stunden vorsehen kann. Wie beim Arbeitszeitkorridor, sind die innerhalb dieser der Rahmenzeit geleisteten zusätzlichen Arbeitsstunden keine zuschlagspflichtigen Überstunden, sondern sind innerhalb eines Jahres auszugleichen. Arbeitszeit, die über den vereinbarten Korridor oder Rahmen hinausgeht, ist dahingegen auch weiterhin zuschlagspflichtig. Arbeitszeitkorridor und Rahmenarbeitszeit können nur alternativ vereinbart werden. Wird durch Betriebs- oder Dienstvereinbarung von den vorgenannten Instrumentarien Gebrauch gemacht, ist zwingend ein Arbeitszeitkonto (§ 10) einzurichten.

3.2. Überstunden (§ 7 Abs. 7, Abs. 8)

Wird weder ein Arbeitszeitkorridor noch eine Rahmenarbeitszeit vereinbart, fallen zuschlagspflichtige Überstunden an, wenn sie vom Arbeitgeber angeordnet wurden, über die dienstplanmäßige bzw. betriebsüblich festgesetzten Arbeitsstunden hinausgehen und kein Ausgleich bis zum Ende der folgenden Kalenderwoche erfolgt.

Bei Wechselschicht- und Schichtarbeit sind Überstunden gegeben, wenn sie angeordnet sind und über die im Schichtplan festgelegten täglichen Arbeitsstunden einschließlich der im Schichtplan vorgesehenen, die bezogen auf die regelmäßige wöchentliche Arbeitszeit nicht ausgeglichen werden, hinausgehen.

3.3. Ausgleich für Sonderformen der Arbeit (§ 8)

Die Zuschläge für Überstunden, Nacht-, Samstags-, Sonn- und Feiertagsarbeit wurden überwiegend neu vereinbart.

Für geleistete Überstunden erhalten die Beschäftigten Zeitzuschläge. Diese sind je nach Entgeltgruppe gestaffelt. Beschäftigte in den Entgeltgruppen 1 bis 9 erhalten einen Zeitzuschlag in Höhe von 30 Prozent, in den Entgeltgruppen 10 bis 15 in Höhe von 15 Prozent des auf eine Stunde entfallenden Anteils des Tabellenentgelts der Stufe 3 der jeweiligen Entgeltgruppe.

Für Nachtarbeit wird ein Zeitzuschlag von 20 Prozent gewährt. Für Arbeit an Samstagen zwischen 13 Uhr bis 21 Uhr, soweit diese nicht im Rahmen von Wechselschicht- oder Schichtarbeit anfällt, beträgt der Zeitzuschlag 20 Prozent pro Stunde, für Sonntagsarbeit 25 Prozent und für die Arbeit an Feiertagen 35 Prozent pro Stunde. Für Beschäftigte in Krankenhäusern gelten gesonderte Regelungen.

3.4. Bereitschaftsdienst und Rufbereitschaft (§ 7 Abs. 3, Abs. 4)

Die Definition für Rufbereitschaft und Bereitschaftsdienst hat sich nicht geändert. Bereitschaftsdienst leistet, wer sich auf Anordnung des Arbeitgebers außerhalb der regelmäßigen Arbeitszeit an einer vom Arbeitgeber bestimmten Stelle aufhält, um im Bedarfsfall die Arbeit aufzunehmen. Im Bereich der Krankenhäuser bestehen Sonderreglungen zu Bereitschaftsdienst und Rufbereitschaft. Die Möglichkeit die Arbeitszeit erheblich zu verlängern, wenn Zeiten von Arbeitsbereitschaft enthalten waren, existiert in dieser Form nicht mehr. Rufbereitschaft liegt vor, wenn sich der Beschäftigte auf Anordnung des Arbeitgebers außerhalb der regelmäßigen Arbeitszeit an einem dem Arbeitgeber anzuzeigenden Stelle aufhält, um im Bedarfsfall die Arbeit aufzunehmen. Unter Berücksichtigung der bisherigen Rechtsprechung ist die Rufbereitschaft auch dann nicht ausgeschlossen, wenn der Arbeitnehmer auf Anordnung des Arbeitgebers per Mobiltelefon erreichbar sein muss.

4. Entgelt (§§ 12 ff.)

Zukünftig entfällt die Unterscheidung in Arbeiter und Angestellte. Abgeschafft wurden die bisherigen Lebensalters- und Lohnstufen und die familienbezogenen Entgeltbestandteile. Entsprechendes gilt für die Bewährungs-, Zeit- und Tätigkeitsaufstiege. Die Bezahlung wird sich nur noch nach Berufserfahrung und Leistung richten. Besonders gute Leistungen führen zu schnelleren Aufstiegen. Bei erheblich unter dem Durchschnitt liegenden Leistungen findet keine Stufensteigerung und damit keine Einkommenserhöhung statt. Für vorhandene Beschäftigte sichern eine Vielzahl von Besitzstands- und Ausgleichsregelungen das bisherige Einkommen. Kennzeichnend für das neue Entgeltsystem ist auch, dass die Anfangsgehälter von jüngeren Beschäftigten höher sind und das Einkommen dafür weniger stark ansteigt (Prinzip „Wippe"). Dadurch sollen die Chancen des öffentlichen Dienstes im Wettbewerb um qualifizierte Nachwuchskräfte verbessert werden.

4.1. Tabellenstruktur (§ 16)

Die neue Entgelttabelle umfasst 15 Entgeltgruppen mit jeweils 5 oder 6 Stufen. In diesen Entgeltgruppen sind, mit Ausnahme der Vergütungsgruppe I BAT, die bisherigen Vergütungs- und Lohngruppen zusammengefasst. Neu ist die Entgeltgruppe 1 als untere Entgeltgruppe. Sie kommt bei Neueinstellungen von un- und angelernten Personal zur Anwendung. Das Gehaltsniveau liegt erheblich unterhalb des Zahlbetrags der bisher niedrigsten Lohngruppe/Vergütungsgruppe. Damit erlaubt die neue Entgeltgruppe 1 den Erhalt öffentlicher Aufgaben im Wettbewerb mit privaten Anbietern.

Die Eingruppierung in die Entgeltgruppen1 bis 15 ist abhängig von Berufs- und Bildungsabschlüssen sowie von den übertragenen Tätigkeiten. Der Entgeltgruppe 1 bis 4 gehören an- und ungelernte Beschäftigte an. Eine Zuordnung in die Entgeltgruppe 5 bis 8 setzt eine dreijährige Ausbildung (BBiG) voraus. Ab Entgeltgruppe 9 ist eine Eingruppierung für Tätigkeiten vorgesehen, die einen FH-Abschluss erfordern. Die Entgeltgruppe 13 bis 15 ist für Tätigkeiten mit wissenschaftlichem Hochschulabschluss vorgesehen.

Anknüpfungspunkt für das Durchlaufen der horizontalen Stufen ist die Beschäftigungszeit beim Arbeitgeber. Neueinsteiger ohne Berufserfahrung werden in die Stufe 1 der jeweiligen Entgeltgruppe eingruppiert. Diese Stufe enthält eine gegenüber der Stufe 2 um 10 Prozent abgesenkte Vergütung. Nach einem Jahr erhalten sie die Stufe 2, die Bewerber mit Berufserfahrung bereits von Anfang an erhalten. Die Stufen 1 und 2 bilden die Grundstufen. Die Verweildauer in den Stufen beträgt in der Regel ein Jahr in Stufe 1 bis hin zu fünf Jahren in der Stufe 5. Ab Stufe 3 spricht man von Entwicklungsstufen. Je nach individueller Leistung der Beschäftigten kann ab dieser Stufe der Aufstieg in Stufe 4, 5 und 6 beschleunigt oder verlangsamt werden. Stufe 6 stellt zukünftig die Endstufe dar. In einigen Fällen stellt bereits die Stufe 5 die Endstufe dar. Die Stufe 6 gilt bspw. nicht für die Entgeltgruppen 9 bis 15 beim Bund. Diese Zuordnung gibt jedoch nur die bereits in der Vergangenheit niedrigeren Vergütungsbeträge beim Bund wieder.

4.2. Überleitung (TVÜ – Bund/TVÜ – VKA)

Die Überleitung und der Besitzstand für die am 1. Oktober 2005 schon vorhandenen Beschäftigten erfolgt aufgrund der Tarifverträge zur Überleitung in den TVöD (TVÜ-Bund/TVÜ-VKA).

Einführung

Dabei gilt der Grundsatz, dass kein Beschäftigter zum Zeitpunkt der Überleitung materiell benachteiligt werden darf. Zunächst erfolgt die Zuordnung der bisherigen Lohn- und Vergütungsgruppe in eine der Entgeltgruppen 2 bis 15. Eine Eingruppierung in die Entgeltgruppe 1 erfolgt für die Bestandsbeschäftigten nicht. Aufgrund der bisherigen Unterscheidung zwischen Arbeiter und Angestellten sind die Überleitungs- und Besitzstandsregelungen nicht identisch.

Bei den bisherigen **Angestellten** ist in einem weiteren Schritt das Vergleichsentgelt auf der Grundlage der im September 2005 erhaltenen Bezüge zu bilden. Hierzu ist die Grundvergütung, je nach Familienstand der Ortszuschlag der Stufe 1, 1/2 oder 2 und die allgemeine Zulage zu berücksichtigen. Je nach Höhe des Vergleichsentgelts wird der Beschäftigte einer individuellen Zwischenstufe zwischen zwei Stufen zugeordnet und steigt spätestens zum 1. Oktober 2007 in die nächst höhere reguläre Stufe auf. Liegt das Vergleichsentgelt über der höchsten Entgeltstufe der neuen Entgeltgruppe, wird dieser Betrag auch nach dem 1. Oktober 2007 weitergezahlt. Diese individuelle Endstufe wird bei Linearerhöhungen dynamisch in dem selben Umfang (Prozentsatz) erhöht, wie die übrigen Stufen.

Die Stufenzuordnung der bisherigen **Arbeiter** erfolgt primär anhand der Beschäftigungszeit. Sie werden somit der Stufe zugeordnet, die sie erreicht hätten, wenn der TVöD schon zu Beginn ihrer Beschäftigungszeit gegolten hätte. Bleibt das auf diese Weise ermittelte Entgelt hinter dem Tabellenlohn im September 2005 zurück, wird der höhere Tabellenlohn weiter gezahlt bis der Beschäftigte im Rahmen seiner Gesamtbeschäftigungszeit in die nächst höhere Stufe der neuen Entgelttabelle aufrückt. Es erfolgt in diesen Fällen somit kein automatisches Aufsteigen in die jeweils nächst höhere Stufe zum 1. Oktober 2007.

4.3. Besitzstand (TVÜ – Bund/TVÜ – VKA)

Für Kinder, die bis zum 31. 12. 2005 geboren werden, erhalten die übergeleiteten Beschäftigten den kinderbezogenen Teil des früheren Ortszuschlags weiter gezahlt. Die Besitzstandszulage setzt voraus, dass Kindergeld ununterbrochen bezogen wird. Sie wird dynamisiert, d. h. sie nimmt an zukünftigen linearen Erhöhungen teil.

Angestellte, die in die Entgeltgruppen 3, 5, 6 oder 8 überführt werden und am 1. Oktober 2005 die Hälfte der Zeitdauer für den Bewährungs- oder Tätigkeitsaufstieg erfüllt haben, bleibt der Aufstieg erhalten. Sie werden zu dem Zeitpunkt, ab dem sie zum bisherigen Recht höhergruppiert worden wären, in die jeweils höhere Entgeltgruppe des TVöD eingruppiert. Die Voraussetzung, mindestens zur Hälfte den Bewährungs- oder Tätigkeitsaufstieg erfüllt zu haben, entfällt, wenn der Aufstieg in die Zeit zwischen 1. November 2005 und 1. Oktober 2007 fällt. Angestellte, die in die Entgeltgruppe 2 sowie 9 bis 15 übergeleitet werden, zum 1. Oktober 2005 bereits die Hälfte der Zeit für Höhergruppierungen erfüllt haben und zwischen dem 1. Oktober 2005 und dem 1. Oktober 2007 höhergruppiert worden wären, erhalten ab dem Zeitpunkt, zu dem sie nach altem Recht aufgestiegen wären, in ihrer bisherigen Entgeltgruppe Entgelt nach der Zwischenstufe, die sich ergeben hätte, wenn das Vergleichsentgelt nach der Höhergruppierung bestimmt worden wäre.

5. Leistungsentgelt (§ 18)

Neben den leistungsorientierten Stufenaufstiegen bieten die Leistungszulage und die Leistungsprämie weitere Leistungsanreize. Der Einstieg in die leistungsorientierte Bezahlung erfolgt im Jahre 2007 in Höhe von einem Prozent der Entgeltsumme der Arbeitnehmer des jeweiligen Arbeitgebers bezogen auf das Vorjahr. Vereinbart ist eine Zielgröße von acht Prozent der Entgeltsumme der Tarifbeschäftigten des jeweiligen Arbeitgebers, die insgesamt erreicht werden soll. Finanziert wird die Leistungsvergütung u. a. durch auslaufende Besitzstände und Einsparungen bei der Umstrukturierung von Urlaubsgeld und Sonderzuwendung. Die Arbeitgeber sind verpflichtet das zur Verfügung stehende Leistungsentgelt auch zweckentsprechend zu verwenden.

6. Strukturausgleiche (Anlage zum TVÜ – Bund/TVÜ – VKA)

Wie bereits dargelegt, unterscheiden sich die Struktur der neuen Entgelttabelle von der bisherigen Vergütungstabelle insbesondere dadurch, dass die Stufensteigerungen langsamer und nicht mehr so zahlreich erfolgen wie im bisherigen System. Um besondere Härten durch Verluste beim Lebenseinkommen auszugleichen, wurden für bestimmte Beschäftigtengruppen Strukturausgleiche vereinbart. Die Beträge ergeben sich aus den Übersichten für den Bereich des Bundes und der Länder.

7. Eingruppierung

Die Verhandlungen zu einem neuen Eingruppierungssystem werden voraussichtlich erst Ende 2007 abgeschlossen sein. Die Tarifvertragsparteien haben sich bisher nur über Grundsatzregelungen geeinigt. Die Eingruppierungsregelungen für Arbeiter und Angestellte werden zusammengefasst. Fest steht auch, dass der Grundsatz der Tarifautomatik erhalten bleibt. Der Arbeitnehmer ist automatisch in der Entgeltgruppe, deren Merkmale durch die tatsächliche Tätigkeit des Betroffenen erfüllt werden. Hinsichtlich der Tätigkeit findet wie bisher eine Bündelung zu Arbeitsvorgängen statt und eine Anknüpfung an die überwiegend auszuübende Tätigkeit. Die Tarifvertragsparteien einigten sich innerhalb der 15 Entgeltgruppen auf vier Qualifikationsebenen, die bereits unter Punkt 4.1. der Einführung behandelt wurden. Um einem transparenten, tätigkeitsbezogenen System gerecht zu werden, ist für alle Qualifikationsebenen die so genannte Durchlässigkeit vorgesehen. Beschäftigte, die ohne die entsprechende Ausbildung die Tätigkeit einer bestimmten Entgeltgruppe ausüben, können also ebenfalls nach dieser Entgeltgruppe vergütet werden. Vorausgesetzt, dass sie über entsprechende Fähigkeiten verfügen, wobei sich diese nicht auf die gesamte Breite und Tiefe des im Rahmen der Ausbildung vermittelten Fachwissens und Könnens beziehen muss, sondern nur auf den Teil, der für die konkrete Tätigkeit erforderlich ist.

Die Entgeltgruppe 1 haben die Tarifvertragsparteien bereits jetzt fest vereinbart. In diese Entgeltgruppe werden Beschäftigte mit einfachsten Tätig-

Einführung

keiten eingruppiert, bspw. Garderobenpersonal, Servierer/innen oder Haus-haltsgelhilfen/innen. Die Regelung ist am 1. Oktober 2005 in Kraft getreten und ist ausschließlich für Neueinstellungen vorgesehen.

Bis zum In-Kraft-Treten der neu zu verhandelnden Entgeltordnung erfolgt die Eingruppierung nach der Anlage 1a und 1b zum BAT/-O bzw. nach den Lohngruppenverzeichnissen des MTArb/-O und BMT-G/-O. Die entspre-chende Entgeltgruppe nach dem TVöD ergibt sich dann aus der Anlage zum TVÜ.

1 a. Tarifvertrag für den öffentlichen Dienst (TVöD)

vom 13. September 2005

Zwischen der Bundesrepublik Deutschland, vertreten durch das Bundesministerium des Innern, und der Vereinigung der kommunalen Arbeitgeberverbände, vertreten durch den Vorstand, einerseits und ver.di – Vereinte Dienstleistungsgewerkschaft (ver.di), vertreten durch den Bundesvorstand, diese zugleich handelnd für
– Gewerkschaft der Polizei,
– Industriegewerkschaft Bauen – Agrar – Umwelt,
– Gewerkschaft Erziehung und Wissenschaft,
andererseits wird Folgendes vereinbart:[1]

Inhaltsübersicht

A. Allgemeiner Teil

Abschnitt I. Allgemeine Vorschriften

Abschnitt II. Arbeitszeit

Abschnitt III. Eingruppierung, Entgelt und sonstige Leistungen

---

[1] Ein inhaltsgleicher TV wurde mit dbb tarifunion vereinbart.

A. Allgemeiner Teil

Abschnitt I. Allgemeine Vorschriften

§ 1 Geltungsbereich. (1) Dieser Tarifvertrag gilt für Arbeitnehmerinnen und Arbeitnehmer – nachfolgend Beschäftigte genannt –, die in einem Arbeitsverhältnis zum Bund oder zu einem Arbeitgeber stehen, der Mitglied eines Mitgliedverbandes der Vereinigung der kommunalen Arbeitgeberverbände (VKA) ist.

(2) Dieser Tarifvertrag gilt nicht für

a) Beschäftigte als leitende Angestellte im Sinne des § 5 Abs. 3 BetrVG, wenn ihre Arbeitsbedingungen einzelvertraglich besonders vereinbart sind, sowie Chefärztinnen/Chefärzte,

b) Beschäftigte, die ein über das Tabellenentgelt der Entgeltgruppe 15 hinausgehendes regelmäßiges Entgelt erhalten,

c) bei deutschen Dienststellen im Ausland eingestellte Ortskräfte,

d) Arbeitnehmerinnen/Arbeitnehmer, für die der TV-V oder der TV-WW/NW gilt, sowie für Arbeitnehmerinnen/Arbeitnehmer, die in rechtlich selbstständigen, dem Betriebsverfassungsgesetz unterliegenden und dem fachlichen Geltungsbereich des TV-V oder des TV-WW/NW zuzuordnenden Betrieben mit in der Regel mehr als 20 wahlberechtigten Arbeitnehmerinnen/Arbeitnehmern beschäftigt sind und Tätigkeiten auszuüben haben, welche dem fachlichen Geltungsbereich des TV-V oder des TV-WW/NW zuzuordnen sind,

Protokollerklärung zu Absatz 2 Buchst. d:

[1] *Im Bereich des Kommunalen Arbeitgeberverbandes Nordrhein-Westfalen (KAV NW) sind auch die rechtlich selbstständigen Betriebe oder sondergesetzlichen Verbände, die kraft Gesetzes dem Landespersonalvertretungsgesetz des Landes Nordrhein-Westfalen unterliegen, von der Geltung des TVöD ausgenommen, wenn die Voraussetzungen des § 1 Abs. 2 Buchst. d im Übrigen gegeben sind.* [2] *§ 1 Abs. 3 bleibt unberührt.*

e) Arbeitnehmerinnen/Arbeitnehmer, für die ein TV-N gilt, sowie für Arbeitnehmerinnen/Arbeitnehmer in rechtlich selbstständigen Nahverkehrsbetrieben, die in der Regel mehr als 50 wahlberechtigte Arbeitnehmerinnen/Arbeitnehmer beschäftigen,

f) Angestellte, für die der TV Ang iöS, der TV Ang-O iöS, der TV Ang aöS oder der TV Ang-O aöS gilt,

g) Beschäftigte, für die ein Tarifvertrag für Waldarbeiter tarifrechtlich oder einzelarbeitsvertraglich zur Anwendung kommt, sowie die Waldarbeiter im Bereich des Kommunalen Arbeitgeberverbandes Bayern,

h) Auszubildende, Schülerinnen/Schüler in der Gesundheits- und Krankenpflege, Gesundheits- und Kinderkrankenpflege, Entbindungspflege und Altenpflege, sowie Volontärinnen/Volontäre und Praktikantinnen/Praktikanten,

i) Beschäftigte, für die Eingliederungszuschüsse nach den §§ 217 ff. SGB III gewährt werden,

k) Beschäftigte, die Arbeiten nach den §§ 260 ff. SGB III verrichten,

l) Leiharbeitnehmerinnen/Leiharbeitnehmer von Personal-Service-Agenturen, sofern deren Rechtsverhältnisse durch Tarifvertrag geregelt sind,

m) geringfügig Beschäftigte im Sinne von § 8 Abs. 1 Nr. 2 SGB IV,

n) künstlerisches Theaterpersonal, technisches Theaterpersonal mit überwiegend künstlerischer Tätigkeit und Orchestermusikerinnen/Orchestermusiker,

o) Seelsorgerinnen/Seelsorger bei der Bundespolizei,

p) Beschäftigte als Hauswarte und/oder Liegenschaftswarte bei der Bundesanstalt für Immobilienaufgaben, die aufgrund eines Geschäftsbesorgungs-
vertrages tätig sind,

q) Beschäftigte im Bereich der VKA, die ausschließlich in Erwerbszwecken
dienenden landwirtschaftlichen Verwaltungen und Betrieben, Weinbau-
betrieben, Gartenbau- und Obstbaubetrieben und deren Nebenbetrieben
tätig sind; dies gilt nicht für Beschäftigte in Gärtnereien, gemeindlichen
Anlagen und Parks sowie in anlagenmäßig oder parkartig bewirtschafteten
Gemeindewäldern,

r) Beschäftigte in Bergbaubetrieben, Brauereien, Formsteinwerken, Gaststät-
ten, Hotels, Porzellanmanufakturen, Salinen, Steinbrüchen, Steinbruch-
betrieben und Ziegeleien,

s) Hochschullehrerinnen/Hochschullehrer, wissenschaftliche und studenti-
sche Hilfskräfte und Lehrbeauftragte an Hochschulen, Akademien und
wissenschaftlichen Forschungsinstituten sowie künstlerische Lehrkräfte an
Kunsthochschulen, Musikhochschulen und Fachhochschulen für Musik,

Protokollerklärung zu Absatz 2 Buchst. s:

*Ausgenommen sind auch wissenschaftliche Assistentinnen/Assistenten, Verwalterin-
nen/Verwalter von Stellen wissenschaftlicher Assistentinnen/Assistenten und Lektorin-
nen/Lektoren, soweit und solange entsprechende Arbeitsverhältnisse am 1. Oktober
2005 bestehen oder innerhalb der Umsetzungsfrist des § 72 Abs. 1 Satz 8 HRG begründet werden (gilt auch für Forschungseinrichtungen); dies gilt auch für nachfolgende
Verlängerungen solcher Arbeitsverhältnisse.*

t) Beschäftigte des Bundeseisenbahnvermögens.

(3) [1]Durch landesbezirklichen Tarifvertrag ist es in begründeten Einzelfällen möglich, Betriebe, die dem fachlichen Geltungsbereich des TV-V oder
des TV-WW/NW entsprechen, teilweise oder ganz in den Geltungsbereich
des TVöD einzubeziehen. [2]Durch landesbezirklichen Tarifvertrag ist es in
begründeten Einzelfällen (z. B. für Bereiche außerhalb des Kerngeschäfts)
möglich, Betriebsteile, die dem Geltungsbereich eines TV-N entsprechen, in
den Geltungsbereich

a) des TV-V einzubeziehen, wenn für diesen Betriebsteil ein TV-N anwendbar ist und der Betriebsteil in der Regel nicht mehr als 50 wahlberechtigte
Arbeitnehmerinnen/Arbeitnehmer beschäftigt, oder

b) des TVöD einzubeziehen.

§ 2 Arbeitsvertrag, Nebenabreden, Probezeit. (1) Der Arbeitsvertrag
wird schriftlich abgeschlossen.

(2) [1]Mehrere Arbeitsverhältnisse zu demselben Arbeitgeber dürfen nur begründet werden, wenn die jeweils übertragenen Tätigkeiten nicht in einem
unmittelbaren Sachzusammenhang stehen. [2]Andernfalls gelten sie als ein Arbeitsverhältnis.

(3) [1]Nebenabreden sind nur wirksam, wenn sie schriftlich vereinbart werden. [2]Sie können gesondert gekündigt werden, soweit dies einzelvertraglich
vereinbart ist.

(4) [1] Die ersten sechs Monate der Beschäftigung gelten als Probezeit, soweit nicht eine kürzere Zeit vereinbart ist. [2] Bei Übernahme von Auszubildenden im unmittelbaren Anschluss an das Ausbildungsverhältnis in ein Arbeitsverhältnis entfällt die Probezeit.

§ 3 Allgemeine Arbeitsbedingungen.

(1) Die Beschäftigten haben über Angelegenheiten, deren Geheimhaltung durch gesetzliche Vorschriften vorgesehen oder vom Arbeitgeber angeordnet ist, Verschwiegenheit zu wahren; dies gilt auch über die Beendigung des Arbeitsverhältnisses hinaus.

(2) [1] Die Beschäftigten dürfen von Dritten Belohnungen, Geschenke, Provisionen oder sonstige Vergünstigungen in Bezug auf ihre Tätigkeit nicht annehmen. [2] Ausnahmen sind nur mit Zustimmung des Arbeitgebers möglich. [3] Werden den Beschäftigten derartige Vergünstigungen angeboten, haben sie dies dem Arbeitgeber unverzüglich anzuzeigen.

(3) [1] Nebentätigkeiten gegen Entgelt haben die Beschäftigten ihrem Arbeitgeber rechtzeitig vorher schriftlich anzuzeigen. [2] Der Arbeitgeber kann die Nebentätigkeit untersagen oder mit Auflagen versehen, wenn diese geeignet ist, die Erfüllung der arbeitsvertraglichen Pflichten der Beschäftigten oder berechtigte Interessen des Arbeitgebers zu beeinträchtigen.

(4) [1] Der Arbeitgeber ist bei begründeter Veranlassung berechtigt, die/den Beschäftigte/n zu verpflichten, durch ärztliche Bescheinigung nachzuweisen, dass sie/er zur Leistung der arbeitsvertraglich geschuldeten Tätigkeit in der Lage ist. [2] Bei der beauftragten Ärztin/dem beauftragten Arzt kann es sich um eine Betriebsärztin/einen Betriebsarzt handeln, soweit sich die Betriebsparteien nicht auf eine andere Ärztin/einen anderen Arzt geeinigt haben. [3] Die Kosten dieser Untersuchung trägt der Arbeitgeber.

(5) [1] Die Beschäftigten haben ein Recht auf Einsicht in ihre vollständigen Personalakten. [2] Sie können das Recht auf Einsicht auch durch eine/n hierzu schriftlich Bevollmächtigte/n ausüben lassen. [3] Sie können Auszüge oder Kopien aus ihren Personalakten erhalten.

§ 4 Versetzung, Abordnung, Zuweisung, Personalgestellung.

(1) [1] Beschäftigte können aus dienstlichen oder betrieblichen Gründen versetzt oder abgeordnet werden. [2] Sollen Beschäftigte an eine Dienststelle oder einen Betrieb außerhalb des bisherigen Arbeitsortes versetzt oder voraussichtlich länger als drei Monate abgeordnet werden, so sind sie vorher zu hören.

Protokollerklärungen zu Absatz 1:

1. *Abordnung ist die Zuweisung einer vorübergehenden Beschäftigung bei einer anderen Dienststelle oder einem anderen Betrieb desselben oder eines anderen Arbeitgebers unter Fortsetzung des bestehenden Arbeitsverhältnisses.*

2. *Versetzung ist die Zuweisung einer auf Dauer bestimmten Beschäftigung bei einer anderen Dienststelle oder einem anderen Betrieb desselben Arbeitgebers unter Fortsetzung des bestehenden Arbeitsverhältnisses.*

(2) [1] Beschäftigten kann im dienstlichen/betrieblichen oder öffentlichen Interesse mit ihrer Zustimmung vorübergehend eine mindestens gleich ver-

gütete Tätigkeit bei einem Dritten zugewiesen werden. [2]Die Zustimmung kann nur aus wichtigem Grund verweigert werden. [3]Die Rechtsstellung der Beschäftigten bleibt unberührt. [4]Bezüge aus der Verwendung nach Satz 1 werden auf das Entgelt angerechnet.

Protokollerklärung zu Absatz 2:

Zuweisung ist – unter Fortsetzung des bestehenden Arbeitsverhältnisses – die vorüberge-hende Beschäftigung bei einem Dritten im In- und Ausland, bei dem der Allgemeine Teil des TVöD nicht zur Anwendung kommt.

(3) [1]Werden Aufgaben der Beschäftigten zu einem Dritten verlagert, ist auf Verlangen des Arbeitgebers bei weiter bestehendem Arbeitsverhältnis die ar-beitsvertraglich geschuldete Arbeitsleistung bei dem Dritten zu erbringen (Personalgestellung). [2]§ 613a BGB sowie gesetzliche Kündigungsrechte blei-ben unberührt.

Protokollerklärung zu Absatz 3:

[1] *Personalgestellung ist – unter Fortsetzung des bestehenden Arbeitsverhältnisses – die auf Dauer angelegte Beschäftigung bei einem Dritten.* [2] *Die Modalitäten der Personalgestellung werden zwischen dem Arbeitgeber und dem Dritten vertraglich geregelt.*

§ 5 Qualifizierung. (1) [1]Ein hohes Qualifikationsniveau und lebenslanges Lernen liegen im gemeinsamen Interesse von Beschäftigten und Arbeitge-bern. [2]Qualifizierung dient der Steigerung von Effektivität und Effizienz des öffentlichen Dienstes, der Nachwuchsförderung und der Steigerung von be-schäftigungsbezogenen Kompetenzen. [3]Die Tarifvertragsparteien verstehen Qualifizierung auch als Teil der Personalentwicklung.

(2) [1]Vor diesem Hintergrund stellt Qualifizierung nach diesem Tarifvertrag ein Angebot dar, aus dem für die Beschäftigten kein individueller Anspruch außer nach Absatz 4 abgeleitet, aber das durch freiwillige Betriebsvereinba-rung wahrgenommen und näher ausgestaltet werden kann. [2]Entsprechendes gilt für Dienstvereinbarungen im Rahmen der personalvertretungsrechtlichen Möglichkeiten. [3]Weitergehende Mitbestimmungsrechte werden dadurch nicht berührt.

(3) [1]Qualifizierungsmaßnahmen sind

a) die Fortentwicklung der fachlichen, methodischen und sozialen Kompe-tenzen für die übertragenen Tätigkeiten (Erhaltungsqualifizierung),
b) der Erwerb zusätzlicher Qualifikationen (Fort- und Weiterbildung),
c) die Qualifizierung zur Arbeitsplatzsicherung (Qualifizierung für eine an-dere Tätigkeit; Umschulung) und
d) die Einarbeitung bei oder nach längerer Abwesenheit (Wiedereinstiegs-qualifizierung).

[2]Die Teilnahme an einer Qualifizierungsmaßnahme wird dokumentiert und den Beschäftigten schriftlich bestätigt.

(4) [1]Beschäftigte haben – auch in den Fällen des Absatzes 3 Satz 1 Buchst. d – Anspruch auf ein regelmäßiges Gespräch mit der jeweiligen Führungskraft, in dem festgestellt wird, ob und welcher Qualifizierungsbedarf besteht. [2]Dieses

Gespräch kann auch als Gruppengespräch geführt werden. ³Wird nichts anderes geregelt, ist das Gespräch jährlich zu führen.

(5) ¹Die Kosten einer vom Arbeitgeber veranlassten Qualifizierungsmaßnahme – einschließlich Reisekosten – werden, soweit sie nicht von Dritten übernommen werden, grundsätzlich vom Arbeitgeber getragen. ²Ein möglicher Eigenbeitrag wird durch eine Qualifizierungsvereinbarung geregelt. ³Die Betriebsparteien sind gehalten, die Grundsätze einer fairen Kostenverteilung unter Berücksichtigung des betrieblichen und individuellen Nutzens zu regeln. ⁴Ein Eigenbeitrag der Beschäftigten kann in Geld und/oder Zeit erfolgen.

(6) Zeiten von vereinbarten Qualifizierungsmaßnahmen gelten als Arbeitszeit.

(7) Gesetzliche Förderungsmöglichkeiten können in die Qualifizierungsplanung einbezogen werden.

(8) Für Beschäftigte mit individuellen Arbeitszeiten sollen Qualifizierungsmaßnahmen so angeboten werden, dass ihnen eine gleichberechtigte Teilnahme ermöglicht wird.

Abschnitt II. Arbeitszeit

§ 6 Regelmäßige Arbeitszeit. (1) ¹Die regelmäßige Arbeitszeit beträgt ausschließlich der Pausen für

a) die Beschäftigten des Bundes durchschnittlich 39 Stunden wöchentlich,
b) die Beschäftigten der Mitglieder eines Mitgliedverbandes der VKA im Tarifgebiet West durchschnittlich 38,5 Stunden wöchentlich, im Tarifgebiet Ost durchschnittlich 40 Stunden wöchentlich; im Tarifgebiet West können sich die Tarifvertragsparteien auf landesbezirklicher Ebene darauf einigen, die regelmäßige wöchentliche Arbeitszeit auf bis zu 40 Stunden zu verlängern.

²Bei Wechselschichtarbeit werden die gesetzlich vorgeschriebenen Pausen in die Arbeitszeit eingerechnet. ³Die regelmäßige Arbeitszeit kann auf fünf Tage, aus notwendigen betrieblichen/dienstlichen Gründen auch auf sechs Tage verteilt werden.

(2) ¹Für die Berechnung des Durchschnitts der regelmäßigen wöchentlichen Arbeitszeit ist ein Zeitraum von bis zu einem Jahr zugrunde zu legen. ²Abweichend von Satz 1 kann bei Beschäftigten, die ständig Wechselschicht- oder Schichtarbeit zu leisten haben, ein längerer Zeitraum zugrunde gelegt werden.

(3) ¹Soweit es die betrieblichen/dienstlichen Verhältnisse zulassen, wird die/der Beschäftigte am 24. Dezember und am 31. Dezember unter Fortzahlung des Entgelts nach § 21 von der Arbeit freigestellt. ²Kann die Freistellung nach Satz 1 aus betrieblichen/dienstlichen Gründen nicht erfolgen, ist entsprechender Freizeitausgleich innerhalb von drei Monaten zu gewähren. ³Die regelmäßige Arbeitszeit vermindert sich für jeden gesetzlichen Feiertag, sowie für den 24. Dezember und 31. Dezember, sofern sie auf einen Werktag fallen, um die dienstplanmäßig ausgefallenen Stunden.

Protokollerklärung zu Absatz 3 Satz 3:

Die Verminderung der regelmäßigen Arbeitszeit betrifft die Beschäftigten, die wegen des Dienstplans am Feiertag frei haben und deshalb ohne diese Regelung nacharbeiten müssten.

(4) Aus dringenden betrieblichen/dienstlichen Gründen kann auf der Grundlage einer Betriebs-/Dienstvereinbarung im Rahmen des § 7 Abs. 1, 2 und des § 12 ArbZG von den Vorschriften des Arbeitszeitgesetzes abgewichen werden.

Protokollerklärung zu Absatz 4:

In vollkontinuierlichen Schichtbetrieben kann an Sonn- und Feiertagen die tägliche Arbeitszeit auf bis zu zwölf Stunden verlängert werden, wenn dadurch zusätzliche freie Schichten an Sonn- und Feiertagen erreicht werden.

(5) Die Beschäftigten sind im Rahmen begründeter betrieblicher/dienstlicher Notwendigkeiten zur Leistung von Sonntags-, Feiertags-, Nacht-, Wechselschicht-, Schichtarbeit sowie – bei Teilzeitbeschäftigung aufgrund arbeitsvertraglicher Regelung oder mit ihrer Zustimmung – zu Bereitschaftsdienst, Rufbereitschaft, Überstunden und Mehrarbeit verpflichtet.

(6) ¹Durch Betriebs-/Dienstvereinbarung kann ein wöchentlicher Arbeitszeitkorridor von bis zu 45 Stunden eingerichtet werden. ²Die innerhalb eines Arbeitszeitkorridors geleisteten zusätzlichen Arbeitsstunden werden im Rahmen des nach Absatz 2 Satz 1 festgelegten Zeitraums ausgeglichen.

(7) ¹Durch Betriebs-/Dienstvereinbarung kann in der Zeit von 6 bis 20 Uhr eine tägliche Rahmenzeit von bis zu zwölf Stunden eingeführt werden. ²Die innerhalb der täglichen Rahmenzeit geleisteten zusätzlichen Arbeitsstunden werden im Rahmen des nach Absatz 2 Satz 1 festgelegten Zeitraums ausgeglichen.

(8) Die Absätze 6 und 7 gelten nur alternativ und nicht bei Wechselschicht- und Schichtarbeit.

(9) Für einen Betrieb/eine Verwaltung, in dem/der ein Personalvertretungsgesetz Anwendung findet, kann eine Regelung nach den Absätzen 4, 6 und 7 in einem landesbezirklichen Tarifvertrag – für den Bund in einem Tarifvertrag auf Bundesebene – getroffen werden, wenn eine Dienstvereinbarung nicht einvernehmlich zustande kommt und der Arbeitgeber ein Letztentscheidungsrecht hat.

Protokollerklärung zu § 6:

Gleitzeitregelungen sind unter Wahrung der jeweils geltenden Mitbestimmungsrechte unabhängig von den Vorgaben zu Arbeitszeitkorridor und Rahmenzeit (Absätze 6 und 7) möglich. Sie dürfen keine Regelungen nach Absatz 4 enthalten.

§ 7 Sonderformen der Arbeit. (1) ¹Wechselschichtarbeit ist die Arbeit nach einem Schichtplan, der einen regelmäßigen Wechsel der täglichen Arbeitszeit in Wechselschichten vorsieht, bei denen Beschäftigte durchschnittlich längstens nach Ablauf eines Monats erneut zur Nachtschicht herangezogen werden. ²Wechselschichten sind wechselnde Arbeitsschichten, in denen ununterbrochen bei Tag und Nacht, werktags, sonntags und feiertags gearbeitet wird. [3]Nachtschichten sind Arbeitsschichten, die mindestens zwei Stunden Nachtarbeit umfassen.

(2) Schichtarbeit ist die Arbeit nach einem Schichtplan, der einen regelmäßigen Wechsel des Beginns der täglichen Arbeitszeit um mindestens zwei Stunden in Zeitabschnitten von längstens einem Monat vorsieht, und die innerhalb einer Zeitspanne von mindestens 13 Stunden geleistet wird.

(3) Bereitschaftsdienst leisten Beschäftigte, die sich auf Anordnung des Arbeitgebers außerhalb der regelmäßigen Arbeitszeit an einer vom Arbeitgeber bestimmten Stelle aufhalten, um im Bedarfsfall die Arbeit aufzunehmen.

(4) [1]Rufbereitschaft leisten Beschäftigte, die sich auf Anordnung des Arbeitgebers außerhalb der regelmäßigen Arbeitszeit an einer dem Arbeitgeber anzuzeigenden Stelle aufhalten, um auf Abruf die Arbeit aufzunehmen. [2]Rufbereitschaft wird nicht dadurch ausgeschlossen, dass Beschäftigte vom Arbeitgeber mit einem Mobiltelefon oder einem vergleichbaren technischen Hilfsmittel ausgestattet sind.

(5) Nachtarbeit ist die Arbeit zwischen 21 Uhr und 6 Uhr.

(6) Mehrarbeit sind die Arbeitsstunden, die Teilzeitbeschäftigte über die vereinbarte regelmäßige Arbeitszeit hinaus bis zur regelmäßigen wöchentlichen Arbeitszeit von Vollbeschäftigten (§ 6 Abs. 1 Satz 1) leisten.

(7) Überstunden sind die auf Anordnung des Arbeitgebers geleisteten Arbeitsstunden, die über die im Rahmen der regelmäßigen Arbeitszeit von Vollbeschäftigten (§ 6 Abs. 1 Satz 1) für die Woche dienstplanmäßig bzw. betriebsüblich festgesetzten Arbeitsstunden hinausgehen und nicht bis zum Ende der folgenden Kalenderwoche ausgeglichen werden.

(8) Abweichend von Absatz 7 sind nur die Arbeitsstunden Überstunden, die

a) im Falle der Festlegung eines Arbeitszeitkorridors nach § 6 Abs. 6 über 45 Stunden oder über die vereinbarte Obergrenze hinaus,

b) im Falle der Einführung einer täglichen Rahmenzeit nach § 6 Abs. 7 außerhalb der Rahmenzeit,

c) im Falle von Wechselschicht- oder Schichtarbeit über die im Schichtplan festgelegten täglichen Arbeitsstunden einschließlich der im Schichtplan vorgesehenen Arbeitsstunden, die bezogen auf die regelmäßige wöchentliche Arbeitszeit im Schichtplanturnus nicht ausgeglichen werden,

angeordnet worden sind.

§ 8 Ausgleich für Sonderformen der Arbeit. (1) [1]Der/Die Beschäftigte erhält neben dem Entgelt für die tatsächliche Arbeitsleistung Zeitzuschläge. [2]Die Zeitzuschläge betragen – auch bei Teilzeitbeschäftigten – je Stunde

a) für Überstunden	
in den Entgeltgruppen 1 bis 9	30 v. H.,
in den Entgeltgruppen 10 bis 15	15 v. H.,
b) für Nachtarbeit	20 v. H.,
c) für Sonntagsarbeit	25 v. H.,
d) bei Feiertagsarbeit	
– ohne Freizeitausgleich	135 v. H.,
– mit Freizeitausgleich	35 v. H.,

e) für Arbeit am 24. Dezember und
am 31. Dezember jeweils ab 6 Uhr   35 v. H.,
f) für Arbeit an Samstagen von
13 bis 21 Uhr, soweit diese nicht
im Rahmen von Wechselschicht-
oder Schichtarbeit anfällt   20 v. H.

des auf eine Stunde entfallenden Anteils des Tabellenentgelts der Stufe 3 der jeweiligen Entgeltgruppe. [3] Beim Zusammentreffen von Zeitzuschlägen nach Satz 2 Buchst. c bis f wird nur der höchste Zeitzuschlag gezahlt. [4] Auf Wunsch der/des Beschäftigten können, soweit ein Arbeitszeitkonto (§ 10) eingerichtet ist und die betrieblichen/dienstlichen Verhältnisse es zulassen, die nach Satz 2 zu zahlenden Zeitzuschläge entsprechend dem jeweiligen Vomhundertsatz einer Stunde in Zeit umgewandelt und ausgeglichen werden. [5] Dies gilt entsprechend für Überstunden als solche.

Protokollerklärung zu Absatz 1 Satz 1:

Bei Überstunden richtet sich das Entgelt für die tatsächliche Arbeitsleistung nach der jeweiligen Entgeltgruppe und der individuellen Stufe, höchstens jedoch nach der Stufe 4.

Protokollerklärung zu Absatz 1 Satz 2 Buchst. d:

[1] *Der Freizeitausgleich muss im Dienstplan besonders ausgewiesen und bezeichnet werden.* [2] *Falls kein Freizeitausgleich gewährt wird, werden als Entgelt einschließlich des Zeitzuschlags und des auf den Feiertag entfallenden Tabellenentgelts höchstens 235 v. H. gezahlt.*

(2) Für Arbeitsstunden, die keine Überstunden sind und die aus betrieblichen/dienstlichen Gründen nicht innerhalb des nach § 6 Abs. 2 Satz 1 oder 2 festgelegten Zeitraums mit Freizeit ausgeglichen werden, erhält die/der Beschäftigte je Stunde 100 v. H. des auf eine Stunde entfallenden Anteils des Tabellenentgelts der jeweiligen Entgeltgruppe und Stufe.

Protokollerklärung zu Absatz 2 Satz 1:

Mit dem Begriff „Arbeitsstunden" sind nicht die Stunden gemeint, die im Rahmen von Gleitzeitregelungen im Sinne der Protokollerklärung zu § 6 anfallen, es sei denn, sie sind angeordnet worden.

(3) [1] Für die Rufbereitschaft wird eine tägliche Pauschale je Entgeltgruppe bezahlt. [2] Sie beträgt für die Tage Montag bis Freitag das Zweifache, für Samstag, Sonntag sowie für Feiertage das Vierfache des tariflichen Stundenentgelts nach Maßgabe der Entgelttabelle. [3] Maßgebend für die Bemessung der Pauschale nach Satz 2 ist der Tag, an dem die Rufbereitschaft beginnt. [4] Für die Arbeitsleistung innerhalb der Rufbereitschaft einschließlich der hierfür erforderlichen Wegezeiten wird jede angefangene Stunde auf eine volle Stunde gerundet und mit dem Entgelt für Überstunden sowie etwaiger Zeitzuschläge nach Absatz 1 bezahlt. [5] Absatz 1 Satz 4 gilt entsprechend, soweit die Buchung auf das Arbeitszeitkonto nach § 10 Abs. 3 Satz 2 zulässig ist. [6] Satz 1 gilt nicht im Falle einer stundenweisen Rufbereitschaft. [7] Eine Rufbereitschaft im Sinne von Satz 6 liegt bei einer ununterbrochenen Rufbereitschaft von weniger als zwölf Stunden vor. [8] In diesem Fall wird abwei-

chend von den Sätzen 2 und 3 für jede Stunde der Rufbereitschaft 12,5 v. H. des tariflichen Stundenentgelts nach Maßgabe der Entgelttabelle gezahlt.

Protokollerklärung zu Absatz 3:

Zur Ermittlung der Tage einer Rufbereitschaft, für die eine Pauschale gezahlt wird, ist auf den Tag des Beginns der Rufbereitschaft abzustellen.

(4) ¹Das Entgelt für Bereitschaftsdienst wird landesbezirklich – für den Bund in einem Tarifvertrag auf Bundesebene – geregelt. ²Bis zum In-Kraft-Treten einer Regelung nach Satz 1 gelten die in dem jeweiligen Betrieb/der jeweiligen Verwaltung/Dienststelle am 30. September 2005 jeweils geltenden Bestimmungen fort.

(5) ¹Beschäftigte, die ständig Wechselschichtarbeit leisten, erhalten eine Wechselschichtzulage von 105 Euro monatlich. ²Beschäftigte, die nicht ständig Wechselschichtarbeit leisten, erhalten eine Wechselschichtzulage von 0,63 Euro pro Stunde.

(6) ¹Beschäftigte, die ständig Schichtarbeit leisten, erhalten eine Schichtzulage von 40 Euro monatlich. ²Beschäftigte, die nicht ständig Schichtarbeit leisten, erhalten eine Schichtzulage von 0,24 Euro pro Stunde.

§ 9 Bereitschaftszeiten.

(1) ¹Bereitschaftszeiten sind die Zeiten, in denen sich die/der Beschäftigte am Arbeitsplatz oder einer anderen vom Arbeitgeber bestimmten Stelle zur Verfügung halten muss, um im Bedarfsfall die Arbeit selbständig, ggf. auch auf Anordnung, aufzunehmen und in denen die Zeiten ohne Arbeitsleistung überwiegen. ²Für Beschäftigte, in deren Tätigkeit regelmäßig und in nicht unerheblichem Umfang Bereitschaftszeiten fallen, gelten folgende Regelungen:

a) Bereitschaftszeiten werden zur Hälfte als tarifliche Arbeitszeit gewertet (faktorisiert).

b) Sie werden innerhalb von Beginn und Ende der regelmäßigen täglichen Arbeitszeit nicht gesondert ausgewiesen.

c) Die Summe aus den faktorisierten Bereitschaftszeiten und der Vollarbeitszeit darf die Arbeitszeit nach § 6 Abs. 1 nicht überschreiten.

d) Die Summe aus Vollarbeits- und Bereitschaftszeiten darf durchschnittlich 48 Stunden wöchentlich nicht überschreiten.

³Ferner ist Voraussetzung, dass eine nicht nur vorübergehend angelegte Organisationsmaßnahme besteht, bei der regelmäßig und in nicht unerheblichem Umfang Bereitschaftszeiten anfallen.

(2) ¹Im Bereich der VKA bedarf die Anwendung des Absatzes 1 im Geltungsbereich eines Personalvertretungsgesetzes einer einvernehmlichen Dienstvereinbarung. ²§ 6 Abs. 9 gilt entsprechend. ³Im Geltungsbereich des Betriebsverfassungsgesetzes unterliegt die Anwendung dieser Vorschrift der Mitbestimmung im Sinne des § 87 Abs. 1 Nr. 2 BetrVG.

(3) Im Bereich des Bundes gilt Absatz 1 für Beschäftigte im Sinne des Satzes 2, wenn betrieblich Beginn und Ende der täglichen Arbeitszeit unter Einschluss der Bereitschaftszeiten für diese Beschäftigtengruppen festgelegt werden.

Protokollerklärung zu § 9:
  Diese Regelung gilt nicht für Wechselschicht- und Schichtarbeit.

§ 10 Arbeitszeitkonto. [1]Durch Betriebs-/Dienstvereinbarung kann ein Arbeitszeitkonto eingerichtet werden. [2]Für einen Betrieb/eine Verwaltung, in dem/der ein Personalvertretungsgesetz Anwendung findet, kann eine Regelung nach Satz 1 auch in einem landesbezirklichen Tarifvertrag – für den Bund in einem Tarifvertrag auf Bundesebene – getroffen werden, wenn eine Dienstvereinbarung nicht einvernehmlich zustande kommt und der Arbeitgeber ein Letztentscheidungsrecht hat. [3]Soweit ein Arbeitszeitkorridor (§ 6 Abs. 6) oder eine Rahmenzeit (§ 6 Abs. 7) vereinbart wird, ist ein Arbeitszeitkonto einzurichten.

(2) [1]In der Betriebs-/Dienstvereinbarung wird festgelegt, ob das Arbeitszeitkonto im ganzen Betrieb/in der ganzen Verwaltung oder Teilen davon eingerichtet wird. [2]Alle Beschäftigten der Betriebs-/Verwaltungsteile, für die ein Arbeitszeitkonto eingerichtet wird, werden von den Regelungen des Arbeitszeitkontos erfasst.

(3) [1]Auf das Arbeitszeitkonto können Zeiten, die bei Anwendung des nach § 6 Abs. 2 festgelegten Zeitraums als Zeitguthaben oder als Zeitschuld bestehen bleiben, nicht durch Freizeit ausgeglichene Zeiten nach § 8 Abs. 1 Satz 5 und Abs. 2 sowie in Zeit umgewandelte Zuschläge nach § 8 Abs. 1 Satz 4 gebucht werden. [2]Weitere Kontingente (z.B. Rufbereitschafts-/Bereitschaftsdienstentgelte) können durch Betriebs-/Dienstvereinbarung zur Buchung freigegeben werden. [3]Die/Der Beschäftigte entscheidet für einen in der Betriebs-/Dienstvereinbarung festgelegten Zeitraum, welche der in Satz 1 genannten Zeiten auf das Arbeitszeitkonto gebucht werden.

(4) Im Falle einer unverzüglich angezeigten und durch ärztliches Attest nachgewiesenen Arbeitsunfähigkeit während eines Zeitausgleichs vom Arbeitszeitkonto (Zeiten nach Absatz 3 Satz 1 und 2) tritt eine Minderung des Zeitguthabens nicht ein.

(5) In der Betriebs-/Dienstvereinbarung sind insbesondere folgende Regelungen zu treffen:
a) Die höchstmögliche Zeitschuld (bis zu 40 Stunden) und das höchstzulässige Zeitguthaben (bis zu einem Vielfachen von 40 Stunden), die innerhalb eines bestimmten Zeitraums anfallen dürfen;
b) nach dem Umfang des beantragten Freizeitausgleichs gestaffelte Fristen für das Abbuchen von Zeitguthaben oder für den Abbau von Zeitschulden durch die/den Beschäftigten;
c) die Berechtigung, das Abbuchen von Zeitguthaben zu bestimmten Zeiten (z.B. an so genannten Brückentagen) vorzusehen;
d) die Folgen, wenn der Arbeitgeber einen bereits genehmigten Freizeitausgleich kurzfristig widerruft.

(6) [1]Der Arbeitgeber kann mit der/dem Beschäftigten die Einrichtung eines Langzeitkontos vereinbaren. [2]In diesem Fall ist der Betriebs-/Personalrat zu beteiligen und – bei Insolvenzfähigkeit des Arbeitgebers – eine Regelung zur Insolvenzsicherung zu treffen.

§ 11 Teilzeitbeschäftigung. (1) [1]Mit Beschäftigten soll auf Antrag eine geringere als die vertraglich festgelegte Arbeitszeit vereinbart werden, wenn sie

a) mindestens ein Kind unter 18 Jahren oder
b) einen nach ärztlichem Gutachten pflegebedürftigen sonstigen Angehörigen

tatsächlich betreuen oder pflegen und dringende dienstliche bzw. betriebliche Belange nicht entgegenstehen. [2]Die Teilzeitbeschäftigung nach Satz 1 ist auf Antrag bis zu fünf Jahre zu befristen. [3]Sie kann verlängert werden; der Antrag ist spätestens sechs Monate vor Ablauf der vereinbarten Teilzeitbeschäftigung zu stellen. [4]Bei der Gestaltung der Arbeitszeit hat der Arbeitgeber im Rahmen der dienstlichen bzw. betrieblichen Möglichkeiten der besonderen persönlichen Situation der/des Beschäftigten nach Satz 1 Rechnung zu tragen.

(2) Beschäftigte, die in anderen als den in Absatz 1 genannten Fällen eine Teilzeitbeschäftigung vereinbaren wollen, können von ihrem Arbeitgeber verlangen, dass er mit ihnen die Möglichkeit einer Teilzeitbeschäftigung mit dem Ziel erörtert, zu einer entsprechenden Vereinbarung zu gelangen.

(3) Ist mit früher Vollbeschäftigten auf ihren Wunsch eine nicht befristete Teilzeitbeschäftigung vereinbart worden, sollen sie bei späterer Besetzung eines Vollzeitarbeitsplatzes bei gleicher Eignung im Rahmen der dienstlichen bzw. betrieblichen Möglichkeiten bevorzugt berücksichtigt werden.

Protokollerklärung zu Abschnitt II:

Bei In-Kraft-Treten dieses Tarifvertrages bestehende Gleitzeitregelungen bleiben unberührt.

Abschnitt III. Eingruppierung, Entgelt und sonstige Leistungen

§ 12 Eingruppierung. [Derzeit nicht belegt, wird im Zusammenhang mit der Entgeltordnung geregelt.]

§ 13 Eingruppierung in besonderen Fällen. [Derzeit nicht belegt, wird im Zusammenhang mit der Entgeltordnung geregelt.]

§ 14 Vorübergehende Ausübung einer höherwertigen Tätigkeit.
(1) Wird der/dem Beschäftigten vorübergehend eine andere Tätigkeit übertragen, die den Tätigkeitsmerkmalen einer höheren als ihrer/seiner Eingruppierung entspricht, und hat sie/er diese mindestens einen Monat ausgeübt, erhält sie/er für die Dauer der Ausübung eine persönliche Zulage rückwirkend ab dem ersten Tag der Übertragung der Tätigkeit.

(2) Durch landesbezirklichen Tarifvertrag – für den Bund durch einen Tarifvertrag auf Bundesebene – wird im Rahmen eines Kataloges, der die hierfür in Frage kommenden Tätigkeiten aufführt, bestimmt, dass die Voraussetzung für die Zahlung einer persönlichen Zulage bereits erfüllt ist, wenn die vorübergehend übertragene Tätigkeit mindestens drei Arbeitstage angedauert hat und die/der Beschäftigte ab dem ersten Tag der Vertretung in Anspruch genommen worden ist.

(3) [1]Die persönliche Zulage bemisst sich für Beschäftigte, die in eine der Entgeltgruppen 9 bis 15 eingruppiert sind, aus dem Unterschiedsbetrag zu dem Tabellenentgelt, das sich für die/den Beschäftigte/n bei dauerhafter Übertragung nach § 17 Abs. 4 Satz 1 und 2 ergeben hätte. [2]Für Beschäftigte, die in eine der Entgeltgruppen 1 bis 8 eingruppiert sind, beträgt die Zulage 4,5 v. H. des individuellen Tabellenentgelts der/des Beschäftigten.

§ 15 Tabellenentgelt. (1) [1]Die/Der Beschäftigte erhält monatlich ein Tabellenentgelt. [2]Die Höhe bestimmt sich nach der Entgeltgruppe, in die sie/er eingruppiert ist, und nach der für sie/ihn geltenden Stufe.

Protokollerklärungen zu Absatz 1:

1. *Für Beschäftigte des Bundes, für die die Regelungen des Tarifgebiets Ost Anwendung finden, beträgt der Bemessungssatz für das Tabellenentgelt und die sonstigen Entgeltbestandteile in diesem Tarifvertrag sowie in den diesen Tarifvertrag ergänzenden Tarifverträgen und -regelungen 92,5 v. H. der nach den jeweiligen Tarifvorschriften für Beschäftigte des Bundes, für die Regelungen des Tarifgebiets West Anwendung finden, geltenden Beträge.*

2. *[1]Für Beschäftigte im Bereich der VKA, für die die Regelungen des Tarifgebiets Ost Anwendung finden, beträgt der Bemessungssatz für das Tabellenentgelt und die sonstigen Entgeltbestandteile in diesem Tarifvertrag sowie in den diesen Tarifvertrag ergänzenden Tarifverträgen und -regelungen 94 v. H. der nach den jeweiligen Tarifvorschriften für Beschäftigte im Bereich der VKA, für die Regelungen des Tarifgebiets West Anwendung finden, geltenden Beträge. [2]Dieser Bemessungssatz erhöht sich zum 1. Juli 2006 auf 95,5 v. H. und zum 1. Juli 2007 auf 97 v. H.*

3. *Die Protokollerklärungen Nrn. 1 und 2 gelten nicht für Ansprüche aus § 23 Abs. 1 und*

(2) [1]Beschäftigte, für die die Regelungen des Tarifgebiets West Anwendung finden, erhalten Entgelt nach den Anlagen A (Bund bzw. VKA). [2]Beschäftigte, für die die Regelungen des Tarifgebiets Ost Anwendung finden, erhalten Entgelt nach den Anlagen B (Bund bzw. VKA).

(3) [1]Im Rahmen von landesbezirklichen bzw. für den Bund in bundesweiten tarifvertraglichen Regelungen können für an- und ungelernte Tätigkeiten in von Outsourcing und/oder Privatisierung bedrohten Bereichen in den Entgeltgruppen 1 bis 4 Abweichungen von der Entgelttabelle bis zu einer dort vereinbarten Untergrenze vorgenommen werden. [2]Die Untergrenze muss im Rahmen der Spannbreite des Entgelts der Entgeltgruppe 1 liegen. [3]Die Umsetzung erfolgt durch Anwendungsvereinbarung, für den Bund durch Bundestarifvertrag.

§ 16 (Bund) Stufen der Entgelttabelle. (1) [1]Die Entgeltgruppen 9 bis 15 umfassen fünf Stufen und die Entgeltgruppen 2 bis 8 sechs Stufen. [2]Die Abweichungen von Satz 1 sind im Anhang zu § 16 (Bund) geregelt.

(2) [1]Bei Einstellung in eine der Entgeltgruppen 9 bis 15 werden die Beschäftigten zwingend der Stufe 1 zugeordnet. [2]Etwas anderes gilt nur, wenn eine mindestens einjährige einschlägige Berufserfahrung aus einem vorherigen befristeten oder unbefristeten Arbeitsverhältnis zum Bund vorliegt; in diesem Fall erfolgt die Stufenzuordnung unter Anrechnung der Zeiten der einschlägigen Berufserfahrung aus dem vorherigen Arbeitsverhältnis zum Bund.

Protokollerklärung zu Absatz 2 Satz 2:

Ein vorheriges Arbeitsverhältnis besteht, wenn zwischen Ende des vorherigen und Beginn des neuen Arbeitsverhältnisses mit demselben Arbeitgeber ein Zeitraum von längstens sechs Monaten liegt; bei Wissenschaftlerinnen/Wissenschaftlern ab der Entgeltgruppe 13 verlängert sich der Zeitraum auf längstens zwölf Monate.

(3) [1]Bei Einstellung in eine der Entgeltgruppen 2 bis 8 werden die Beschäftigten der Stufe 1 zugeordnet, sofern keine einschlägige Berufserfahrung vorliegt. [2]Verfügt die/der Beschäftigte über eine einschlägige Berufserfahrung von mindestens drei Jahren, erfolgt bei Einstellung nach dem 31. Dezember 2008 in der Regel eine Zuordnung zur Stufe 3. [3]Ansonsten wird die/der Beschäftigte bei entsprechender Berufserfahrung von mindestens einem Jahr der Stufe 2 zugeordnet. [4]Unabhängig davon kann der Arbeitgeber bei Neueinstellungen zur Deckung des Personalbedarfs Zeiten einer vorherigen beruflichen Tätigkeit ganz oder teilweise für die Stufenzuordnung berücksichtigen, wenn diese Tätigkeit für die vorgesehene Tätigkeit förderlich ist.

Protokollerklärungen zu den Absätzen 2 und 3:

1. Einschlägige Berufserfahrung ist eine berufliche Erfahrung in der übertragenen oder einer auf die Aufgabe bezogen entsprechenden Tätigkeit.

2. Ein Berufspraktikum nach dem Tarifvertrag über die vorläufige Weitergeltung der Regelungen für die Praktikantinnen/Praktikanten vom 13. September 2005 gilt grundsätzlich als Erwerb einschlägiger Berufserfahrung.

(4) [1]Die Beschäftigten erreichen die jeweils nächste Stufe – von Stufe 3 an in Abhängigkeit von ihrer Leistung gemäß § 17 Abs. 2 – nach folgenden Zeiten einer ununterbrochenen Tätigkeit innerhalb derselben Entgeltgruppe bei ihrem Arbeitgeber (Stufenlaufzeit):
– Stufe 2 nach einem Jahr in Stufe 1,
– Stufe 3 nach zwei Jahren in Stufe 2,
– Stufe 4 nach drei Jahren in Stufe 3,
– Stufe 5 nach vier Jahren in Stufe 4 und
– Stufe 6 nach fünf Jahren in Stufe 5 bei den Entgeltgruppen 2 bis 8.
[2]Die Abweichungen von Satz 1 sind im Anhang zu § 16 (Bund) geregelt.

(5) [1]Die Entgeltgruppe 1 umfasst fünf Stufen. [2]Einstellungen erfolgen zwingend in der Stufe 2 (Eingangsstufe). [3]Die jeweils nächste Stufe wird nach vier Jahren in der vorangegangenen Stufe erreicht; § 17 Abs. 2 bleibt unberührt.

§ 16 (VKA) Stufen der Entgelttabelle. (1) [1]Die Entgeltgruppen 2 bis 15 umfassen sechs Stufen. [2]Die Abweichungen von Satz 1 sind im Anhang zu § 16 (VKA) geregelt.

(2) [1]Bei Einstellung werden die Beschäftigten der Stufe 1 zugeordnet, sofern keine einschlägige Berufserfahrung vorliegt. [2]Verfügt die/der Beschäftigte über eine einschlägige Berufserfahrung von mindestens einem Jahr, erfolgt die Einstellung in die Stufe 2; verfügt sie/er über eine einschlägige Berufserfahrung von mindestens drei Jahren, erfolgt bei Einstellung nach dem

31. Dezember 2008 in der Regel eine Zuordnung zur Stufe 3. ³Unabhängig davon kann der Arbeitgeber bei Neueinstellungen zur Deckung des Personalbedarfs Zeiten einer vorherigen beruflichen Tätigkeit ganz oder teilweise für die Stufenzuordnung berücksichtigen, wenn diese Tätigkeit für die vorgesehene Tätigkeit förderlich ist.

Protokollerklärung zu Absatz 2:

Ein Berufspraktikum nach dem Tarifvertrag über die vorläufige Weitergeltung der Regelungen für die Praktikantinnen/Praktikanten vom 13. September 2005 gilt grundsätzlich als Erwerb einschlägiger Berufserfahrung.

(3) ¹Die Beschäftigten erreichen – von Stufe 3 an die jeweils nächste Stufe in Abhängigkeit von ihrer Leistung gemäß § 17 Abs. 2 – nach folgenden Zeiten einer ununterbrochenen Tätigkeit innerhalb derselben Entgeltgruppe bei ihrem Arbeitgeber (Stufenlaufzeit):
– Stufe 2 nach einem Jahr in Stufe 1,
– Stufe 3 nach zwei Jahren in Stufe 2,
– Stufe 4 nach drei Jahren in Stufe 3,
– Stufe 5 nach vier Jahren in Stufe 4 und
– Stufe 6 nach fünf Jahren in Stufe 5.
²Die Abweichungen von Satz 1 sind im Anhang zu § 16 (VKA) geregelt.

(4) ¹Die Entgeltgruppe 1 umfasst fünf Stufen. ²Einstellungen erfolgen in der Stufe 2 (Eingangsstufe). ³Die jeweils nächste Stufe wird nach vier Jahren in der vorangegangenen Stufe erreicht; § 17 Abs. 2 bleibt unberührt.

§ 17 Allgemeine Regelungen zu den Stufen. (1) Die Beschäftigten erhalten vom Beginn des Monats an, in dem die nächste Stufe erreicht wird, das Tabellenentgelt nach der neuen Stufe.

(2) ¹Bei Leistungen der/des Beschäftigten, die erheblich über dem Durchschnitt liegen, kann die erforderliche Zeit für das Erreichen der Stufen 4 bis 6 jeweils verkürzt werden. ²Bei Leistungen, die erheblich unter dem Durchschnitt liegen, kann die erforderliche Zeit für das Erreichen der Stufen 4 bis 6 jeweils verlängert werden. ³Bei einer Verlängerung der Stufenlaufzeit hat der Arbeitgeber jährlich zu prüfen, ob die Voraussetzungen für die Verlängerung noch vorliegen. ⁴Für die Beratung von schriftlich begründeten Beschwerden von Beschäftigten gegen eine Verlängerung nach Satz 2 bzw. 3 ist eine betriebliche Kommission zuständig. ⁵Die Mitglieder der betrieblichen Kommission werden je zur Hälfte vom Arbeitgeber und vom Betriebs-/Personalrat benannt; sie müssen dem Betrieb/der Dienststelle angehören. ⁶Der Arbeitgeber entscheidet auf Vorschlag der Kommission darüber, ob und in welchem Umfang der Beschwerde abgeholfen werden soll.

Protokollerklärung zu Absatz 2:

¹Die Instrumente der materiellen Leistungsanreize (§ 18) und der leistungsbezogene Stufenaufstieg bestehen unabhängig voneinander und dienen unterschiedlichen Zielen. ²Leistungsbezogene Stufenaufstiege unterstützen insbesondere die Anliegen der Personalentwicklung.

Protokollerklärung zu Absatz 2 Satz 2:

Bei Leistungsminderungen, die auf einem anerkannten Arbeitsunfall oder einer Berufskrankheit gemäß §§ 8 und 9 SGB VII beruhen, ist diese Ursache in geeigneter Weise zu berücksichtigen.

Protokollerklärung zu Absatz 2 Satz 6:

Die Mitwirkung der Kommission erfasst nicht die Entscheidung über die leistungsbezogene Stufenzuordnung.

(3) [1]Den Zeiten einer ununterbrochenen Tätigkeit im Sinne des § 16 (Bund) Abs. 4 Satz 1 und des § 16 (VKA) Abs. 3 Satz 1 stehen gleich:

a) Schutzfristen nach dem Mutterschutzgesetz,
b) Zeiten einer Arbeitsunfähigkeit nach § 22 bis zu 39 Wochen,
c) Zeiten eines bezahlten Urlaubs,
d) Zeiten eines Sonderurlaubs, bei denen der Arbeitgeber vor dem Antritt schriftlich ein dienstliches bzw. betriebliches Interesse anerkannt hat,
e) Zeiten einer sonstigen Unterbrechung von weniger als einem Monat im Kalenderjahr,
f) Zeiten der vorübergehenden Übertragung einer höherwertigen Tätigkeit.

[2]Zeiten der Unterbrechung bis zu einer Dauer von jeweils drei Jahren, die nicht von Satz 1 erfasst werden, und Elternzeit bis zu jeweils fünf Jahren sind unschädlich, werden aber nicht auf die Stufenlaufzeit angerechnet. [3]Bei einer Unterbrechung von mehr als drei Jahren, bei Elternzeit von mehr als fünf Jahren, erfolgt eine Zuordnung zu der Stufe, die der vor der Unterbrechung erreichten Stufe vorangeht, jedoch nicht niedriger als bei einer Neueinstellung; die Stufenlaufzeit beginnt mit dem Tag der Arbeitsaufnahme. [4]Zeiten, in denen Beschäftigte mit einer kürzeren als der regelmäßigen wöchentlichen Arbeitszeit eines entsprechenden Vollbeschäftigten beschäftigt waren, werden voll angerechnet.

(4) [1]Bei Eingruppierung in eine höhere Entgeltgruppe werden die Beschäftigten derjenigen Stufe zugeordnet, in der sie mindestens ihr bisheriges Tabellenentgelt erhalten, mindestens jedoch der Stufe 2. [2]Beträgt der Unterschiedsbetrag zwischen dem derzeitigen Tabellenentgelt und dem Tabellenentgelt nach Satz 1 weniger als 25 Euro in den Entgeltgruppen 1 bis 8 bzw. weniger als 50 Euro in den Entgeltgruppen 9 bis 15, so erhält die/der Beschäftigte während der betreffenden Stufenlaufzeit anstelle des Unterschiedsbetrags einen Garantiebetrag von monatlich 25 Euro (Entgeltgruppen 1 bis 8) bzw. 50 Euro (Entgeltgruppen 9 bis 15). [3]Die Stufenlaufzeit in der höheren Entgeltgruppe beginnt mit dem Tag der Höhergruppierung. [4]Bei einer Eingruppierung in eine niedrigere Entgeltgruppe ist die/der Beschäftige der in der höheren Entgeltgruppe erreichten Stufe zuzuordnen. [5]Die/Der Beschäftigte erhält vom Beginn des Monats an, in dem die Veränderung wirksam wird, das entsprechende Tabellenentgelt aus der in Satz 1 oder Satz 2 festgelegten Stufe der betreffenden Entgeltgruppe und ggf. einschließlich des Garantiebetrags.

Protokollerklärung zu Absatz 4 Satz 2:

Die Garantiebeträge nehmen an allgemeinen Entgeltanpassungen teil.

§ 18 Bund Leistungsentgelt. (1) ¹Ab dem 1. Januar 2007 wird ein Leistungsentgelt eingeführt. ²Das Leistungsentgelt ist eine variable und leistungsorientierte Bezahlung zusätzlich zum Tabellenentgelt.

(2) ¹Ausgehend von einer vereinbarten Zielgröße von 8 v. H. entspricht bis zu einer Vereinbarung eines höheren Vomhundertsatzes das für das Leistungsentgelt zur Verfügung stehende Gesamtvolumen 1 v. H. der ständigen Monatsentgelte des Vorjahres aller unter den Geltungsbereich des TVöD fallenden Beschäftigten des jeweiligen Arbeitgebers. ²Das für das Leistungsentgelt zur Verfügung stehende Gesamtvolumen ist zweckentsprechend zu verwenden; es besteht die Verpflichtung zu jährlicher Auszahlung der Leistungsentgelte.

Protokollerklärung zu Absatz 2 Satz 1:

Ständige Monatsentgelte sind insbesondere das Tabellenentgelt (ohne Sozialversicherungsbeiträge des Arbeitgebers und dessen Kosten für die betriebliche Altersvorsorge), die in Monatsbeträgen festgelegten Zulagen einschließlich Besitzstandszulagen sowie Entgelt im Krankheitsfall (§ 22) und bei Urlaub, soweit diese Entgelte in dem betreffenden Kalenderjahr ausgezahlt worden sind; nicht einbezogen sind dagegen insbesondere Abfindungen, Aufwandsentschädigungen, Auslandsdienstbezüge einschließlich Kaufkraftausgleiche und Auslandsverwendungszuschläge, Einmalzahlungen, Jahressonderzahlungen, Leistungsentgelte, Strukturausgleiche, unständige Entgeltbestandteile und Entgelte der außertariflichen Beschäftigten.

(3) Nähere Regelungen werden in einem Bundestarifvertrag vereinbart.

Protokollerklärungen zu Absatz 3:

1. ¹Die Tarifvertragsparteien sind sich darüber einig, dass die zeitgerechte Einführung des Leistungsentgelts sinnvoll, notwendig und deshalb beiderseits gewollt ist. ²Kommt bis zum 30. September 2007 kein Bundestarifvertrag zu Stande, erhalten die Beschäftigten mit dem Tabellenentgelt des Monats Dezember 2008 6 v. H. des für den Monat September jeweils zustehenden Tabellenentgelts. ³Das Leistungsentgelt erhöht sich im Folgejahr um den Restbetrag des Gesamtvolumens. ⁴Solange in den Folgejahren keine Einigung nach Absatz 3 zu Stande kommt, gelten die Sätze 2 und 3 entsprechend. ⁵Für das Jahr 2007 erhalten die Beschäftigten mit dem Tabellenentgelt des Monats Dezember 2007 12 v. H. des für den Monat September 2007 jeweils zustehenden Tabellenentgelts ausgezahlt, insgesamt jedoch nicht mehr als das Gesamtvolumen gemäß § 18 Abs. 2 Satz 1, wenn bis zum 31. Juli 2007 keine Einigung nach Absatz 3 zustande gekommen ist.

2. ¹In der Entgeltrunde 2008 werden die Tarifvertragsparteien die Umsetzung des § 18 (Leistungsentgelt) analysieren und ggf. notwendige Folgerungen ziehen. ²In diesem Rahmen werden auch Höchstfristen für eine teilweise Nichtauszahlung von Gesamtvolumina gemäß Satz 4 der Protokollerklärung Nr. 1 festgelegt; ferner wird eine Verzinsung des etwaigen ab dem Jahr 2008 nicht ausgezahlten Gesamtvolumens geklärt.

(4) Die ausgezahlten Leistungsentgelte sind zusatzversorgungspflichtiges Entgelt.

Protokollerklärungen zu § 18 (Bund):

1. ¹Eine Nichterfüllung der Voraussetzungen für die Gewährung eines Leistungsentgelts darf für sich genommen keine arbeitsrechtlichen Maßnahmen auslösen. ²Umgekehrt sind arbeitsrechtliche Maßnahmen nicht durch Teilnahme an einer Zielvereinbarung bzw. durch Gewährung eines Leistungsentgelts ausgeschlossen.

2. [1] *Leistungsgeminderte dürfen nicht grundsätzlich aus Leistungsentgelten ausgenommen werden.* [2] *Ihre jeweiligen Leistungsminderungen sollen angemessen berücksichtigt werden.*

§ 18 VKA Leistungsentgelt. (1) [1] Die leistungs- und/oder erfolgsorientierte Bezahlung soll dazu beitragen, die öffentlichen Dienstleistungen zu verbessern. [2] Zugleich sollen Motivation, Eigenverantwortung und Führungskompetenz gestärkt werden.

(2) [1] Ab dem 1. Januar 2007 wird ein Leistungsentgelt eingeführt. [2] Das Leistungsentgelt ist eine variable und leistungsorientierte Bezahlung zusätzlich zum Tabellenentgelt.

(3) [1] Ausgehend von einer vereinbarten Zielgröße von 8 v. H. entspricht bis zu einer Vereinbarung eines höheren Vomhundertsatzes das für das Leistungsentgelt zur Verfügung stehende Gesamtvolumen 1 v. H. der ständigen Monatsentgelte des Vorjahres aller unter den Geltungsbereich des TVöD fallenden Beschäftigten des jeweiligen Arbeitgebers. [2] Das für das Leistungsentgelt zur Verfügung stehende Gesamtvolumen ist zweckentsprechend zu verwenden; es besteht die Verpflichtung zu jährlicher Auszahlung der Leistungsentgelte.

Protokollerklärung zu Absatz 3 Satz 1:

[1] *Ständige Monatsentgelte sind insbesondere das Tabellenentgelt (ohne Sozialversicherungsbeiträge des Arbeitgebers und dessen Kosten für die betriebliche Altersvorsorge), die in Monatsbeträgen festgelegten Zulagen einschließlich Besitzstandszulagen sowie Entgelt im Krankheitsfall (§ 22) und bei Urlaub, soweit diese Entgelte in dem betreffenden Kalenderjahr ausgezahlt worden sind; nicht einbezogen sind dagegen insbesondere Abfindungen, Aufwandsentschädigungen, Einmalzahlungen, Jahressonderzahlungen, Leistungsentgelte, Strukturausgleiche, unständige Entgeltbestandteile und Entgelte der außertariflichen Beschäftigten.* [2] *Unständige Entgeltbestandteile können betrieblich einbezogen werden.*

(4) [1] Das Leistungsentgelt wird zusätzlich zum Tabellenentgelt als Leistungsprämie, Erfolgsprämie oder Leistungszulage gewährt; das Verbinden verschiedener Formen des Leistungsentgelts ist zulässig. [2] Die Leistungsprämie ist in der Regel eine einmalige Zahlung, die im Allgemeinen auf der Grundlage einer Zielvereinbarung erfolgt; sie kann auch in zeitlicher Abfolge gezahlt werden. [3] Die Erfolgsprämie kann in Abhängigkeit von einem bestimmten wirtschaftlichen Erfolg neben dem gemäß Absatz 3 vereinbarten Startvolumen gezahlt werden. [4] Die Leistungszulage ist eine zeitlich befristete, widerrufliche, in der Regel monatlich wiederkehrende Zahlung. [5] Leistungsentgelte können auch an Gruppen von Beschäftigten gewährt werden. [6] Leistungsentgelt muss grundsätzlich allen Beschäftigten zugänglich sein. [7] Für Teilzeitbeschäftigte kann von § 24 Abs. 2 abgewichen werden.

Protokollerklärungen zu Absatz 4:

1. [1] *Die Tarifvertragsparteien sind sich darüber einig, dass die zeitgerechte Einführung des Leistungsentgelts sinnvoll, notwendig und deshalb beiderseits gewollt ist.* [2] *Sie fordern deshalb die Betriebsparteien dazu auf, rechtzeitig vor dem 1. Januar 2007 die betrieb-*

lichen Systeme zu vereinbaren. [3] *Kommt bis zum 30. September 2007 keine betriebliche Regelung zustande, erhalten die Beschäftigten mit dem Tabellenentgelt des Monats Dezember 2008 6 v. H. des für den Monat September jeweils zustehenden Tabellenentgelts.* [4] *Das Leistungsentgelt erhöht sich im Folgejahr um den Restbetrag des Gesamtvolumens.* [5] *Solange auch in den Folgejahren keine Einigung entsprechend Satz 2 zustande kommt, gelten die Sätze 3 und 4 ebenfalls.* [6] *Für das Jahr 2007 erhalten die Beschäftigten mit dem Tabellenentgelt des Monats Dezember 2007 12 v. H. des für den Monat September 2007 jeweils zustehenden Tabellenentgelts ausgezahlt, insgesamt jedoch nicht mehr als das Gesamtvolumen gemäß Absatz 3 Satz 1, wenn bis zum 31. Juli 2007 keine Einigung nach Satz 3 zustande gekommen ist.*

2. [1] *In der Entgeltrunde 2008 werden die Tarifvertragsparteien die Umsetzung des § 18 (Leistungsentgelt) analysieren und ggf. notwendige Folgerungen (z. B. Schiedsstellen) ziehen.* [2] *In diesem Rahmen werden auch Höchstfristen für eine teilweise Nichtauszahlung des Gesamtvolumens gemäß Satz 3 der Protokollerklärung Nr. 1 festgelegt; ferner wird eine Verzinsung des etwaigen ab dem Jahr 2008 nicht ausgezahlten Gesamtvolumens geklärt.*

Protokollerklärung zu Absatz 4 Satz 4:

[1] *Die wirtschaftlichen Unternehmensziele legt die Verwaltungs-/Unternehmensführung zu Beginn des Wirtschaftsjahres fest.* [2] *Der wirtschaftliche Erfolg wird auf der Gesamtebene der Verwaltung/des Betriebes festgestellt.*

(5) [1] Die Feststellung oder Bewertung von Leistungen geschieht durch das Vergleichen von Zielerreichungen mit den in der Zielvereinbarung angestrebten Zielen oder über eine systematische Leistungsbewertung. [2] Zielvereinbarung ist eine freiwillige Abrede zwischen der Führungskraft und einzelnen Beschäftigten oder Beschäftigtengruppen über objektivierbare Leistungsziele und die Bedingungen ihrer Erfüllung. [3] Leistungsbewertung ist die auf einem betrieblich vereinbarten System beruhende Feststellung der erbrachten Leistung nach möglichst messbaren oder anderweitig objektivierbaren Kriterien oder durch aufgabenbezogene Bewertung.

(6) [1] Das jeweilige System der leistungsbezogenen Bezahlung wird betrieblich vereinbart. [2] Die individuellen Leistungsziele von Beschäftigten bzw. Beschäftigtengruppen müssen beeinflussbar und in der regelmäßigen Arbeitszeit erreichbar sein. [3] Die Ausgestaltung geschieht durch Betriebsvereinbarung oder einvernehmliche Dienstvereinbarung, in der insbesondere geregelt werden:

– Verfahren der Einführung von leistungs- und/oder erfolgsorientierten Entgelten,
– zulässige Kriterien für Zielvereinbarungen,
– Ziele zur Sicherung und Verbesserung der Effektivität und Effizienz, insbesondere für Mehrwertsteigerungen (z. B. Verbesserung der Wirtschaftlichkeit, – der Dienstleistungsqualität, – der Kunden-/Bürgerorientierung)
– Auswahl der Formen von Leistungsentgelten, der Methoden sowie Kriterien der systematischen Leistungsbewertung und der aufgabenbezogenen Bewertung (messbar, zählbar oder anderweitig objektivierbar), ggf. differenziert nach Arbeitsbereichen, u. U. Zielerreichungsgrade,
– Anpassung von Zielvereinbarungen bei wesentlichen Änderungen von Geschäftsgrundlagen,

– Vereinbarung von Verteilungsgrundsätzen,
– Überprüfung und Verteilung des zur Verfügung stehenden Finanzvolumens, ggf. Begrenzung individueller Leistungsentgelte aus umgewidmetem Entgelt,
– Dokumentation und Umgang mit Auswertungen über Leistungsbewertungen.

Protokollerklärung zu Absatz 6:

Besteht in einer Dienststelle/in einem Unternehmen kein Personal- oder Betriebsrat, hat der Dienststellenleiter/Arbeitgeber die jährliche Ausschüttung der Leistungsentgelte im Umfang des Vomhundertsatzes der Protokollerklärung Nr. 1 zu Absatz 4 sicherzustellen, solange eine Kommission im Sinne des Absatzes 7 nicht besteht.

(7) [1] Bei der Entwicklung und beim ständigen Controlling des betrieblichen Systems wirkt eine betriebliche Kommission mit, deren Mitglieder je zur Hälfte vom Arbeitgeber und vom Betriebs-/Personalrat aus dem Betrieb benannt werden. [2] Die betriebliche Kommission ist auch für die Beratung von schriftlich begründeten Beschwerden zuständig, die sich auf Mängel des Systems bzw. seiner Anwendung beziehen. [3] Der Arbeitgeber entscheidet auf Vorschlag der betrieblichen Kommission, ob und in welchem Umfang der Beschwerde im Einzelfall abgeholfen wird. [4] Folgt der Arbeitgeber dem Vorschlag nicht, hat er seine Gründe darzulegen. [5] Notwendige Korrekturen des Systems bzw. von Systembestandteilen empfiehlt die betriebliche Kommission. [6] Die Rechte der betrieblichen Mitbestimmung bleiben unberührt.

(8) Die ausgezahlten Leistungsentgelte sind zusatzversorgungspflichtiges Entgelt.

Protokollerklärungen zu § 18:

1. [1] *Eine Nichterfüllung der Voraussetzungen für die Gewährung eines Leistungsentgelts darf für sich genommen keine arbeitsrechtlichen Maßnahmen auslösen.* [2] *Umgekehrt sind arbeitsrechtliche Maßnahmen nicht durch Teilnahme an einer Zielvereinbarung bzw. durch Gewährung eines Leistungsentgelts ausgeschlossen.*
2. [1] *Leistungsgeminderte dürfen nicht grundsätzlich aus Leistungsentgelten ausgenommen werden.* [2] *Ihre jeweiligen Leistungsminderungen sollen angemessen berücksichtigt werden.*
3. *Die Vorschriften des § 18 sind sowohl für die Parteien der betrieblichen Systeme als auch für die Arbeitgeber und Beschäftigten unmittelbar geltende Regelungen.*
4. *Die Beschäftigten in Sparkassen sind ausgenommen.*
5. *Die landesbezirklichen Regelungen in Baden-Württemberg, in Nordrhein-Westfalen und im Saarland zu Leistungszuschlägen zu § 20 BMT-G bleiben unberührt.*

§ 19 Erschwerniszuschläge. (1) [1] Erschwerniszuschläge werden für Arbeiten gezahlt, die außergewöhnliche Erschwernisse beinhalten. [2] Dies gilt nicht für Erschwernisse, die mit dem der Eingruppierung zugrunde liegenden Berufs- oder Tätigkeitsbild verbunden sind.

(2) Außergewöhnliche Erschwernisse im Sinne des Absatzes 1 ergeben sich grundsätzlich nur bei Arbeiten
a) mit besonderer Gefährdung,
b) mit extremer nicht klimabedingter Hitzeeinwirkung,

c) mit besonders starker Schmutz- oder Staubbelastung,

d) mit besonders starker Strahlenexposition oder

e) unter sonstigen vergleichbar erschwerten Umständen.

(3) Zuschläge nach Absatz 1 werden nicht gewährt, soweit der außergewöhnlichen Erschwernis durch geeignete Vorkehrungen, insbesondere zum Arbeitsschutz, ausreichend Rechnung getragen wird.

(4) Die Zuschläge betragen in der Regel 5 bis 15 v. H. – in besonderen Fällen auch abweichend – des auf eine Stunde entfallenden Anteils des monatlichen Tabellenentgelts der Stufe 2 der Entgeltgruppe 2.

(5) ¹Die zuschlagspflichtigen Arbeiten und die Höhe der Zuschläge werden im Bereich der VKA landesbezirklich – für den Bund durch einen Tarifvertrag auf Bundesebene – vereinbart. ²Für den Bund gelten bis zum In-Kraft-Treten eines entsprechenden Tarifvertrages die bisherigen tarifvertraglichen Regelungen des Bundes fort.

§ 20 Jahressonderzahlung. (1) Beschäftigte, die am 1. Dezember im Arbeitsverhältnis stehen, haben Anspruch auf eine Jahressonderzahlung.

(2) ¹Die Jahressonderzahlung beträgt bei Beschäftigten, für die die Regelungen des Tarifgebiets West Anwendung finden,

in den Entgeltgruppen 1 bis 8   90 v. H.,
in den Entgeltgruppen 9 bis 12   80 v. H. und
in den Entgeltgruppen 13 bis 15   60 v. H.

des der/dem Beschäftigten in den Kalendermonaten Juli, August und September durchschnittlich gezahlten monatlichen Entgelts; unberücksichtigt bleiben hierbei das zusätzlich für Überstunden gezahlte Entgelt (mit Ausnahme der im Dienstplan vorgesehenen Überstunden), Leistungszulagen, Leistungs- und Erfolgsprämien. ²Der Bemessungssatz bestimmt sich nach der Entgeltgruppe am 1. September. ³Bei Beschäftigten, deren Arbeitsverhältnis nach dem 30. September begonnen hat, tritt an die Stelle des Bemessungszeitraums der erste volle Kalendermonat des Arbeitsverhältnisses. ⁴In den Fällen, in denen im Kalenderjahr der Geburt des Kindes während des Bemessungszeitraums eine erziehungsgeldunschädliche Teilzeitbeschäftigung ausgeübt wird, bemisst sich die Jahressonderzahlung nach dem Beschäftigungsumfang am Tag vor dem Beginn der Elternzeit.

Protokollerklärung zu Absatz 2:

¹Bei der Berechnung des durchschnittlich gezahlten monatlichen Entgelts werden die gezahlten Entgelte der drei Monate addiert und durch drei geteilt; dies gilt auch bei einer Änderung des Beschäftigungsumfangs. ²Ist im Bemessungszeitraum nicht für alle Kalendertage Entgelt gezahlt worden, werden die gezahlten Entgelte der drei Monate addiert, durch die Zahl der Kalendertage mit Entgelt geteilt und sodann mit 30,67 multipliziert. ³Zeiträume, für die Krankengeldzuschuss gezahlt worden ist, bleiben hierbei unberücksichtigt. ⁴Besteht während des Bemessungszeitraums an weniger als 30 Kalendertagen Anspruch auf Entgelt, ist der letzte Kalendermonat, in dem für alle Kalendertage Anspruch auf Entgelt bestand, maßgeblich.

(3) Für Beschäftigte, für die die Regelungen des Tarifgebiets Ost Anwendung finden, gilt Absatz 2 mit der Maßgabe, dass die Bemessungssätze

für die Jahressonderzahlung 75 v. H. der dort genannten Vomhundertsätze betragen.

(4) ¹Der Anspruch nach den Absätzen 1 bis 3 vermindert sich um ein Zwölftel für jeden Kalendermonat, in dem Beschäftigte keinen Anspruch auf Entgelt oder Fortzahlung des Entgelts nach § 21 haben. ²Die Verminderung unterbleibt für Kalendermonate,

1. für die Beschäftigte kein Tabellenentgelt erhalten haben wegen
   a) Ableistung von Grundwehrdienst oder Zivildienst, wenn sie diesen vor dem 1. Dezember beendet und die Beschäftigung unverzüglich wieder aufgenommen haben,
   b) Beschäftigungsverboten nach § 3 Abs. 2 und § 6 Abs. 1 MuSchG,
   c) Inanspruchnahme der Elternzeit nach dem Bundeserziehungsgeldgesetz bis zum Ende des Kalenderjahres, in dem das Kind geboren ist, wenn am Tag vor Antritt der Elternzeit Entgeltanspruch bestanden hat;
2. in denen Beschäftigten nur wegen der Höhe des zustehenden Krankengelds ein Krankengeldzuschuss nicht gezahlt worden ist.

(5) ¹Die Jahressonderzahlung wird mit dem Tabellenentgelt für November ausgezahlt. ²Ein Teilbetrag der Jahressonderzahlung kann zu einem früheren Zeitpunkt ausgezahlt werden.

(6) ¹Beschäftigte, die bis zum 31. März 2005 Altersteilzeitarbeit vereinbart haben, erhalten die Jahressonderzahlung auch dann, wenn das Arbeitsverhältnis wegen Rentenbezugs vor dem 1. Dezember endet. ²In diesem Falle treten an die Stelle des Bemessungszeitraums gemäß Absatz 2 die letzten drei Kalendermonate vor Beendigung des Arbeitsverhältnisses.

§ 21 Bemessungsgrundlage für die Entgeltfortzahlung. ¹In den Fällen der Entgeltfortzahlung nach § 6 Abs. 3 Satz 1, § 22 Abs. 1, § 26, § 27 und § 29 werden das Tabellenentgelt sowie die sonstigen in Monatsbeträgen festgelegten Entgeltbestandteile weitergezahlt. ²Die nicht in Monatsbeträgen festgelegten Entgeltbestandteile werden als Durchschnitt auf Basis der dem maßgebenden Ereignis für die Entgeltfortzahlung vorhergehenden letzten drei vollen Kalendermonate (Berechnungszeitraum) gezahlt. ³Ausgenommen hiervon sind das zusätzlich für Überstunden gezahlte Entgelt (mit Ausnahme der im Dienstplan vorgesehenen Überstunden), Leistungsentgelte, Jahressonderzahlungen sowie besondere Zahlungen nach § 23.

Protokollerklärungen zu den Sätzen 2 und 3:

1. ¹ *Volle Kalendermonate im Sinne der Durchschnittsberechnung nach Satz 2 sind Kalendermonate, in denen an allen Kalendertagen das Arbeitsverhältnis bestanden hat. ² Hat das Arbeitsverhältnis weniger als drei Kalendermonate bestanden, sind die vollen Kalendermonate, in denen das Arbeitsverhältnis bestanden hat, zugrunde zu legen. ³ Bei Änderungen der individuellen Arbeitszeit werden die nach der Arbeitszeitänderung liegenden vollen Kalendermonate zugrunde gelegt.*
2. ¹ *Der Tagesdurchschnitt nach Satz 2 beträgt bei einer durchschnittlichen Verteilung der regelmäßigen wöchentlichen Arbeitszeit auf fünf Tage 1/65 aus der Summe der zu berücksichtigenden Entgeltbestandteile, die für den Berechnungszeitraum zugestanden haben. ² Maßgebend ist die Verteilung der Arbeitszeit zu Beginn des Berechnungszeit-*

raums. [3] *Bei einer abweichenden Verteilung der Arbeitszeit ist der Tagesdurchschnitt entsprechend Satz 1 und 2 zu ermitteln.* [4] *Sofern während des Berechnungszeitraums bereits Fortzahlungstatbestände vorlagen, bleiben die in diesem Zusammenhang auf Basis der Tagesdurchschnitte gezahlten Beträge bei der Ermittlung des Durchschnitts nach Satz 2 unberücksichtigt.*

3. *Tritt die Fortzahlung des Entgelts nach einer allgemeinen Entgeltanpassung ein, ist die/ der Beschäftigte so zu stellen, als sei die Entgeltanpassung bereits mit Beginn des Berechnungszeitraums eingetreten.*

§ 22 Entgelt im Krankheitsfall. (1) [1] Werden Beschäftigte durch Arbeitsunfähigkeit infolge Krankheit an der Arbeitsleistung verhindert, ohne dass sie ein Verschulden trifft, erhalten sie bis zur Dauer von sechs Wochen das Entgelt nach § 21. [2] Bei erneuter Arbeitsunfähigkeit infolge derselben Krankheit sowie bei Beendigung des Arbeitsverhältnisses gelten die gesetzlichen Bestimmungen. [3] Als unverschuldete Arbeitsunfähigkeit im Sinne der Sätze 1 und 2 gilt auch die Arbeitsverhinderung in Folge einer Maßnahme der medizinischen Vorsorge und Rehabilitation im Sinne von § 9 EFZG.

Protokollerklärung zu Absatz 1 Satz 1:

Ein Verschulden liegt nur dann vor, wenn die Arbeitsunfähigkeit vorsätzlich oder grob fahrlässig herbeigeführt wurde.

(2) [1] Nach Ablauf des Zeitraums gemäß Absatz 1 erhalten die Beschäftigten für die Zeit, für die ihnen Krankengeld oder entsprechende gesetzliche Leistungen gezahlt werden, einen Krankengeldzuschuss in Höhe des Unterschiedsbetrags zwischen den tatsächlichen Barleistungen des Sozialleistungsträgers und dem Nettoentgelt. [2] Nettoentgelt ist das um die gesetzlichen Abzüge verminderte Entgelt im Sinne des § 21; bei freiwillig Krankenversicherten ist dabei deren Gesamtkranken- und Pflegeversicherungsbeitrag abzüglich Arbeitgeberzuschuss zu berücksichtigen. [3] Für Beschäftigte, die wegen Übersteigens der Jahresarbeitsentgeltgrenze nicht der Versicherungspflicht in der gesetzlichen Krankenversicherung unterliegen, ist bei der Berechnung des Krankengeldzuschusses der Krankengeldhöchstsatz, der bei Pflichtversicherung in der gesetzlichen Krankenversicherung zustünde, zugrunde zu legen.

(3) [1] Der Krankengeldzuschuss wird bei einer Beschäftigungszeit (§ 34 Abs. 3)
von mehr als einem Jahr längstens bis zum Ende der 13. Woche und
von mehr als drei Jahren längstens bis zum Ende der 39. Woche
seit dem Beginn der Arbeitsunfähigkeit infolge derselben Krankheit gezahlt. [2] Maßgeblich für die Berechnung der Fristen nach Satz 1 ist die Beschäftigungszeit, die im Laufe der krankheitsbedingten Arbeitsunfähigkeit vollendet wird.

(4) [1] Entgelt im Krankheitsfall wird nicht über das Ende des Arbeitsverhältnisses hinaus gezahlt; § 8 EFZG bleibt unberührt. [2] Krankengeldzuschuss wird zudem nicht über den Zeitpunkt hinaus gezahlt, von dem an Beschäftigte eine Rente oder eine vergleichbare Leistung auf Grund eigener Versicherung aus der gesetzlichen Rentenversicherung, aus einer zusätzlichen Alters- und Hinterbliebenenversorgung oder aus einer sonstigen Versorgungseinrichtung

erhalten, die nicht allein aus Mitteln der Beschäftigten finanziert ist. [3]Überzahlter Krankengeldzuschuss und sonstige Überzahlungen gelten als Vorschuss auf die in demselben Zeitraum zustehenden Leistungen nach Satz 2; die Ansprüche der Beschäftigten gehen insoweit auf den Arbeitgeber über. [4]Der Arbeitgeber kann von der Rückforderung des Teils des überzahlten Betrags, der nicht durch die für den Zeitraum der Überzahlung zustehenden Bezüge im Sinne des Satzes 2 ausgeglichen worden ist, absehen, es sei denn, die/der Beschäftigte hat dem Arbeitgeber die Zustellung des Rentenbescheids schuldhaft verspätet mitgeteilt.

§ 23 Besondere Zahlungen. (1) [1]Nach Maßgabe des Vermögensbildungsgesetzes in seiner jeweiligen Fassung haben Beschäftigte, deren Arbeitsverhältnis voraussichtlich mindestens sechs Monate dauert, einen Anspruch auf vermögenswirksame Leistungen. [2]Für Vollbeschäftigte beträgt die vermögenswirksame Leistung für jeden vollen Kalendermonat 6,65 Euro. [3]Der Anspruch entsteht frühestens für den Kalendermonat, in dem die/der Beschäftigte dem Arbeitgeber die erforderlichen Angaben schriftlich mitteilt, und für die beiden vorangegangenen Monate desselben Kalenderjahres; die Fälligkeit tritt nicht vor acht Wochen nach Zugang der Mitteilung beim Arbeitgeber ein. [4]Die vermögenswirksame Leistung wird nur für Kalendermonate gewahrt, für die den Beschäftigten Tabellenentgelt, Entgeltfortzahlung oder Krankengeldzuschuss zusteht. [5]Für Zeiten, für die Krankengeldzuschuss zusteht, ist die vermögenswirksame Leistung Teil des Krankengeldzuschusses. [6]Die vermögenswirksame Leistung ist kein zusatzversorgungspflichtiges Entgelt.

(2) [1]Beschäftigte erhalten ein Jubiläumsgeld bei Vollendung einer Beschäftigungszeit (§ 34 Abs. 3)

a) von 25 Jahren   in Höhe von   350 Euro,
b) von 40 Jahren   in Höhe von   500 Euro.

[2]Teilzeitbeschäftigte erhalten das Jubiläumsgeld in voller Höhe. [3]Im Bereich der VKA können durch Betriebs-/Dienstvereinbarung günstigere Regelungen getroffen werden.

(3) [1]Beim Tod von Beschäftigten, deren Arbeitsverhältnis nicht geruht hat, wird der Ehegattin/dem Ehegatten oder der Lebenspartnerin/dem Lebenspartner im Sinne des Lebenspartnerschaftsgesetzes oder den Kindern ein Sterbegeld gewährt. [2]Als Sterbegeld wird für die restlichen Tage des Sterbemonats und – in einer Summe – für zwei weitere Monate das Tabellenentgelt der/des Verstorbenen gezahlt. [3]Die Zahlung des Sterbegeldes an einen der Berechtigten bringt den Anspruch der Übrigen gegenüber dem Arbeitgeber zum Erlöschen; die Zahlung auf das Gehaltskonto hat befreiende Wirkung. [4]Für den Bereich der VKA können betrieblich eigene Regelungen getroffen werden.

§ 24 Berechnung und Auszahlung des Entgelts. (1) [1]Bemessungszeitraum für das Tabellenentgelt und die sonstigen Entgeltbestandteile ist der Kalendermonat, soweit tarifvertraglich nicht ausdrücklich etwas Abweichendes geregelt ist. [2]Die Zahlung erfolgt am letzten Tag des Monats (Zahltag) für den laufenden Kalendermonat auf ein von der/dem Beschäftigten benanntes Konto innerhalb eines Mitgliedstaats der Europäischen Union. ³Entgeltbestandteile, die nicht in Monatsbeträgen festgelegt sind, sowie der Tagesdurchschnitt nach § 21, sind am Zahltag des zweiten Kalendermonats, der auf ihre Entstehung folgt, fällig.

Protokollerklärungen zu Absatz 1:

1. *Teilen Beschäftigte ihrem Arbeitgeber die für eine kostenfreie bzw. kostengünstigere Überweisung in einen anderen Mitgliedstaat der Europäischen Union erforderlichen Angaben nicht rechtzeitig mit, so tragen sie die dadurch entstehenden zusätzlichen Überweisungskosten.*
2. *Soweit Arbeitgeber die Bezüge am 15. eines jeden Monats für den laufenden Monat zahlen, können sie jeweils im Dezember eines Kalenderjahres den Zahltag vom 15. auf den letzten Tag des Monats gemäß Absatz 1 Satz 1 verschieben.*

(2) Soweit tarifvertraglich nicht ausdrücklich etwas anderes geregelt ist, erhalten Teilzeitbeschäftigte das Tabellenentgelt (§ 15) und alle sonstigen Entgeltbestandteile in dem Umfang, der dem Anteil ihrer individuell vereinbarten durchschnittlichen Arbeitszeit an der regelmäßigen Arbeitszeit vergleichbarer Vollzeitbeschäftigter entspricht.

(3) ¹Besteht der Anspruch auf das Tabellenentgelt oder die sonstigen Entgeltbestandteile nicht für alle Tage eines Kalendermonats, wird nur der Teil gezahlt, der auf den Anspruchszeitraum entfällt. ²Besteht nur für einen Teil eines Kalendertags Anspruch auf Entgelt, wird für jede geleistete dienstplanmäßige oder betriebsübliche Arbeitsstunde der auf eine Stunde entfallende Anteil des Tabellenentgelts sowie der sonstigen in Monatsbeträgen festgelegten Entgeltbestandteile gezahlt. ³Zur Ermittlung des auf eine Stunde entfallenden Anteils sind die in Monatsbeträgen festgelegten Entgeltbestandteile durch das 4,348-fache der regelmäßigen wöchentlichen Arbeitszeit (§ 6 Abs. 1 und entsprechende Sonderregelungen) zu teilen.

(4) ¹Ergibt sich bei der Berechnung von Beträgen ein Bruchteil eines Cents von mindestens 0,5, ist er aufzurunden; ein Bruchteil von weniger als 0,5 ist abzurunden. ²Zwischenrechnungen werden jeweils auf zwei Dezimalstellen durchgeführt. ³Jeder Entgeltbestandteil ist einzeln zu runden.

(5) Entfallen die Voraussetzungen für eine Zulage im Laufe eines Kalendermonats, gilt Absatz 3 entsprechend.

(6) Einzelvertraglich können neben dem Tabellenentgelt zustehende Entgeltbestandteile (z. B. Zeitzuschläge, Erschwerniszuschläge) pauschaliert werden.

§ 25 Betriebliche Altersversorgung. Die Beschäftigten haben Anspruch auf Versicherung unter eigener Beteiligung zum Zwecke einer zusätzlichen Alters- und Hinterbliebenenversorgung nach Maßgabe des Tarifvertrages über die betriebliche Altersversorgung der Beschäftigten des öffentlichen Dienstes (Tarifvertrag Altersversorgung – ATV) bzw. des Tarifvertrages über die zusätzliche Altersvorsorge der Beschäftigten des öffentlichen Dienstes – Altersvorsorge-TV-Kommunal – (ATV-K) in ihrer jeweils geltenden Fassung.

Abschnitt IV. Urlaub und Arbeitsbefreiung

§ 26 Erholungsurlaub. (1) [1]Beschäftigte haben in jedem Kalenderjahr Anspruch auf Erholungsurlaub unter Fortzahlung des Entgelts (§ 21). [2]Bei Verteilung der wöchentlichen Arbeitszeit auf fünf Tage in der Kalenderwoche beträgt der Urlaubsanspruch in jedem Kalenderjahr

bis zum vollendeten 30. Lebensjahr   26 Arbeitstage,
bis zum vollendeten 40. Lebensjahr   29 Arbeitstage und
nach dem vollendeten 40. Lebensjahr   30 Arbeitstage.

[3]Maßgebend für die Berechnung der Urlaubsdauer ist das Lebensjahr, das im Laufe des Kalenderjahres vollendet wird. [4]Bei einer anderen Verteilung der wöchentlichen Arbeitszeit als auf fünf Tage in der Woche erhöht oder vermindert sich der Urlaubsanspruch entsprechend. [5]Verbleibt bei der Berechnung des Urlaubs ein Bruchteil, der mindestens einen halben Urlaubstag ergibt, wird er auf einen vollen Urlaubstag aufgerundet; Bruchteile von weniger als einem halben Urlaubstag bleiben unberücksichtigt. [6]Der Erholungsurlaub muss im laufenden Kalenderjahr gewährt und kann auch in Teilen genommen werden.

Protokollerklärung zu Absatz 1 Satz 6:

Der Urlaub soll grundsätzlich zusammenhängend gewährt werden; dabei soll ein Urlaubsteil von zwei Wochen Dauer angestrebt werden.

(2) Im Übrigen gilt das Bundesurlaubsgesetz mit folgenden Maßgaben:

a) Im Falle der Übertragung muss der Erholungsurlaub in den ersten drei Monaten des folgenden Kalenderjahres angetreten werden. Kann der Erholungsurlaub wegen Arbeitsunfähigkeit oder aus betrieblichen/dienstlichen Gründen nicht bis zum 31. März angetreten werden, ist er bis zum 31. Mai anzutreten.

b) Beginnt oder endet das Arbeitsverhältnis im Laufe eines Jahres, erhält die/der Beschäftigte als Erholungsurlaub für jeden vollen Monat des Arbeitsverhältnisses ein Zwölftel des Urlaubsanspruchs nach Absatz 1; § 5 BUrlG bleibt unberührt.

c) Ruht das Arbeitsverhältnis, so vermindert sich die Dauer des Erholungsurlaubs einschließlich eines etwaigen Zusatzurlaubs für jeden vollen Kalendermonat um ein Zwölftel.

d) Das nach Absatz 1 Satz 1 fort zu zahlende Entgelt wird zu dem in § 24 genannten Zeitpunkt gezahlt.

§ 27 Zusatzurlaub. (1) Beschäftigte, die ständig Wechselschichtarbeit nach § 7 Abs. 1 oder ständig Schichtarbeit nach § 7 Abs. 2 leisten und denen die Zulage nach § 8 Abs. 5 Satz 1 oder Abs. 6 Satz 1 zusteht, erhalten

a) bei Wechselschichtarbeit für je zwei zusammenhängende Monate und
b) bei Schichtarbeit für je vier zusammenhängende Monate

einen Arbeitstag Zusatzurlaub.

(2) Im Falle nicht ständiger Wechselschicht- oder Schichtarbeit (z. B. ständige Vertreter) erhalten Beschäftigte des Bundes, denen die Zulage nach § 8 Abs. 5 Satz 2 oder Abs. 6 Satz 2 zusteht, einen Arbeitstag Zusatzurlaub für

a) je drei Monate im Jahr, in denen sie überwiegend Wechselschichtarbeit geleistet haben, und

b) je fünf Monate im Jahr, in denen sie überwiegend Schichtarbeit geleistet haben.

(3) Im Falle nicht ständiger Wechselschichtarbeit und nicht ständiger Schichtarbeit im Bereich der VKA soll bei annähernd gleicher Belastung die Gewährung zusätzlicher Urlaubstage durch Betriebs-/Dienstvereinbarung geregelt werden.

(4) [1] Zusatzurlaub nach diesem Tarifvertrag und sonstigen Bestimmungen mit Ausnahme von § 125 SGB IX wird nur bis zu insgesamt sechs Arbeitstagen im Kalenderjahr gewährt. [2] Erholungsurlaub und Zusatzurlaub (Gesamturlaub) dürfen im Kalenderjahr zusammen 35 Arbeitstage nicht überschreiten. [3] Satz 2 ist für Zusatzurlaub nach den Absätzen 1 und 2 hierzu nicht anzuwenden. [4] Bei Beschäftigten, die das 50. Lebensjahr vollendet haben, gilt abweichend von Satz 2 eine Höchstgrenze von 36 Arbeitstagen; § 26 Abs. 1 Satz 3 gilt entsprechend.

(5) Im Übrigen gilt § 26 mit Ausnahme von Absatz 2 Buchst. b entsprechend.

Protokollerklärung zu den Absätzen 1 und 2:

[1] *Der Anspruch auf Zusatzurlaub bemisst sich nach der abgeleisteten Schicht- oder Wechselschichtarbeit und entsteht im laufenden Jahr, sobald die Voraussetzungen nach Satz 1 und 2 erfüllt sind.* [2] *Für die Feststellung, ob ständige Wechselschichtarbeit oder ständige Schichtarbeit vorliegt, ist eine Unterbrechung durch Arbeitsbefreiung, Freizeitausgleich, bezahlten Urlaub oder Arbeitsunfähigkeit in den Grenzen des § 22 unschädlich.*

§ 28 Sonderurlaub. Beschäftigte können bei Vorliegen eines wichtigen Grundes unter Verzicht auf die Fortzahlung des Entgelts Sonderurlaub erhalten.

§ 29 Arbeitsbefreiung. (1) [1] Als Fälle nach § 616 BGB, in denen Beschäftigte unter Fortzahlung des Entgelts nach § 21 im nachstehend genannten Ausmaß von der Arbeit freigestellt werden, gelten nur die folgenden Anlässe:

a) Niederkunft der Ehefrau/der Lebenspartnerin im Sinne des Lebenspartnerschaftsgesetzes — ein Arbeitstag,

b) Tod der Ehegattin/des Ehegatten, der Lebenspartnerin/des Lebenspartners im Sinne des Lebenspartnerschaftsgesetzes, eines Kindes oder Elternteils — zwei Arbeitstage,

c) Umzug aus dienstlichem oder betrieblichem Grund an einen anderen Ort — ein Arbeitstag,

d) 25- und 40-jähriges Arbeitsjubiläum — ein Arbeitstag,

e) schwere Erkrankung

    aa) einer/eines Angehörigen, soweit sie/er in demselben Haushalt lebt, — ein Arbeitstag im Kalenderjahr,

    bb) eines Kindes, das das 12. Lebensjahr noch nicht vollendet hat, wenn im laufenden Kalenderjahr kein Anspruch nach § 45 SGB V besteht oder bestanden hat, — bis zu vier Arbeitstage im Kalenderjahr, cc) einer Betreuungsperson, wenn Beschäftigte deshalb die Betreuung ihres Kindes, das das 8. Lebensjahr noch nicht vollendet hat oder wegen körperlicher, geistiger oder seelischer Behinderung dauernd pflegebedürftig ist, übernehmen muss,   bis zu vier Arbeitstage im Kalenderjahr.

[2] Eine Freistellung erfolgt nur, soweit eine andere Person zur Pflege oder Betreuung nicht sofort zur Verfügung steht und die Ärztin/der Arzt in den Fällen der Doppelbuchstaben aa und bb die Notwendigkeit der Anwesenheit der/des Beschäftigten zur vorläufigen Pflege bescheinigt. [3] Die Freistellung darf insgesamt fünf Arbeitstage im Kalenderjahr nicht überschreiten.

f) Ärztliche Behandlung von Beschäftigten, wenn diese während der Arbeitszeit erfolgen muss,   erforderliche nachgewiesene Abwesenheitszeit einschließlich erforderlicher Wegezeiten.

(2) [1] Bei Erfüllung allgemeiner staatsbürgerlicher Pflichten nach deutschem Recht, soweit die Arbeitsbefreiung gesetzlich vorgeschrieben ist und soweit die Pflichten nicht außerhalb der Arbeitszeit, gegebenenfalls nach ihrer Verlegung, wahrgenommen werden können, besteht der Anspruch auf Fortzahlung des Entgelts nach § 21 nur insoweit, als Beschäftigte nicht Ansprüche auf Ersatz des Entgelts geltend machen können. [2] Das fortgezahlte Entgelt gilt in Höhe des Ersatzanspruchs als Vorschuss auf die Leistungen der Kostenträger. [3] Die Beschäftigten haben den Ersatzanspruch geltend zu machen und die erhaltenen Beträge an den Arbeitgeber abzuführen.

(3) [1] Der Arbeitgeber kann in sonstigen dringenden Fällen Arbeitsbefreiung unter Fortzahlung des Entgelts nach § 21 bis zu drei Arbeitstagen gewähren. [2] In begründeten Fällen kann bei Verzicht auf das Entgelt kurzfristige Arbeitsbefreiung gewährt werden, wenn die dienstlichen oder betrieblichen Verhältnisse es gestatten.

Protokollerklärung zu Absatz 3 Satz 2:

Zu den „begründeten Fällen" können auch solche Anlässe gehören, für die nach Absatz 1 kein Anspruch auf Arbeitsbefreiung besteht (z. B. Umzug aus persönlichen Gründen).

(4) [1] Zur Teilnahme an Tagungen kann den gewählten Vertreterinnen/Vertretern der Bezirksvorstände, der Landesbezirksvorstände, der Landesfachbereichsvorstände, der Bundesfachbereichsvorstände, der Bundesfachgruppenvorstände sowie des Gewerkschaftsrates bzw. entsprechender Gremien anderer vertragsschließender Gewerkschaften auf Anfordern der Gewerkschaften Arbeitsbefreiung bis zu acht Werktagen im Jahr unter Fortzahlung des Entgelts nach § 21 erteilt werden, sofern nicht dringende dienstliche oder betriebliche Interessen entgegenstehen. [2] Zur Teilnahme an Tarifverhandlungen mit dem Bund und der VKA oder ihrer Mitgliedverbände kann auf Anfordern einer der vertragsschließenden Gewerkschaften Arbeitsbefreiung un-

ter Fortzahlung des Entgelts nach § 21 ohne zeitliche Begrenzung erteilt werden.

(5) Zur Teilnahme an Sitzungen von Prüfungs- und von Berufsbildungsausschüssen nach dem Berufsbildungsgesetz sowie für eine Tätigkeit in Organen von Sozialversicherungsträgern kann den Mitgliedern Arbeitsbefreiung unter Fortzahlung des Entgelts nach § 21 gewährt werden, sofern nicht dringende dienstliche oder betriebliche Interessen entgegenstehen.

Abschnitt V. Befristung und Beendigung des Arbeitsverhältnisses

§ 30 Befristete Arbeitsverträge. (1) [1]Befristete Arbeitsverträge sind nach Maßgabe des Teilzeit- und Befristungsgesetzes sowie anderer gesetzlicher Vorschriften über die Befristung von Arbeitsverträgen zulässig. [2]Für Beschäftigte, auf die die Regelungen des Tarifgebiets West Anwendung finden und deren Tätigkeit vor dem 1. Januar 2005 der Rentenversicherung der Angestellten unterlegen hätte, gelten die in den Absätzen 2 bis 4 geregelten Besonderheiten; dies gilt nicht für Arbeitsverhältnisse, für die die §§ 57 a ff. HRG unmittelbar oder entsprechend gelten.

(2) [1]Kalendermäßig befristete Arbeitsverträge mit sachlichem Grund sind nur zulässig, wenn die Dauer des einzelnen Vertrages fünf Jahre nicht übersteigt; weitergehende Regelungen im Sinne von § 23 TzBfG bleiben unberührt. [2]Beschäftigte mit einem Arbeitsvertrag nach Satz 1 sind bei der Besetzung von Dauerarbeitsplätzen bevorzugt zu berücksichtigen, wenn die sachlichen und persönlichen Voraussetzungen erfüllt sind.

(3) [1]Ein befristeter Arbeitsvertrag ohne sachlichen Grund soll in der Regel zwölf Monate nicht unterschreiten; die Vertragsdauer muss mindestens sechs Monate betragen. [2]Vor Ablauf des Arbeitsvertrages hat der Arbeitgeber zu prüfen, ob eine unbefristete oder befristete Weiterbeschäftigung möglich ist.

(4) [1]Bei befristeten Arbeitsverträgen ohne sachlichen Grund gelten die ersten sechs Wochen und bei befristeten Arbeitsverträgen mit sachlichem Grund die ersten sechs Monate als Probezeit. [2]Innerhalb der Probezeit kann der Arbeitsvertrag mit einer Frist von zwei Wochen zum Monatsschluss gekündigt werden.

(5) [1]Eine ordentliche Kündigung nach Ablauf der Probezeit ist nur zulässig, wenn die Vertragsdauer mindestens zwölf Monate beträgt. [2]Nach Ablauf der Probezeit beträgt die Kündigungsfrist in einem oder mehreren aneinandergereihten Arbeitsverhältnissen bei demselben Arbeitgeber

von insgesamt mehr als sechs Monaten	vier Wochen,
von insgesamt mehr als einem Jahr	sechs Wochen
zum Schluss eines Kalendermonats,	
von insgesamt mehr als zwei Jahren	drei Monate,
von insgesamt mehr als drei Jahren	vier Monate
zum Schluss eines Kalendervierteljahres.	

³Eine Unterbrechung bis zu drei Monaten ist unschädlich, es sei denn, dass das Ausscheiden von der/dem Beschäftigten verschuldet oder veranlasst war. ⁴Die Unterbrechungszeit bleibt unberücksichtigt.

Protokollerklärung zu Absatz 5:

> *Bei mehreren aneinandergereihten Arbeitsverhältnissen führen weitere vereinbarte Probezeiten nicht zu einer Verkürzung der Kündigungsfrist.*

(6) Die §§ 31,32 bleiben von den Regelungen der Absätze 3 bis 5 unberührt.

§ 31 Führung auf Probe. (1) ¹Führungspositionen können als befristetes Arbeitsverhältnis bis zur Gesamtdauer von zwei Jahren vereinbart werden. ²Innerhalb dieser Gesamtdauer ist eine höchstens zweimalige Verlängerung des Arbeitsvertrages zulässig. ³Die beiderseitigen Kündigungsrechte bleiben unberührt.

(2) Führungspositionen sind die ab Entgeltgruppe 10 zugewiesenen Tätigkeiten mit Weisungsbefugnis.

(3) ¹Besteht bereits ein Arbeitsverhältnis mit demselben Arbeitgeber, kann der/dem Beschäftigten vorübergehend eine Führungsposition bis zu der in Absatz 1 genannten Gesamtdauer übertragen werden. ²Der/Dem Beschäftigten wird für die Dauer der Übertragung eine Zulage in Höhe des Unterschiedsbetrags zwischen den Entgelten nach der bisherigen Entgeltgruppe und dem sich bei Höhergruppierung nach § 17 Abs. 4 Satz 1 und 2 ergebenden Entgelt gewährt. ³Nach Fristablauf endet die Erprobung. ⁴Bei Bewährung wird die Führungsfunktion auf Dauer übertragen; ansonsten erhält die/der Beschäftigte eine der bisherigen Eingruppierung entsprechende Tätigkeit.

§ 32 Führung auf Zeit. (1) ¹Führungspositionen können als befristetes Arbeitsverhältnis bis zur Dauer von vier Jahren vereinbart werden. ²Folgende Verlängerungen des Arbeitsvertrages sind zulässig:

a) in den Entgeltgruppen 10 bis 12 eine höchstens zweimalige Verlängerung bis zu einer Gesamtdauer von acht Jahren,

b) ab Entgeltgruppe 13 eine höchstens dreimalige Verlängerung bis zu einer Gesamtdauer von zwölf Jahren.

³Zeiten in einer Führungsposition nach Buchstabe a bei demselben Arbeitgeber können auf die Gesamtdauer nach Buchstabe b zur Hälfte angerechnet werden. ⁴Die allgemeinen Vorschriften über die Probezeit (§ 2 Abs. 4) und die beiderseitigen Kündigungsrechte bleiben unberührt.

(2) Führungspositionen sind die ab Entgeltgruppe 10 zugewiesenen Tätigkeiten mit Weisungsbefugnis.

(3) ¹Besteht bereits ein Arbeitsverhältnis mit demselben Arbeitgeber, kann der/dem Beschäftigten vorübergehend eine Führungsposition bis zu den in Absatz 1 genannten Fristen übertragen werden. ²Der/Dem Beschäftigten wird für die Dauer der Übertragung eine Zulage gewährt in Höhe des Unterschiedsbetrags zwischen den Entgelten nach der bisherigen Entgeltgruppe

und dem sich bei Höhergruppierung nach § 17 Abs. 4 Satz 1 und 2 ergebenden Entgelt, zuzüglich eines Zuschlags von 75 v. H. des Unterschiedsbetrags zwischen den Entgelten der Entgeltgruppe, die der übertragenen Funktion entspricht, zur nächsthöheren Entgeltgruppe nach § 17 Abs. 4 Satz 1 und 2. ³ Nach Fristablauf erhält die/der Beschäftigte eine der bisherigen Eingruppierung entsprechende Tätigkeit; der Zuschlag entfällt.

§ 33 Beendigung des Arbeitsverhältnisses ohne Kündigung. (1) Das Arbeitsverhältnis endet, ohne dass es einer Kündigung bedarf,

a) mit Ablauf des Monats, in dem die/der Beschäftigte das 65. Lebensjahr vollendet hat,

b) jederzeit im gegenseitigen Einvernehmen (Auflösungsvertrag).

(2) ¹ Das Arbeitsverhältnis endet ferner mit Ablauf des Monats, in dem der Bescheid eines Rentenversicherungsträgers (Rentenbescheid) zugestellt wird, wonach die/der Beschäftigte voll oder teilweise erwerbsgemindert ist. ² Die/Der Beschäftigte hat den Arbeitgeber von der Zustellung des Rentenbescheids unverzüglich zu unterrichten. ³ Beginnt die Rente erst nach der Zustellung des Rentenbescheids, endet das Arbeitsverhältnis mit Ablauf des dem Rentenbeginn vorangehenden Tages. ⁴ Liegt im Zeitpunkt der Beendigung des Arbeitsverhältnisses eine nach § 92 SGB IX erforderliche Zustimmung des Integrationsamtes noch nicht vor, endet das Arbeitsverhältnis mit Ablauf des Tages der Zustellung des Zustimmungsbescheids des Integrationsamtes. ⁵ Das Arbeitsverhältnis endet nicht, wenn nach dem Bescheid des Rentenversicherungsträgers eine Rente auf Zeit gewährt wird. ⁶ In diesem Fall ruht das Arbeitsverhältnis für den Zeitraum, für den eine Rente auf Zeit gewährt wird.

(3) Im Falle teilweiser Erwerbsminderung endet bzw. ruht das Arbeitsverhältnis nicht, wenn der Beschäftigte nach seinem vom Rentenversicherungsträger festgestellten Leistungsvermögen auf seinem bisherigen oder einem anderen geeigneten und freien Arbeitsplatz weiterbeschäftigt werden könnte, soweit dringende dienstliche bzw. betriebliche Gründe nicht entgegenstehen, und der Beschäftigte innerhalb von zwei Wochen nach Zugang des Rentenbescheids seine Weiterbeschäftigung schriftlich beantragt.

(4) ¹ Verzögert die/der Beschäftigte schuldhaft den Rentenantrag oder bezieht sie/er Altersrente nach § 236 oder § 236 a SGB VI oder ist sie/er nicht in der gesetzlichen Rentenversicherung versichert, so tritt an die Stelle des Rentenbescheids das Gutachten einer Amtsärztin/eines Amtsarztes oder einer/eines nach § 3 Abs. 4 Satz 2 bestimmten Ärztin/Arztes. ² Das Arbeitsverhältnis endet in diesem Fall mit Ablauf des Monats, in dem der/dem Beschäftigten das Gutachten bekannt gegeben worden ist.

(5) ¹ Soll die/der Beschäftigte, deren/dessen Arbeitsverhältnis nach Absatz 1 Buchst. a geendet hat, weiterbeschäftigt werden, ist ein neuer schriftlicher Arbeitsvertrag abzuschließen. ² Das Arbeitsverhältnis kann jederzeit mit einer Frist von vier Wochen zum Monatsende gekündigt werden, wenn im Arbeitsvertrag nichts anderes vereinbart ist.

§ 34 Kündigung des Arbeitsverhältnisses. (1) [1] Bis zum Ende des sechsten Monats seit Beginn des Arbeitsverhältnisses beträgt die Kündigungsfrist zwei Wochen zum Monatsschluss. [2] Im Übrigen beträgt die Kündigungsfrist bei einer Beschäftigungszeit (Absatz 3)

bis zu einem Jahr	ein Monat zum Monatsschluss,
von mehr als einem Jahr	6 Wochen,
von mindestens 5 Jahren	3 Monate,
von mindestens 8 Jahren	4 Monate,
von mindestens 10 Jahren	5 Monate,
von mindestens 12 Jahren	6 Monate

zum Schluss eines Kalendervierteljahres.

(2) [1] Arbeitsverhältnisse von Beschäftigten, die das 40. Lebensjahr vollendet haben und für die die Regelungen des Tarifgebiets West Anwendung finden, können nach einer Beschäftigungszeit (Absatz 3) von mehr als 15 Jahren durch den Arbeitgeber nur aus einem wichtigen Grund gekündigt werden. [2] Soweit Beschäftigte nach den bis zum 30. September 2005 geltenden Tarifregelungen unkündbar waren, verbleibt es dabei.

(3) [1] Beschäftigungszeit ist die bei demselben Arbeitgeber im Arbeitsverhältnis zurückgelegte Zeit, auch wenn sie unterbrochen ist. [2] Unberücksichtigt bleibt die Zeit eines Sonderurlaubs gemäß § 28, es sei denn, der Arbeitgeber hat vor Antritt des Sonderurlaubs schriftlich ein dienstliches oder betriebliches Interesse anerkannt. [3] Wechseln Beschäftigte zwischen Arbeitgebern, die vom Geltungsbereich dieses Tarifvertrages erfasst werden, werden die Zeiten bei dem anderen Arbeitgeber als Beschäftigungszeit anerkannt. [4] Satz 3 gilt entsprechend bei einem Wechsel von einem anderen öffentlich-rechtlichen Arbeitgeber.

§ 35 Zeugnis. (1) Bei Beendigung des Arbeitsverhältnisses haben die Beschäftigten Anspruch auf ein schriftliches Zeugnis über Art und Dauer ihrer Tätigkeit, das sich auch auf Führung und Leistung erstrecken muss (Endzeugnis).

(2) Aus triftigen Gründen können Beschäftigte auch während des Arbeitsverhältnisses ein Zeugnis verlangen (Zwischenzeugnis).

(3) Bei bevorstehender Beendigung des Arbeitsverhältnisses können die Beschäftigten ein Zeugnis über Art und Dauer ihrer Tätigkeit verlangen (vorläufiges Zeugnis).

(4) Die Zeugnisse gemäß den Absätzen 1 bis 3 sind unverzüglich auszustellen.

Abschnitt VI. Übergangs- und Schlussvorschriften

§ 36 Anwendung weiterer Tarifverträge (VKA)

Protokollerklärung:

[1] *Die Tarifvertragsparteien werden bis zum 30. Juni 2006 regeln, welche den BAT/ BAT-O/BAT-Ostdeutsche Sparkassen, BMT-G/BMT-G-O ergänzenden Tarifverträge und Tarifvertragsregelungen für Beschäftigte im Geltungsbereich dieses Tarifvertrages – ggf.*

33

nach ihrer Anpassung an diesen Tarifvertrag – weiter anzuwenden sind. [2] Bis dahin finden alle den BAT/BAT-O/BAT-Ostdeutsche Sparkassen, BMT-G/BMT-G-O ergänzenden Tarifverträge oder Tarifvertragsregelungen der VKA in ihrem bisherigen Geltungsbereich weiter Anwendung.

§ 37 Ausschlussfrist. (1) [1] Ansprüche aus dem Arbeitsverhältnis verfallen, wenn sie nicht innerhalb einer Ausschlussfrist von sechs Monaten nach Fälligkeit von der/dem Beschäftigten oder vom Arbeitgeber schriftlich geltend gemacht werden. [2] Für denselben Sachverhalt reicht die einmalige Geltendmachung des Anspruchs auch für später fällige Leistungen aus.

(2) Absatz 1 gilt nicht für Ansprüche aus einem Sozialplan.

§ 38 Begriffsbestimmungen. (1) Sofern auf die Tarifgebiete Ost und West Bezug genommen wird, gilt folgendes:

a) Die Regelungen für das Tarifgebiet Ost gelten für die Beschäftigen, deren Arbeitsverhältnis in dem in Art. 3 des Einigungsvertrages genannten Gebiet begründet worden ist und bei denen der Bezug des Arbeitsverhältnisses zu diesem Gebiet fortbesteht.

b) Für die übrigen Beschäftigten gelten die Regelungen für das Tarifgebiet West.

(2) Sofern auf die Begriffe „Betrieb", „betrieblich" oder „Betriebspartei" Bezug genommen wird, gilt die Regelung für Verwaltungen sowie für Parteien nach dem Personalvertretungsrecht entsprechend, es sei denn, es ist etwas anderes bestimmt.

(3) Eine einvernehmliche Dienstvereinbarung liegt nur ohne Entscheidung der Einigungsstelle vor.

(4) Leistungsgeminderte Beschäftigte sind Beschäftigte, die ausweislich einer Bescheinigung des beauftragten Arztes (§ 3 Abs. 4) nicht mehr in der Lage sind, auf Dauer die vertraglich geschuldete Arbeitsleitung in vollem Umfang zu erbringen, ohne deswegen zugleich teilweise oder in vollem Umfang erwerbsgemindert im Sinne des SGB VI zu sein.

(5) [1] Die Regelungen für Angestellte finden Anwendung auf Beschäftigte, deren Tätigkeit vor dem 1. Januar 2005 der Rentenversicherung der Angestellten unterlegen hätte. [2] Die Regelungen für Arbeiterinnen und Arbeiter finden Anwendung auf Beschäftigte, deren Tätigkeit vor dem 1. Januar 2005 der Rentenversicherung der Arbeiter unterlegen hätte.

§ 39 In-Kraft-Treten, Laufzeit. (1) [1] Dieser Tarifvertrag tritt am 1. Oktober 2005 in Kraft. [2] Abweichend von Satz 1 treten

a) § 20 am 1. Januar 2007,

b) § 26 Abs. 1 und Abs. 2 Buchst. b und c sowie § 27 am 1. Januar 2006

in Kraft.

(2) Dieser Tarifvertrag kann von jeder Tarifvertragspartei mit einer Frist von drei Monaten zum Schluss eines Kalenderhalbjahres schriftlich gekündigt werden, frühestens jedoch zum 31. Dezember 2009.

(3) [1]Abweichend von Absatz 2 kann im Bereich der VKA von den Tarifvertragsparteien auf landesbezirklicher Ebene im Tarifgebiet West § 6 Abs. 1 Satz 1 Buchst. b mit einer Frist von einem Monat zum Ende des Kalendermonats gekündigt werden, frühestens jedoch zum 30. November 2005. [2]Eine Kündigung nach Satz 1 erfasst zugleich auch abweichende Regelungen der tariflichen regelmäßigen Wochenarbeitszeit für besondere Beschäftigtengruppen in den Besonderen Teilen.

(4) Abweichend von Absatz 2 können schriftlich gekündigt werden

a) die Vorschriften des Abschnitts II einschließlich des Anhangs zu § 9 mit einer Frist von einem Monat zum Schluss eines Kalendermonats, frühestens jedoch zum 31. Dezember 2007;

b) unabhängig von Buchst. a § 8 Abs. 1 mit einer Frist von drei Monaten zum Schluss eines Kalendervierteljahres, frühestens jedoch zum 31. Dezember 2007;

c) die jeweiligen Anlagen A (Bund bzw. VKA) und B (Bund bzw. VKA) zu § 15 ohne Einhaltung einer Frist, frühestens jedoch zum 31. Dezember 2007;

d) § 20 zum 31. Dezember eines jeden Jahres, frühestens jedoch zum 31. Dezember 2008;

e) § 23 Abs. 1 mit einer Frist von einem Monat zum Schluss eines Kalendermonats, frühestens jedoch zum 31. Dezember 2007;

f) § 26 Abs. 1 mit einer Frist von drei Monaten zum Schluss eines Kalenderjahres, frühestens jedoch zum 31. Dezember 2007;

Protokollerklärung zu Absatz 4:

[1] *Die Tarifvertragsparteien werden prüfen, ob die getroffenen Kündigungsregelungen den beiderseitigen Interessen hinreichend Rechnung tragen, oder ggf. einer Änderung oder Ergänzung bedürfen.* [2] *Sollten bis zum 30. Juni 2006 keine Änderungen vereinbart worden sein, bleibt Absatz 4 unverändert in Kraft.* [3] *Die Tarifvertragsparteien werden im Zusammenhang mit den Verhandlungen zur neuen Entgeltordnung gesonderte Kündigungsregelungen zu den §§ 12, 13 und der Anlage [Entgeltordnung] vereinbaren.*

Anhang zu § 9

A. Bereitschaftszeiten Hausmeisterinnen/Hausmeister

[1]Für Hausmeisterinnen/Hausmeister, in deren Tätigkeit regelmäßig und in nicht unerheblichem Umfang Bereitschaftszeiten fallen, gelten folgende besondere Regelungen zu § 6 Abs. 1 Satz 1 TVöD:
[2]Die Summe aus den faktorisierten Bereitschaftszeiten und der Vollarbeitszeit darf die Arbeitszeit nach § 6 Abs. 1 nicht überschreiten. [3]Die Summe aus Vollarbeits- und Bereitschaftszeiten darf durchschnittlich 48 Stunden wöchentlich nicht überschreiten. [4]Bereitschaftszeiten sind die Zeiten, in denen sich die Hausmeisterin/der Hausmeister am Arbeitsplatz oder einer anderen vom Arbeitgeber bestimmten Stelle zur Verfügung halten muss, um im Bedarfsfall die Arbeit selbständig, ggf. auch auf Anordnung, aufzunehmen und in denen die Zeiten ohne Arbeitsleistung überwiegen. [5]Bereitschaftszeiten wer-

den zur Hälfte als Arbeitszeit gewertet (faktorisiert). [6]Bereitschaftszeiten werden innerhalb von Beginn und Ende der regelmäßigen täglichen Arbeitszeit nicht gesondert ausgewiesen.

B. Bereitschaftszeiten im Rettungsdienst und in Leitstellen

(1) [1]Für Beschäftigte im Rettungsdienst und in den Leitstellen, in deren Tätigkeit regelmäßig und in nicht unerheblichem Umfang Bereitschaftszeiten fallen, gelten folgende besondere Regelungen zu § 6 Abs. 1 Satz 1 TVöD: [2]Die Summe aus den faktorisierten Bereitschaftszeiten und der Vollarbeitszeit darf die Arbeitszeit nach § 6 Abs. 1 nicht überschreiten. [3]Die Summe aus Vollarbeits- und Bereitschaftszeiten darf durchschnittlich 48 Stunden wöchentlich nicht überschreiten. [4]Bereitschaftszeiten sind die Zeiten, in denen sich die/der Beschäftigte am Arbeitsplatz oder einer anderen vom Arbeitgeber bestimmten Stelle zur Verfügung halten muss, um im Bedarfsfall die Arbeit selbständig, ggf. auch auf Anordnung, aufzunehmen und in denen die Zeiten ohne Arbeitsleistung überwiegen. [5]Bereitschaftszeiten werden zur Hälfte als tarifliche Arbeitszeit gewertet (faktorisiert). [6]Bereitschaftszeiten werden innerhalb von Beginn und Ende der regelmäßigen täglichen Arbeitszeit nicht gesondert ausgewiesen.

(2) Die zulässige tägliche Höchstarbeitszeit beträgt zwölf Stunden zuzüglich der gesetzlichen Pausen.

(3) Die allgemeinen Regelungen des TVöD zur Arbeitszeit bleiben im Übrigen unberührt.

(4) Für Beschäftigte, die unter die Besonderen Regelungen für die Beschäftigten im kommunalen feuerwehrtechnischen Dienst *[bislang SR 2x BAT/BAT-O]* fallen, gilt die dortige Arbeitszeitregelung, auch soweit sie in Leitstellen tätig sind.

Anhang zu § 16 (Bund)

Besondere Stufenregelungen für vorhandene und neu eingestellte Beschäftigte (Bund)

[1]Abweichend von § 16 (Bund) Abs. 1 ist Endstufe

a) in der Entgeltgruppe 9 die Stufe 4 bei Tätigkeiten entsprechend
 – Vergütungsgruppe V a ohne Aufstieg nach IV b BAT/BAT-O,
 – Vergütungsgruppe V b ohne Aufstieg nach IV b BAT/BAT-O,
 – Vergütungsgruppe V b nach Aufstieg aus V c BAT/BAT-O (vorhandene Beschäftigte),
 – Lohngruppe 9 MTArb/MTArb-O;
b) in der Entgeltgruppe 3 die Stufe 5 bei Tätigkeiten entsprechend der
 – Vergütungsgruppe VIII mit und ohne Aufstieg nach VII BAT sowie nach Aufstieg aus IX/IX b BAT/BAT-O,
 – Lohngruppe 3 nach Aufstieg aus Lohngruppe 2 und 2a MTArb/MTArb-O (vorhandene Beschäftigte),

- Lohngruppe 2a nach Aufstieg aus Lohngruppe 2 MTArb/MTArb-O (vorhandene Beschäftigte),
- Lohngruppe 2 mit Aufstiegen nach Lohngruppe 2a und 3 MTArb/MTArb-O;

c) in der Entgeltgruppe 2 die Stufe 5 bei Tätigkeiten entsprechend der
- Vergütungsgruppe IXb nach Aufstieg aus X BAT/BAT-O (vorhandene Beschäftigte),
- Vergütungsgruppe X mit Aufstieg nach IXb BAT/BAT-O,
- Vergütungsgruppe X BAT/BAT-O (vorhandene Beschäftigte),
- Lohngruppe 1a MTArb/MTArb-O (vorhandene Beschäftigte),
- Lohngruppe 1 mit Aufstieg nach Lohngruppe 1a MTArb/MTArb-O.

Protokollerklärung:

Vorhandene Beschäftigte sind Beschäftigte im Sinne des § 1 Abs. 1 TVÜ-Bund.

2 Abweichend von § 16 (Bund) Abs. 4 Satz 1 gelten für die Stufenlaufzeiten folgende Sonderregelungen:

In der Entgeltgruppe 9 (Bund) wird die Stufe 3 nach fünf Jahren in Stufe 2 und die Stufe 4 nach neun Jahre in Stufe 3 bei Tätigkeiten entsprechend der
- Vergütungsgruppe Va ohne Aufstieg nach IVb BAT/BAT-O,
- Vergütungsgruppe Vb ohne Aufstieg nach IVb BAT/BAT-O (einschließlich in Vergütungsgruppe Vb vorhandener Aufsteiger aus Vergütungsgruppe Vc BAT/BAT-O)

erreicht; bei Tätigkeiten entsprechend der Lohngruppe 9 MTArb/MTArb-O wird die Stufe 3 nach zwei Jahren in Stufe 2 und die Stufe 4 nach sieben Jahren in Stufe 3 erreicht.

Anhang zu § 16 (VKA)

Besondere Stufenregelungen für vorhandene und neu eingestellte Beschäftigte (VKA)

I.

(1) Abweichend von § 16 (VKA) Abs. 1 Satz 1 ist Endstufe

a) in der Entgeltgruppe 2 die Stufe 5 bei Tätigkeiten entsprechend
- Vergütungsgruppe X BAT/BAT-O/BAT-Ostdeutsche Sparkassen,
- Vergütungsgruppe IX BAT/BAT-O/BAT-Ostdeutsche Sparkassen nach Aufstieg aus X,
- Lohngruppe 1 BMT-G/BMT-G-O mit ausstehendem Aufstieg nach 1a,
- Lohngruppe 1a BMT-G/BMT-G-O,

b) in der Entgeltgruppe 9 die Stufe 4 bei Tätigkeiten entsprechend
- Lohngruppe 9 BMT-G/BMT-G-O,

c) in der Entgeltgruppe 9 die Stufe 5 bei Tätigkeiten entsprechend
- Vergütungsgruppe Vb BAT/BAT-O/BAT-Ostdeutsche Sparkassen ohne Aufstieg nach IVb,

- Vergütungsgruppe V b BAT/BAT-O/BAT-Ostdeutsche Sparkassen nach Aufstieg aus V c,
- Vergütungsgruppe V b BAT/BAT-O nach Aufstieg aus VI b (Lehrkräfte),

d) in der Entgeltgruppe 15 die Stufe 5 bei Tätigkeiten entsprechend
- Vergütungsgruppe I b BAT/BAT-O/BAT-Ostdeutsche Sparkassen mit ausstehendem Aufstieg nach I a.

(2) Abweichend von § 16 (VKA) Abs. 2 werden Beschäftigte mit Tätigkeiten entsprechend der Vergütungsgruppe V b BAT/BAT-O/BAT-Ostdeutsche Sparkassen mit ausstehendem Aufstieg nach IV b und IV a der Stufe 1 zugeordnet.

(3) Abweichend von § 16 (VKA) Abs. 3 Satz 1 gelten für die Stufenlaufzeiten folgende Sonderregelungen:

a) In der Entgeltgruppe 9 wird die Stufe 4 nach sieben Jahren in Stufe 3 bei Tätigkeiten entsprechend der Lohngruppe 9 BMT-G/BMT-G-O erreicht.

b) In der Entgeltgruppe 9 wird die Stufe 5 nach neun Jahren in Stufe 4 bei Tätigkeiten entsprechend der Vergütungsgruppe V b BAT/BAT-O/BAT-Ostdeutsche Sparkassen ohne Aufstieg nach IV b und der Vergütungsgruppe V b BAT/BAT-O/BAT-Ostdeutsche Sparkassen nach Aufstieg aus V c erreicht.

II.

(1) Abweichend von § 16 (VKA) Abs. 1 Satz 1 ist für die Beschäftigten im Pflegedienst (Anlage 1 b zum BAT/BAT-O) Eingangsstufe

a) in den Entgeltgruppen 9 und 11 die Stufe 4 bei Tätigkeiten entsprechend
- Kr. XI mit Aufstieg nach Kr. XII
- Kr. VIII mit Aufstieg nach Kr. IX
- Kr. VII mit Aufstieg nach Kr. VIII (9 b)

b) in den Entgeltgruppen 7 und 9 bis 12 die Stufe 3 bei Tätigkeiten entsprechend
- Kr. XII mit Aufstieg nach Kr. XIII
- Kr. X mit Aufstieg nach Kr. XI
- Kr. IX mit Aufstieg nach Kr. X
- Kr. VI mit Aufstieg nach Kr. VII
- Kr. VII ohne Aufstieg
- Kr. VI ohne Aufstieg

c) in der Entgeltgruppe 7 die Stufe 2 bei Tätigkeiten entsprechend
- Kr. V a mit Aufstieg nach Kr. VI
- Kr. V mit Aufstieg nach Kr. V a und weiterem Aufstieg nach Kr. VI
- Kr. V mit Aufstieg nach Kr. V a

(2) Abweichend von § 16 (VKA) Abs. 1 Satz 1 ist für die Beschäftigten im Pflegedienst (Anlage 1 b zum BAT/BAT-O) Endstufe in den Entgeltgruppen 7 und 9 bis 11 die Stufe 5 bei Tätigkeiten entsprechend
- Kr. X mit Aufstieg nach Kr. XI
- Kr. IX mit Aufstieg nach Kr. X
- Kr. VI mit Aufstieg nach Kr. VII

– Kr. VII ohne Aufstieg
– Kr. VI ohne Aufstieg
– Kr. IV mit Aufstieg nach Kr. V

(3) Abweichend von § 16 (VKA) Abs. 3 Satz 1 gelten für die Beschäftigten im Pflegedienst (Anlage 1 b zum BAT/BAT-O) für die Stufenlaufzeiten folgende Sonderregelungen:

a) in der Entgeltgruppe 12 wird die Stufe 4 nach zwei Jahren in Stufe 3 und die Stufe 5 nach drei Jahren in Stufe 4 bei Tätigkeiten entsprechend der Vergütungsgruppe Kr. XII mit Aufstieg nach Kr. XIII BAT/BAT-O,

b) in der Entgeltgruppe 11 wird die Stufe 4 nach zwei Jahren in Stufe 3 und die Stufe 5 nach fünf Jahren in Stufe 4 bei Tätigkeiten entsprechend der Vergütungsgruppe Kr. X mit Aufstieg nach Kr. XI BAT/BAT-O,

c) in der Entgeltgruppe 10 wird die Stufe 4 nach zwei Jahren in Stufe 3 und die Stufe 5 nach drei Jahren in Stufe 4 bei Tätigkeiten entsprechend der Vergütungsgruppe Kr. IX mit Aufstieg nach Kr. X BAT/BAT-O,

d) in der Entgeltgruppe 9 wird die Stufe 6 nach zwei Jahren in Stufe 5 bei Tätigkeiten entsprechend der Vergütungsgruppe Kr. VIII mit Aufstieg nach Kr. IX BAT/BAT-O,

e) in der Entgeltgruppe 9 (9 b) wird die Stufe 5 nach fünf Jahren in Stufe 4 bei Tätigkeiten entsprechend der Vergütungsgruppe Kr. VII mit Aufstieg nach Kr. VIII BAT/BAT-O,

f) in der Entgeltgruppe 9 wird die Stufe 4 nach fünf Jahren in Stufe 3 und die Stufe 5 (9 b) nach fünf Jahren in Stufe 4 bei Tätigkeiten entsprechend der Vergütungsgruppen Kr. VI mit Aufstieg nach VII, Kr. VII ohne Aufstieg BAT/BAT-O,

g) in der Entgeltgruppe 9 wird die Stufe 4 (9 b) nach fünf Jahren in Stufe 3 und die Stufe 5 (9 b) nach fünf Jahren in Stufe 4 bei Tätigkeiten entsprechend der Vergütungsgruppen Kr. VI ohne Aufstieg BAT/BAT-O.

Anlage A (Bund)

Tabelle TVöD/Bund
– Tarifgebiet West –

Entgelt-gruppe	Grundentgelt		Entwicklungsstufen			
	Stufe 1	Stufe 2	Stufe 3	Stufe 4	Stufe 5	Stufe 6
15	3384	3760	3900	4400	4780	
14	3060	3400	3600	3900	4360	
13	2817	3130	3300	3630	4090	
12	2520	2800	3200	3550	4000	
11	2430	2700	2900	3200	3635	
10	2340	2600	2800	3000	3380	
9	2061	2290	2410	2730	2980	
8	1926	2140	2240	2330	2430	2493
7	1800	2000	2130	2230	2305	2375
6	1764	1960	2060	2155	2220	2285
5	1688	1875	1970	2065	2135	2185
4	1602	1780	1900	1970	2040	2081
3	1575	1750	1800	1880	1940	1995
2	1449	1610	1660	1710	1820	1935
1		1286	1310	1340	1368	1440

Anlage A (VKA)

Tabelle TVöD/VKA
– Tarifgebiet West –

Entgelt-gruppe	Grundentgelt		Entwicklungsstufen			
	Stufe 1	Stufe 2	Stufe 3	Stufe 4	Stufe 5	Stufe 6
15	3384	3760	3900	4400	4780	5030[1]
14	3060	3400	3600	3900	4360	4610
13	2817	3130	3300	3630	4090	4280
12	2520	2800	3200	3550	4000	4200
11	2430	2700	2900	3200	3635	3835
10	2340	2600	2800	3000	3380	3470
9[2]	2061	2290	2410	2730	2980	3180
8	1926	2140	2240	2330	2430	2493[3]
7	1800[4]	2000	2130	2230	2305	2375
6	1764	1960	2060	2155	2220	2285[5]
5	1688	1875	1970	2065	2135	2185
4	1602[6]	1780	1900	1970	2040	2081
3	1575	1750	1800	1880	1940	1995
2	1449	1610	1660	1710	1820	1935
1		1286	1310	1340	1368	1440

Für Ärztinnen und Ärzte, die unter den Besonderen Teil Krankenhäuser fallen:
[1] 5100

Für Beschäftigte im Pflegedienst:

[2]

E 9	Stufe 3	Stufe 4	Stufe 5	Stufe 6
	2495	2650	2840	3020

[3] 2533
[4] 1850
[5] 2340
[6] 1652

Anlage B (Bund)

Tabelle TVöD/Bund
– Bemessungssatz Tarifgebiet Ost 92,5 v. H. –
(gültig ab 1. Oktober 2005)

Entgelt-gruppe	Grundentgelt		Entwicklungsstufen			
	Stufe 1	Stufe 2	Stufe 3	Stufe 4	Stufe 5	Stufe 6
15	3130	3478	3608	4070	4422	
14	2831	3145	3330	3608	4033	
13	2606	2895	3053	3358	3783	
12	2331	2590	2960	3284	3700	
11	2248	2498	2683	2960	3362	
10	2165	2405	2590	2775	3127	
9	1906	2118	2229	2525	2757	
8	1782	1980	2072	2155	2248	2306
7	1665	1850	1970	2063	2132	2197
6	1632	1813	1906	1993	2054	2114
5	1561	1734	1822	1910	1975	2021
4	1482	1647	1758	1822	1887	1925
3	1457	1619	1665	1739	1795	1845
2	1340	1489	1536	1582	1684	1790
1		1190	1212	1240	1265	1332

Anlage B (VKA)

Tabelle TVöD/VKA
– Bemessungssatz Tarifgebiet Ost 94 v. H. –
(gültig ab 1. Oktober 2005)

Entgelt-gruppe	Grundentgelt		Entwicklungsstufen			
	Stufe 1	Stufe 2	Stufe 3	Stufe 4	Stufe 5	Stufe 6
15	3181	3534	3666	4136	4493	4728[1]
14	2876	3196	3384	3666	4098	4333
13	2648	2942	3102	3412	3845	4023
12	2369	2632	3008	3337	3760	3948
11	2284	2538	2726	3008	3417	3605
10	2200	2444	2632	2820	3177	3262
9[2]	1937	2153	2265	2566	2801	2989
8	1810	2012	2106	2190	2284	2343[3]
7	1692[4]	1880	2002	2096	2167	2233
6	1658	1842	1936	2026	2087	2148[5]
5	1587	1763	1852	1941	2007	2054
4	1506[6]	1673	1786	1852	1918	1956
3	1481	1645	1692	1767	1824	1875
2	1362	1513	1560	1607	1711	1819
1		1209	1231	1260	1286	1354

Für Ärztinnen und Ärzte, die unter den Besonderen Teil Krankenhäuser fallen:
[1] 4794

Für Beschäftigte im Pflegedienst:

[2]

E 9	Stufe 3	Stufe 4	Stufe 5	Stufe 6
	2345	2491	2670	2839

[3] 2381
[4] 1739
[5] 2200
[6] 1553

Anlage B (VKA)

Tabelle TVöD/VKA
– Bemessungssatz Tarifgebiet Ost 95,5 v. H. –
(gültig ab 1. Juli 2006)

Entgelt-gruppe	Grundentgelt		Entwicklungsstufen			
	Stufe 1	Stufe 2	Stufe 3	Stufe 4	Stufe 5	Stufe 6
15	3232	3591	3725	4202	4565	4804[1]
14	2922	3247	3438	3725	4164	4403
13	2690	2989	3152	3467	3906	4087
12	2407	2674	3056	3390	3820	4011
11	2321	2579	2770	3056	3471	3662
10	2235	2483	2674	2865	3228	3314
9[2]	1968	2187	2302	2607	2846	3037
8	1839	2044	2139	2225	2321	2381[3]
7	1719[4]	1910	2034	2130	2201	2268
6	1685	1872	1967	2058	2120	2182[5]
5	1612	1791	1881	1972	2039	2087
4	1530[6]	1700	1815	1881	1948	1987
3	1504	1671	1719	1795	1853	1905
2	1384	1538	1585	1633	1738	1848
1		1228	1251	1280	1306	1375

Für Ärztinnen und Ärzte, die unter den Besonderen Teil Krankenhäuser fallen:
[1] 4871

Für Beschäftigte im Pflegedienst:

[2] E 9	Stufe 3	Stufe 4	Stufe 5	Stufe 6
	2383	2531	2712	2884

[3] 2419
[4] 1767
[5] 2235
[6] 1578

Anlage B (VKA)

Tabelle TVöD/VKA
– Bemessungssatz Tarifgebiet Ost 97 v. H. –
(gültig ab 1. Juli 2007)

Entgelt-gruppe	Grundentgelt		Entwicklungsstufen			
	Stufe 1	Stufe 2	Stufe 3	Stufe 4	Stufe 5	Stufe 6
15	3282	3647	3783	4268	4637	4879[1]
14	2968	3298	3492	3783	4229	4472
13	2732	3036	3201	3521	3967	4152
12	2444	2716	3104	3444	3880	4074
11	2357	2619	2813	3104	3526	3720
10	2270	2522	2716	2910	3279	3366
9[2]	1999	2221	2338	2648	2891	3085
8	1868	2076	2173	2260	2357	2418[3]
7	1746[4]	1940	2066	2163	2236	2304
6	1711	1901	1998	2090	2153	2216[5]
5	1637	1819	1911	2003	2071	2119
4	1554[6]	1727	1843	1911	1979	2019
3	1528	1698	1746	1824	1882	1935
2	1406	1562	1610	1659	1765	1877
1		1247	1271	1300	1327	1397

Für Ärztinnen und Ärzte, die unter den Besonderen Teil Krankenhäuser fallen:
[1] 4947

Für Beschäftigte im Pflegedienst:

[2]

E 9	Stufe 3	Stufe 4	Stufe 5	Stufe 6
	2420	2571	2755	2929

[3] 2457
[4] 1795
[5] 2270
[6] 1602

Anhang zu den Anlagen A und B (VKA)

I. Beschäftigte im Pflegedienst

Abweichend von § 15 Abs. 2 Satz 1 erhalten die Beschäftigten im Pflegedienst (Anlage 1 b zum BAT/BAT-0)

a) in der Entgeltgruppe 7 bei Tätigkeiten entsprechend den Vergütungsgruppen Kr. Va mit Aufstieg nach Kr. VI, Kr. V mit Aufstieg nach Kr. Va und
weiterem Aufstieg nach Kr. VI
- in der Stufe 2 den Tabellenwert der Stufe 3,
- in der Stufe 3 den Tabellenwert der Entgeltgruppe 8 Stufe 3,
- in der Stufe 4 den Tabellenwert der Entgeltgruppe 8 Stufe 4,
- in der Stufe 5 den Tabellenwert der Entgeltgruppe 9b Stufe 5,
- in der Stufe 6 den Tabellenwert der Entgeltgruppe 9b Stufe 6.
b) In der Entgeltgruppe 7 bei Tätigkeiten entsprechend den Vergütungsgruppen Kr. V mit Aufstieg nach Kr. VI
- in der Stufe 1 den Tabellenwert der Stufe 2,
- in der Stufe 2 den Tabellenwert der Stufe 3,
- in der Stufe 3 den Tabellenwert der Entgeltgruppe 8 Stufe 3,
- in der Stufe 4 den Tabellenwert der Entgeltgruppe 8 Stufe 4,
- in der Stufe 5 den Tabellenwert der Entgeltgruppe 9b Stufe 5,
- in der Stufe 6 den Tabellenwert der Entgeltgruppe 9b Stufe 6.
c) In der Entgeltgruppe 7 bei Tätigkeiten entsprechend der Vergütungsgruppe Kr. V mit Aufstieg nach Kr. Va BAT
- in der Stufe 4 den Tabellenwert der Entgeltgruppe 8 Stufe 4,
- in der Stufe 5 den Tabellenwert der Entgeltgruppe 8 Stufe 5,
- in der Stufe 6 den Tabellenwert der Entgeltgruppe 8 Stufe 6.
d) In der Entgeltgruppe 7 bei Tätigkeiten entsprechend der Vergütungsgruppe Kr. IV mit Aufstieg nach Kr. V und weiterem Aufstieg nach Kr. Va
BAT
- in der Stufe 4 den Tabellenwert der Entgeltgruppe 8 Stufe 4,
- in der Stufe 5 den Tabellenwert der Entgeltgruppe 8 Stufe 5,
- in der Stufe 6 den Tabellenwert der Entgeltgruppe 8 Stufe 6.
e) In der Entgeltgruppe 7 bei Tätigkeiten entsprechend der Vergütungsgruppe Kr. IV mit Aufstieg nach Kr. V BAT
- in der Stufe 4 den Tabellenwert der Entgeltgruppe 8 Stufe 4,
- in der Stufe 5 den Tabellenwert der Entgeltgruppe 8 Stufe 5.
f) In der Entgeltgruppe 4 bei Tätigkeiten entsprechend den Vergütungsgruppen Kr. II mit Aufstieg nach Kr. III und weiterem Aufstieg nach Kr. IV
sowie Kr. III mit Aufstieg nach Kr. IV BAT
- in der Stufe 4 den Tabellenwert der Entgeltgruppe 6 Stufe 4,
- in der Stufe 5 den Tabellenwert der Entgeltgruppe 6 Stufe 5,
- in der Stufe 6 den Tabellenwert der Entgeltgruppe 6 Stufe 6.
g) In der Entgeltgruppe 3 bei Tätigkeiten entsprechend der Vergütungsgruppe Kr. I mit Aufstieg nach Kr. II BAT in der Stufe 6 den Tabellenwert der
Entgeltgruppe 4 Stufe 6.

II. Ärztinnen und Ärzte

Abweichend von § 15 Absatz 2 Satz 1erhalten die Ärztinnen und Ärzte, die unter den Geltungsbereich des Besonderen Teil Krankenhäuser fallen, in der Entgeltgruppe 14
– in der Stufe 3 den Tabellenwert der Stufe 4 und
– in der Stufe 4 den Tabellenwert der Stufe 5.

1 b. Tarifvertrag für den öffentlichen Dienst (TVöD) – Besonderer Teil Verwaltung (BT-V) –

vom 13. September 2005

Zwischen der Bundesrepublik Deutschland, vertreten durch das Bundesministerium des Innern, und der Vereinigung der kommunalen Arbeitgeberverbände, vertreten durch den Vorstand, einerseits und ver.di – Vereinte Dienstleistungsgewerkschaft (ver.di), vertreten durch den Bundesvorstand, diese zugleich handelnd für
- Gewerkschaft der Polizei,
- Industriegewerkschaft Bauen – Agrar – Umwelt,
- Gewerkschaft Erziehung und Wissenschaft,
andererseits wird Folgendes vereinbart:[1]

Inhaltsübersicht

B. Besonderer Teil Verwaltung (BT-V)

---

[1] Ein inhaltsgleicher TV werde mit dbb tarifunion vereinbart.

§§

B. Besonderer Teil Verwaltung (BT-V)

Abschnitt VII. Allgemeine Vorschriften

§ 40 Geltungsbereich. (1) [1]Dieser Tarifvertrag gilt für alle Beschäftigten, die unter § 1 des Tarifvertrages für den öffentlichen Dienst (TVöD) fallen, soweit sie nicht von anderen Besonderen Teilen des TVöD erfasst sind. [2]Der Tarifvertrag für den öffentlichen Dienst (TVöD) – Besonderer Teil Verwaltung bildet im Zusammenhang mit dem Tarifvertrag für den öffentlichen Dienst – Allgemeiner Teil – den Tarifvertrag für die Sparte Verwaltung.

(2) Soweit in den nachfolgenden Bestimmungen auf die §§ 1 bis 39 verwiesen wird, handelt es sich um die Regelungen des TVöD – Allgemeiner Teil.

§ 41 Allgemeine Pflichten. [1]Die im Rahmen des Arbeitsvertrages geschuldete Leistung ist gewissenhaft und ordnungsgemäß auszuführen. [2]Beschäftigte des Bundes und anderer Arbeitgeber, in deren Aufgabenbereichen auch hoheitliche Tätigkeiten wahrgenommen werden, müssen sich durch ihr gesamtes Verhalten zur freiheitlich demokratischen Grundordnung im Sinne des Grundgesetzes bekennen.

§ 42 Saisonaler Ausgleich. In Verwaltungen und Betrieben, in denen auf Grund spezieller Aufgaben (z.B. Ausgrabungen, Expeditionen, Schifffahrt) oder saisonbedingt erheblich verstärkte Tätigkeiten anfallen, kann für diese Tätigkeiten die regelmäßige Arbeitszeit auf bis zu 60 Stunden in einem Zeitraum von bis zu sieben Tagen verlängert werden, wenn durch Verkürzung der regelmäßigen wöchentlichen Arbeitszeit bis zum Ende des Ausgleichszeitraums nach § 6 Abs. 2 Satz 1 ein entsprechender Zeitausgleich durchgeführt wird.

§ 43 Überstunden. (1) [1]Überstunden sind grundsätzlich durch entsprechende Freizeit auszugleichen. [2]Sofern kein Arbeitszeitkonto nach § 10 eingerichtet ist, oder wenn ein solches besteht, die/der Beschäftigte jedoch keine Faktorisierung nach § 8 Abs. 1 geltend macht, erhält die/der Beschäftigte für Überstunden (§ 7 Abs. 7), die nicht bis zum Ende des dritten Kalendermonats – möglichst aber schon bis zum Ende des nächsten Kalendermonats – nach deren Entstehen mit Freizeit ausgeglichen worden sind, je Stunde 100 v.H. des auf die Stunde entfallenden Anteils des Tabellenentgelts der jeweiligen Entgeltgruppe und Stufe, höchstens jedoch nach der Stufe 4. [3]Der Anspruch auf den Zeitzuschlag für Überstunden nach § 8 Abs. 1 besteht unabhängig von einem Freizeitausgleich.

(2) [1]Für Beschäftigte der Entgeltgruppe 15 bei obersten Bundesbehörden sind Mehrarbeit und Überstunden durch das Tabellenentgelt abgegolten. [2]Beschäftigte der Entgeltgruppen 13 und 14 bei obersten Bundesbehörden erhalten nur dann ein Überstundenentgelt, wenn die Leistung der Mehrarbeit oder der Überstunden für sämtliche Beschäftigte der Behörde angeordnet ist; im Übrigen ist über die regelmäßige Arbeitszeit hinaus geleistete Arbeit dieser Beschäftigten durch das Tabellenentgelt abgegolten. [3]Satz 1 gilt auch für Leiterinnen/Leiter von Dienststellen und deren ständige Vertreterinnen/Vertreter, die in den Entgeltgruppen 14 und 15 eingruppiert sind.

§ 44 Reise- und Umzugskosten, Trennungsgeld. (1) Für die Erstattung von Reise- und Umzugskosten sowie Trennungsgeld finden die für die Beamtinnen und Beamten jeweils geltenden Bestimmungen entsprechende Anwendung.

(2) [1]Bei Dienstreisen gilt nur die Zeit der dienstlichen Inanspruchnahme am auswärtigen Geschäftsort als Arbeitszeit. [2]Für jeden Tag einschließlich der Reisetage wird jedoch mindestens die auf ihn entfallende regelmäßige, durchschnittliche oder dienstplanmäßige Arbeitszeit berücksichtigt, wenn diese bei Nichtberücksichtigung der Reisezeit nicht erreicht würde. [3]Überschreiten nichtanrechenbarer Reisezeiten insgesamt 15 Stunden im Monat, so werden auf Antrag 25 v.H. dieser überschrittenen Zeiten bei fester Arbeitszeit als Freizeitausgleich gewährt und bei gleitender Arbeitszeit im Rahmen der jeweils geltenden Vorschriften auf die Arbeitszeit angerechnet. [4]Der besonderen Situation von Teilzeitbeschäftigten ist Rechnung zu tragen.

(3) Soweit Einrichtungen in privater Rechtsform oder andere Arbeitgeber nach eigenen Grundsätzen verfahren, sind diese abweichend von den Absätzen 1 und 2 maßgebend.

Abschnitt VIII. Sonderregelungen (Bund)

§ 45 Sonderregelungen für Beschäftigte, die zu Auslandsdienststellen des Bundes entsandt sind

Zu Abschnitt I. Allgemeine Vorschriften

Nr. 1: Zu § 1 – Geltungsbereich – (1) Diese Sonderregelungen gelten für Beschäftigte mit deutscher Staatsangehörigkeit (Deutsche im Sinne des Artikels 116 GG) oder einer Staatsangehörigkeit eines anderen Mitgliedsstaates der europäischen Union bei den diplomatischen und berufskonsularischen Vertretungen sowie bei anderen Dienststellen der Bundesrepublik im Ausland (Auslandsdienststellen), die nach Abschluss eines Arbeitsvertrages nach Bundestarifrecht von ihrer obersten Bundesbehörde zur Dienstleistung in das Ausland entsandt worden sind (entsandte Kräfte) oder denen die gleiche Rechtsstellung durch einen mit der obersten Bundesbehörde geschlossenen Arbeitsvertrag eingeräumt worden ist.

(2) Die Nrn. 3, 6, und 14 gelten auch für Beschäftigte des Bundes, die bei einer Inlandsdienststelle tätig sind, dem Inhalt ihres Arbeitsvertrages nach jedoch auch zu Auslandsdienststellen entsandt werden können.

(3) Diese Sonderregelungen gelten nicht für Beschäftigte, die Einheiten der Bundeswehr bei deren vorübergehender Verlegung zu Ausbildungszwecken in das Ausland folgen.

Nr. 2: [1] Für Beschäftigte bei Auslandsvertretungen (§ 3 Abs. 1 des Gesetzes über den Auswärtigen Dienst – GAD) gelten die §§ 14, 15, 19, 20, 21, 23, 24, 27 GAD entsprechend. [2] Die §§ 16, 22, 26 GAD gelten für diese Beschäftigte entsprechend, soweit keine Leistungen nach anderen Vorschriften gewährt werden.

Nr. 3: Zu § 3 – Allgemeine Arbeitsbedingungen – Der Arbeitgeber kann auch Untersuchungen auf Tropentauglichkeit anordnen.

Nr. 4: Zu § 4 – Versetzung, Abordnung, Zuweisung, Personalgestellung – § 4 Abs. 1 Satz 2 gilt nicht.

Zu Abschnitt II. Arbeitszeit

Nr. 5: Zu § 6 – Regelmäßige Arbeitszeit – [1] Eine Verkürzung der regelmäßigen Arbeitszeit für die Beamten an einer Auslandsdienststelle nach § 7 Abs. 2 Satz 1 des Gesetzes über den Auswärtigen Dienst bzw. nach § 5 der Arbeitszeitverordnung gilt auch für die entsprechenden Beschäftigten an dieser Dienststelle. [2] In diesen Fällen findet ein Ausgleich für Überstunden (Nr. 6

Satz 1) nur statt, wenn die verkürzte regelmäßige Arbeitszeit um mehr als fünf Stunden im Monat überschritten wird.

Nr. 6: Zu § 8 – Ausgleich für Sonderformen der Arbeit – [1] Überstundenentgelt, Zeitzuschläge und Zulagen nach § 8 werden nicht gezahlt. [2] Alle Überstunden sind bis zum Ende des sechsten Kalendermonats nach Ableistung der Überstunden durch entsprechende bezahlte Arbeitsbefreiung auszugleichen.

Protokollerklärung:

Das Entgelt für die tatsächliche Arbeitsleistung zuzüglich der Zeitzuschläge für Überstunden ist das Überstundenentgelt.

Zu Abschnitt III. Eingruppierung, Entgelt und sonstige Leistungen

Nr. 7: Zu § 14 – Vorübergehende Ausübung einer höherwertigen Tätigkeit – [1] Die persönliche Zulage nach § 14 Abs. 3 wird auch dann nicht gezahlt, wenn die Beschäftigten andere Beschäftigte oder Beamte während deren Heimaturlaubs länger als einen Monat oder im Fall des § 14 Abs. 2 länger als drei Tage vertreten. [2] Zeiten einer höherwertigen Heimaturlaubsvertretung werden bei einer anschließenden höherwertigen Vertretung aus anderen Gründen auf die in § 14 Abs. 1 genannte Frist von einem Monat angerechnet.

Protokollerklärung:

[1] *Dem Beschäftigten darf innerhalb eines Jahres eine Heimaturlaubsvertretung nur einmal übertragen werden.* [2] *Die Regelung für Beschäftigte gemäß § 38 Abs. 5 Satz 2 tritt erst bei In-Kraft-Treten eines Tarifvertrags nach § 14 Abs. 2 in Kraft.*

Nr. 8: Zu § 15 – Tabellenentgelt – (1) [1] Zu dem Tabellenentgelt (§ 15) werden in entsprechender Anwendung der §§ 55 bis 57 des Bundesbesoldungsgesetzes den Beschäftigten mit dienstlichem Wohnsitz im Ausland folgende Auslandsbezüge gezahlt:

a) Auslandszuschlag nach den Sätzen der Anlagen VI a bis e des Bundesbesoldungsgesetzes,

b) Auslandskinderzuschlag,

c) Mietzuschuss.

[2] Für Beschäftigte bei Auslandsvertretungen (§ 3 Abs. 1 GAD) treten an die Stelle der Anlagen VI a bis VI c die Anlagen VI f bis VI h des Bundesbesoldungsgesetzes; diese Beschäftigten erhalten ferner einen Zuschlag für die mit dem Auswärtigen Dienst verbundenen Belastungen des Ehegatten in entsprechender Anwendung des § 55 Abs. 5 des Bundesbesoldungsgesetzes.

(2) [1] §§ 7, 15, 52 Abs. 3, 53, 54 und 58 des Bundesbesoldungsgesetzes gelten entsprechend. [2] Bei der Gewährung des Auslandszuschlags sowie bei der Berechnung des Kaufkraftausgleichs (§§ 7 und 54 BBesG) werden die Beschäftigten den Beamtinnen und Beamten der Besoldungsgruppen A 1–A 15 gleichgestellt.

(3) [1]Zulagen und Zuschläge werden mit Ausnahme der in Absatz 1 und 2 geregelten Entgeltbestandteile den bei Auslandsdienststellen tätigen Beschäftigten nicht gezahlt. [2]Aufwandsentschädigungen werden nach den für die entsprechenden Beamten geltenden Bestimmungen gezahlt

Nr. 9: Zu § 22 – Entgelt im Krankheitsfall – (1) [1]Bei einer durch Krankheit oder Arbeitsunfall verursachten Arbeitsunfähigkeit im Ausland werden das Tabellenentgelt und die Auslandsbezüge (Nr. 8) ohne Rücksicht auf die Beschäftigungszeit bis zum Tage vor der Rückreise vom Auslandsdienstort in das Inland gewährt. [2]Die im § 22 Abs. 3 festgesetzten Fristen für die Gewährung eines Krankengeldzuschusses beginnen mit dem Tage der Abreise des Beschäftigten vom Auslandsdienstort zu laufen.

(2) Beschäftigte, die bei einer Auslandsdienststelle tätig sind, sollen den Nachweis der Arbeitsunfähigkeit durch eine Bescheinigung des Vertrauensarztes der Auslandsdienststelle erbringen; Beschäftigte bei einer diplomatischen oder konsularischen Vertretung sollen den Nachweis in der Weise erbringen, wie er durch die Geschäftsordnung für die Auslandsvertretung vorgesehen ist.

Nr. 10: Zu § 23 Abs. 3 – Sterbegeld – Der Berechnung des Sterbegeldes für die Hinterbliebenen von Beschäftigten gemäß § 23 Abs. 3, die zur Zeit ihres Todes Auslandsbezüge erhielten, sind diese Auslandsbezüge, jedoch ausschließlich einer Aufwandsentschädigung, zugrunde zu legen.

Zu Abschnitt III. Urlaub und Arbeitsbefreiung

Nr. 11: Zu § 26 – Erholungsurlaub – (1) Für den Erholungsurlaub gelten neben den tariflichen Vorschriften die jeweiligen Bestimmungen für die im Ausland tätigen Bundesbeamten entsprechend.

(2) [1]Wird das Arbeitsverhältnis während oder mit Ablauf eines Urlaubs im Inland, für den Fahrkostenzuschuss gewährt wurde, aus einem vom Beschäftigten zu vertretenden Grunde gelöst, so werden die niedrigsten Fahrkosten (vgl. § 4 Abs. 2 der Heimaturlaubsverordnung) nur der Reise vom Dienstort in das Inland erstattet. [2]Wird das Arbeitsverhältnis innerhalb eines Jahres nach Beendigung eines Urlaubs im Inland aus einem vom Beschäftigten zu vertretenden Grunde gelöst, so hat der Beschäftigte die Hälfte der dafür erstatteten Fahrkosten zurückzuzahlen, es sei denn, das er im Anschluss an den Urlaub an einen anderen Dienstort versetzt worden war und den Dienst dort angetreten hatte.

Zu Abschnitt V. Befristung und Beendigung des Arbeitsverhältnisses

Nr. 12: § 33 – Beendigung des Arbeitsverhältnisses ohne Kündigung – (1) [1]Im Wirtschaftsdienst Beschäftigte der Entgeltgruppen 9 bis 15 bedürfen in den ersten zwei Jahren nach Beendigung des Arbeitsverhältnisses zur Aufnahme einer entgeltlichen Beschäftigung in einem der ausländischen Staaten, in dem sie während ihres Arbeitsverhältnisses tätig waren, der Genehmigung des Arbeitgebers. [2] Wird eine entgeltliche Beschäftigung ohne die erforderliche Genehmigung aufgenommen, so hat der Beschäftigte eine Vertragsstrafe in Höhe von drei Monatsbezügen seiner letzten Auslandsvergütung zu entrichten. [3] Die Geltendmachung von Schadensersatzansprüchen bleibt unberührt.

(2) Beschäftigte, die auf Kosten des Arbeitgebers eine besondere Ausbildung in einer Fremdsprache erhalten haben, sind verpflichtet, dem Arbeitgeber die Kosten dieser Ausbildung zu erstatten, wenn das Arbeitsverhältnis aus einem von dem Beschäftigten zu vertretenden Grunde vor Ablauf von drei Jahren nach Abschluss der Sprachausbildung endet.

Zu Abschnitt VII. Allgemeine Vorschriften

Nr. 13: Zu § 44 – Reise- und Umzugskosten, Trennungsgeld – [1] Für die Gewährung von Umzugskostenvergütung bei Auslandsumzügen sind die für die Beamtinnen/Beamten des Arbeitgebers jeweils geltenden Bestimmungen mit folgenden Maßgaben sinngemäß anzuwenden:

1. Im Falle des Ausscheidens eines Beschäftigten aus dem Arbeitsverhältnis an einem Auslandsdienstort wird eine Umzugskostenvergütung nur gewährt, wenn für den Umzug an den Auslandsdienstort Umzugskostenvergütung gewählt und nicht zurückgefordert worden ist. § 19 Abs. 4 der Auslandsumzugskostenverordnung – AUV – bleibt unberührt.

2. Der Beschäftigte, dessen Arbeitsverhältnis aus einem von ihm nicht zu vertretenden Grunde im Ausland beendet worden ist, hat für sich und die in § 1 Abs. 1 Nr. 2 AUV bezeichneten Personen Anspruch auf eine Umzugskostenvergütung nach §§ 2 bis 5 und 10 AUV sowie § 9 Abs. 1 BUKG. Die Umzugskostenvergütung wird nur gewährt, wenn der Beschäftigte spätestens sechs Monate nach Beendigung des Arbeitsverhältnisses nach einem frei gewählten Wohnort im Inland umzieht. § 19 Abs. 1 bis 3 AUV bleibt unberührt. § 19 Abs. 1 bis 3 AUV gilt entsprechend, wenn der Beschäftigte wegen Bezugs eines vorgezogenen oder flexiblen Altersruhegeldes oder einer entsprechenden Versorgungsrente aus der zusätzlichen Alters- und Hinterbliebenenversorgung im Ausland aus dem Arbeitsverhältnis ausgeschieden ist.

3. In dem Falle der Nr. 11 Abs. 2 Satz 1 werden Auslagen für eine Umzugsreise nicht erstattet.

4. Endet das Arbeitsverhältnis aus einem von dem Beschäftigte zu vertretenden Grunde vor Ablauf von zwei Jahren nach einem Umzug, für den Umzugskostenvergütung nach § 3 Abs. 1 Nr. 1, § 4 Abs. 1 Nr. 1 oder Abs. 2 Nr. 3 und 4 des Bundesumzugskostengesetzes – BUKG – zugesagt worden war, so hat der Beschäftigte die Umzugskostenvergütung zurückzuzahlen. War die Umzugskostenvergütung nach § 3 Abs. 1 Nr. 1 BUKG zugesagt worden, ist nur der nach § 12 AUV gewährten Ausstattungsbeitrag zurückzuzahlen, wenn der Beschäftigte insgesamt mehr als zwei Jahre bei Auslandsdienststellen tätig war. Sätze 1 und 2 gelten nicht für eine nach § 3 Abs. 1 Nr. 1 BUKG zugesagte Umzugskostenvergütung, wenn das Arbeitsverhältnis aufgrund einer Kündigung durch den Beschäftigten endet. § 19 Abs. 4 AUV bleibt unberührt.

Nr. 14: Für Bundeswohnungen, die Beschäftigte an Auslandsdienststellen aus dienstlichen oder sonstigen im Interesse des Bundes liegenden Gründen zugewiesen werden, gilt sinngemäß die Allgemeine Verwaltungsvorschrift über die Bundesdienstwohnungen (Dienstwohnungsvorschriften – DWV –) vom 16. Februar 1970 (GMBl. S. 99) in ihrer jeweils geltenden Fassung und in Verbindung mit der Allgemeinen Verwaltungsvorschrift über die Bundesdienstwohnungen im Ausland (Dienstwohnungsvorschriften Ausland – DWVA) vom 1. Februar 1973 (GMBl. S. 82) in der jeweils geltenden Fassung.

Zu Abschnitt VI. Übergangs- und Schlussvorschriften

Nr. 15: Zu § 37 – Ausschlussfrist – Die Ausschlussfrist (§ 37) beträgt 9 Monate.

§ 46 Sonderregelungen für Beschäftigte im Bereich des Bundesministeriums der Verteidigung

Kapitel I. Beschäftigte des Bundesministeriums der Verteidigung

Zu Abschnitt I. Allgemeine Vorschriften

Nr. 1: Zu § 1 – Geltungsbereich – Die Regelungen dieses Abschnitts gelten für die Beschäftigten des Bundesministeriums der Verteidigung, soweit sie nicht unter Kapitel II oder die Sonderregelung für in Ausland entsandte Beschäftigte (§ 45) fallen.

Nr. 2: Zu § 3 – Allgemeine Arbeitsbedingungen – (1) Beschäftigte haben sich unter Fortzahlung des Entgelts nach § 21 einer Ausbildung im Selbstschutz sowie in der Hilfeleistung und Schadensbekämpfung bei Katastrophen zu unterziehen.

(2) [1] Beschäftigte haben jede ärztlich festgestellte und ihnen vom Arzt mitgeteilte übertragbare Krankheit innerhalb ihres Hausstandes unverzüglich dem Dienststellenleiter zu melden. [2] Zur Wahrung der ärztlichen Schweigepflicht kann der Meldung durch Übergabe eines verschlossenen Umschlages genügt werden, der nur vom Arzt zu öffnen ist.

(3) Beschäftigte können an den für die Bundeswehr angeordneten medizinischen Schutzmaßnahmen, insbesondere Schutzimpfungen, auf Kosten des Arbeitgebers teilnehmen.

(4) Beschäftigte haben vor Beginn und Ende einer größeren militärischen Unternehmung Anspruch auf eine ärztliche Untersuchung auf Kosten des Arbeitgebers.

Zu Abschnitt II. Arbeitszeit

Nr. 3: Zu § 6 – Regelmäßige Arbeitszeit – (1) Kann die Arbeitsstelle nur mit einem vom Arbeitgeber gestellten Fahrzeug erreicht werden und trifft das Fahrzeug infolge höherer Gewalt nicht rechtzeitig an der Arbeitsstelle ein, wird die Zeit ab dem Zeitpunkt des auf der Arbeitsstelle angeordneten Arbeitsbeginns als Arbeitszeit gewertet.

(2) [1]Für Beschäftigte in Versorgungs- und Instandsetzungseinrichtungen sowie auf Flug-, Schieß- und Übungsplätzen beginnt und endet die Arbeitszeit am jeweils vorgeschriebenen Arbeitsplatz, soweit nicht ein Sammelplatz bestimmt wird. [2]Stellt der Arbeitgeber bei Entfernungen von der Grenze der Arbeitsstelle (z. B. Eingangstor) bis zum Arbeitsplatz von mehr als einem Kilometer für diese Strecke eine kostenlose Beförderungsmöglichkeit nicht zur Verfügung, gilt die über die bei Gestellung eines Fahrzeugs üblicherweise benötigte Beförderungszeit hinausgehende Zeit als Arbeitszeit.

Protokollerklärung

Der Begriff der Arbeitsstelle ist weiter als der Begriff des Arbeitsplatzes. Er umfasst z. B. den Verwaltungs-/Betriebsbereich in dem Gebäude/Gebäudeteil, in dem gearbeitet wird.

Nr. 4: Zu §§ 7, 8 – Sonderformen der Arbeit und Ausgleich für Sonderformen der Arbeit – (1) Die Zeit des Bereitschaftsdienstes einschließlich der geleisteten Arbeit wird bei der Bemessung des Entgelts mit 50 v. H. als Arbeitszeit gewertet.

(2) [1]Rufbereitschaft darf bis zu höchstens zehn Tagen im Monat, in Ausnahmefällen bis zu höchstens 30 Tagen im Vierteljahr, angeordnet werden. [2]Diese zeitliche Einschränkung gilt nicht für Zeiten erhöhter Bereitschaft für den Bereich der gesamten Bundeswehr.

(3) [1]Die Arbeitszeitdauer des Feuerwehrpersonals und des Wachpersonals beträgt, wenn in erheblichem Umfang Bereitschaftsdienst vorliegt, 24 Stunden je Schicht, sofern der Gesundheitsschutz der Beschäftigten durch Gewährung gleichwertiger Ausgleichsruhezeiten in unmittelbarem Anschluss an die verlängerten Arbeitszeiten gewährleistet wird. [2]Aus dienstlichen Gründen kann ein kürzerer Schichtturnus festgelegt werden. [3]Durch entsprechende Schichteinteilung soll sichergestellt werden, dass die regelmäßige wöchentliche Arbeitszeit bis zum Ende des Ausgleichszeitraums nach § 6 Abs. 2 im Durchschnitt nicht überschritten wird. [4]Zeitzuschläge nach § 8 Abs. 1 Satz 1 Buchst. b, c, d, e werden zu 50 v. H. gezahlt. [5]Zeitzuschläge nach § 8 Abs. 1 Satz 1 Buchst. f, sowie Zulagen nach Abs. 5 und 6 werden nicht gezahlt. [6]Die über 168 Stunden hinausgehende Zeit wird bei der Bemessung des Entgelts mit 50 v. H. als Arbeitszeit gewertet und mit dem Überstundenentgelt vergütet.

(4) Für Beschäftigte, die an Manövern und ähnlichen Übungen teilnehmen, gilt Anhang zu § 46 In den Fällen der Hilfeleistung und der Schadensbekämpfung bei Katastrophen gilt Abs. 1 Nr. 3 bis 5 des Anhangs zu § 46 entsprechend.

(5) Zuschläge – außer Zeitzuschläge nach § 8 – sowie Zulagen können im Einvernehmen mit den vertragsschließenden Gewerkschaften auch durch Verwaltungsanordnungen allgemein oder für den Einzelfall gewährt werden.

Zu Abschnitt III. Eingruppierung, Entgelt und sonstige Leistungen

Nr. 5: Beschäftigte, die für eine andere Tätigkeit qualifiziert werden, erhalten während der Qualifizierungszeit ihr bisheriges Tabellenentgelt und sonstige Entgeltbestandteile.

Abschnitt IV. Urlaub und Arbeitsbefreiung

Nr. 6: Zu § 26 – Erholungsurlaub – Bei der Berechnung nach § 21 werden die leistungsabhängigen Entgeltbestandteile aus dem Leistungslohnverfahren nach dem Tarifvertrag über die Ausführung von Arbeiten im Leistungslohnverfahren im Bereich der SR 2a des Abschnitts A der Anlage 2 MTArb (Gedingerichtlinien) berücksichtigt.

Nr. 7: Zu § 27 – Zusatzurlaub – Für Beschäftigte, die unter Nr. 4 Abs. 3 fallen, beträgt der Zusatzurlaub für je vier Monate der Arbeitsleistung im Kalenderjahr einen Arbeitstag.

Kapitel II. Besatzungen von Binnen- und Seefahrzeugen und von schwimmenden Geräten im Bereich des Bundesministeriums der Verteidigung

Zu Abschnitt I. Allgemeine Vorschriften

Nr. 8: Zu § 1 – Geltungsbereich – [1] Die Regelungen dieses Abschnitts gelten für die im Bereich des Bundesministeriums der Verteidigung beschäftigten Besatzungen von Schiffen und schwimmenden Geräten. [2] Zur Besatzung eines Schiffes gehören nur diejenigen Beschäftigten, die mit Rücksicht auf Schifffahrt und Betrieb an Bord, gegebenenfalls in mehreren Schichten, tätig sein müssen und deren Tätigkeit in dem Stellen- und Ausrüstungsnachweis (STAN) aufgeführt ist.

Protokollerklärung zu Satz 2:

Die Eintragung in dem STAN berührt die Eingruppierung in die Entgeltgruppen nicht.

Nr. 9: Zu § 3 – Allgemeine Arbeitsbedingungen – (1) Beschäftigte können an den für die Bundeswehr angeordneten medizinischen Schutzmaßnahmen, insbesondere Schutzimpfungen, auf Kosten des Arbeitgebers teilnehmen.

(2) Beschäftigte haben vor Beginn und Ende einer größeren militärischen Unternehmung Anspruch auf eine ärztliche Untersuchung auf Kosten des Arbeitgebers.

(3) [1] Als Besatzungsmitglied von Schiffen und schwimmenden Geräten darf nur beschäftigt werden, wer von einem Betriebsarzt auf Seediensttauglichkeit untersucht sowie vom ihr/ihm als seediensttauglich erklärt worden ist und wenn hierüber ein gültiges Zeugnis dieses Arztes vorliegt. [2] Wird in dem Zeugnis keine Seediensttauglichkeit festgestellt, ist dem Besatzungsmitglied grundsätzlich eine geeignete gleichwertige Beschäftigung an anderer Stelle

zuzuweisen. [3] Ist dies nicht möglich, erhält der Beschäftigte eine Ausgleichszulage in Höhe des Unterschiedsbetrages zwischen seinem bisherigen und neuen Tabellenentgelt.

(4) [1] Beschäftigte haben jede ärztlich festgestellte und ihnen vom Arzt mitgeteilte übertragbare Krankheit innerhalb ihres Hausstandes unverzüglich dem Dienststellenleiter zu melden. [2] Zur Wahrung der ärztlichen Schweigepflicht kann der Meldung durch Übergabe eines verschlossenen Umschlages genügt werden, der nur vom Arzt zu öffnen ist.

(5) Beschäftigte haben sich unter Zahlung des Urlaubsentgelts einer Ausbildung im Selbstschutz sowie in der Hilfeleistung und Schadensbekämpfung bei Katastrophen zu unterziehen.

(6) Zu den allgemeinen Pflichten gehört auch das Ableisten von Wachdienst.

(7) Besatzungsmitglieder von Schiffen oder schwimmenden Geräten, die mit Schiffsküchen versehen sind, können verpflichtet werden, an der Bordverpflegung teilzunehmen.

Zu Abschnitt II. Arbeitszeit

Nr. 10: Zu § 6 – Regelmäßige Arbeitszeit – (1) [1] Die regelmäßige Arbeitszeit kann aus notwendigen betrieblichen/dienstlichen Gründen auf sieben Tage verteilt werden. [2] Die gesetzlich vorgeschriebene Ruhezeit darf nur in höchstens zwei Zeiträume aufgeteilt werden, wenn einer eine Mindestdauer von 6 Stunden hat. [3] Bei Fahrten von Schiffen in See können die gesetzlich vorgeschriebenen Ersatzruhetage für Sonn- und Feiertagsarbeit bis zum Ablauf des Ausgleichzeitraums nach § 8 Abs. 2 zusammenhängend gewährt werden.

(2) Die regelmäßige Arbeitszeit beträgt

a) für Hafendiensttage auf Drei-, Zwei- und Einwachenschiffen acht Stunden arbeitstäglich oder 39 Stunden wöchentlich,

b) für Seediensttage auf Dreiwachenschiffen acht Stunden täglich, auf Zwei- und Einwachenschiffen neun Stunden täglich.

Protokollerklärung zu Absatz 2:

Seediensttage sind alle Tage, an denen sich das Schiff mindestens 1½ Stunden außerhalb der jeweiligen seewärtigen Zollgrenze des Hafens aufhält. Geht ein Schiff außerhalb des Heimathafens in einem fremden Hafen vor Anker oder wird es dort festgemacht, gelten die dort verbrachten Zeiten erst nach Ablauf des dritten Tages als Hafendiensttage. Vorher sind auch die im fremden Hafen verbrachten Tage als Seediensttage zu bewerten. Geht das Schiff auf außerdeutschen Liegeplätzen vor Anker oder wird es dort festgemacht, sind die dort verbrachten Zeiten immer als Seediensttage zu bewerten.

(3) Die regelmäßige Arbeitszeit während der Seedienst- und Hafendiensttage gilt durch das Tabellenentgelt (§ 15) als abgegolten.

(4) [1] Die Arbeitszeit beginnt und endet an der Arbeitsstelle. [2] Kann die Arbeitsstelle nur mit einem vom Arbeitgeber gestellten schwimmenden Fahrzeug erreicht werden, so wird die Transportzeit bei der Hin- und Rückfahrt

jeweils mit 50 v. H. als Arbeitszeit gewertet. [3]Die regelmäßige Arbeitszeit kann entsprechend verlängert werden. [4]Trifft das Fahrzeug infolge höherer Gewalt nicht rechtzeitig an der Arbeitsstelle ein, wird – unbeschadet des Satzes 2 – die Zeit ab dem Zeitpunkt des auf der Arbeitsstelle angeordneten Arbeitsbeginns als Arbeitszeit gewertet.

Nr. 11: Zu § 7 – Sonderformen der Arbeit – (1) [1]Rufbereitschaft darf bis zu höchstens 10 Tagen im Monat, in Ausnahmefällen bis zu höchstens 30 Tagen im Vierteljahr, angeordnet werden. [2]Diese zeitliche Einschränkung gilt nicht für Zeiten erhöhter Bereitschaft für den Bereich der gesamten Bundeswehr.

(2) Außerhalb der regelmäßigen Arbeitszeit angeordnete Anwesenheit an Bord wird bei der Bemessung des Entgelts zu 50 v. H. als Arbeitszeit gewertet, es sei denn, dass Freiwache gewährt wird oder dass Arbeit angeordnet ist.

(3) [1]Für Beschäftigte, die über 10 Stunden hinaus zum Wachdienst herangezogen werden, können Wachschichten bis zu zwölf Stunden festgesetzt werden, wenn in den Wachdienst in erheblichem Umfang Bereitschaftsdienst im Sinne § 7 Abs. 1 Nr. 1 Buchst. a Arbeitszeitgesetz fällt. [2]Für die Bemessung des Entgelts während der Wachdienste gelten folgende Vorschriften:
1. Bei folgenden Wachschichten wird für jede Wachstunde das volle Entgelt gezahlt:
   a) Durchgehende Wachdienste, bei denen Pausen oder inaktive Zeiten während des Bereitschaftsdienstes weniger als ein Drittel der Gesamtwachzeit ausmachen.
   b) Wachdienste, die ausschließlich im Freien abgeleistet werden oder bei denen auf Anordnung oder infolge besonderer Umstände eine Bindung an einen vorgeschriebenen Platz besteht (z. B. Decks-, Maschinen-, Brücken- oder Ankerwachen).
2. Anwesenheitswachdienste, die nicht den in Nr. 1 genannten Einschränkungen unterliegen, werden wie folgt bewertet:
   a) Bei einer Tageswachschicht wird je eineinhalb Wachstunden das Entgelt für eine Arbeitsstunde gezahlt.
   b) Bei einer Nachtwachschicht bis zu zwölf Stunden wird eine Stundengarantie von drei Arbeitsstunden angesetzt, wenn beim Wachdienst nur Anwesenheit verlangt und eine Schlafgelegenheit gestellt wird. Soweit die Voraussetzungen nach Satz 1 nicht vorliegen, gilt Buchstabe a entsprechend.

(4) Bei sämtlichen Arten der Anwesenheitswachdienste wird für kleine Arbeiten während der Wache, die insgesamt weniger als zwei Stunden betragen, keine besondere Vergütung gezahlt.

Nr. 12: Zu § 8 – Ausgleich für Sonderformen der Arbeit – (1) Bei Seediensttagen werden die über acht Stunden täglich – höchstens 48 Stunden in der Woche – hinaus geleisteten Stunden als Überstunden bezahlt.

(2) Fallen in einer Kalenderwoche nur Hafendiensttage an, ist § 7 Abs. 7 anzuwenden.

(3) [1]Fallen in einer Kalenderwoche Hafen- und Seediensttage an, gelten die über 48 Stunden hinaus geleisteten Arbeitsstunden als Überstunden. [2]Zeiten, die nach Nr. 10 Abs. 1 Satz 3 auszugleichen sind, bleiben unberücksichtigt. [3]Wird die regelmäßige wöchentliche Arbeitszeit nach § 6 Abs. 1 um mindestens zwei Stunden überschritten, gelten bei der Berechnung des Entgelts zusätzlich zwei Arbeitsstunden als Überstunden.

(4) Für Seediensttage betragen die Zeitzuschläge nach § 8 Abs. 1 Satz 1 Buchst. b, c, f 50 v.H. des Zeitzuschlages nach § 8 Abs. 1 Satz 1 Buchst. f; die Zeitzuschläge nach § 8 Abs. 1 Satz 1 Buchst. d und e werden in Höhe von 50 v.H. gezahlt.

(5) Bei angeordneter Anwesenheit an Bord nach Nr. 11 Abs. 1 werden Zeitzuschläge nach § 8 Abs. 1 Buchst b bis f nicht gezahlt.

(6) Bei allen Formen des Wachdienstes im Sinne der Nr. 11 Abs. 3 Satz 2 Nr. 2 wird der Zeitzuschlag nach § 8 Abs. 1 Buchst b und Buchst. f nicht gezahlt.

Zu Abschnitt III. Eingruppierung, Entgelt und sonstige Leistungen

Nr. 13: Beschäftigte, die für eine andere Tätigkeit qualifiziert werden, erhalten während der Qualifizierungszeit ihr bisheriges Tabellenentgelt und sonstige Entgeltbestandteile.

Nr. 14: Zu § 19 – Erschwerniszuschläge – Bei Bergungen und Hilfeleistungen sowie Havariearbeiten und mit diesen zusammenhängenden Arbeiten werden Zuschläge in Höhe von 25 v.H. des auf eine Stunde entfallenden Anteils des monatlichen Entgelts der Stufe 2 der Entgeltgruppe 2 gezahlt. Dies gilt auch bei Bergungen von Fahrzeugen und Gegenständen der eigenen Verwaltung sowie Hilfeleistungen für solche Fahrzeuge und Gegenstände, sofern die Leistungen besonders schwierig oder mit erheblicher Gefahr verbunden waren.

Zu Abschnitt IV. Urlaub und Arbeitsbefreiung

Nr. 15: Zu § 27 – Zusatzurlaub – Die Regelungen über Zusatzurlaub nach § 27 finden keine Anwendung.

Nr. 16: Zu Anhang zu § 46 – Regelung für die Teilnahme an Manövern und ähnlichen Übungen – Der Anhang zu § 46 gilt auch für Besatzungsmitglieder von Binnenfahrzeugen bei Teilnahme an Manövern und ähnlichen Übungen in Binnengewässern.

Nr. 17: Zu Abschnitt VI – Übergangs- und Schlussvorschriften – Beschäftigten, die auf einem Fahrzeug oder schwimmenden Gerät tätig sind, wird der bei Havarie oder Sinken des Fahrzeuges oder schwimmenden Gerätes, durch Brand, Explosion oder Einbruchsdiebstahl oder durch ähnliche Ursachen auf dem Fahrzeug oder Gerät nachweisbar entstandene Schaden an persönlichen Gegenständen bis zum Höchstbetrag von 1500 Euro im Einzelfall ersetzt.

Kapitel III. Beschäftigte gemäß § 38 Abs. 5 Satz 1 einschließlich Ärztinnen/Ärzten und Zahnärztinnen/Zahnärzten in Bundeswehrkrankenhäusern

Zu Abschnitt I. Allgemeine Vorschriften

Nr. 18: Zu § 1 – Geltungsbereich – Für Beschäftigte gemäß § 38 Abs. 3 Satz 1 einschließlich Ärztinnen/Ärzten und Zahnärztinnen/Zahnärzten in Bundeswehrkrankenhäusern gelten die Regelungen der §§ 41 bis 52 des Tarifvertrages für den öffentlichen Dienst – Besonderer Teil Krankenhäuser – (BT-K) entsprechend, soweit im Folgenden nicht etwas anderes bestimmt ist.

Nr. 19: Zu § 42 BT-K – Allgemeine Pflichten der Ärztinnen und Ärzte – § 42 Allgemeine Pflichten der Ärztinnen und Ärzte wird für alle Beschäftigten nach Nr. 18 wie folgt ergänzt:

1. Beschäftigte können an den für die Bundeswehr angeordneten medizinischen Schutzmaßnahmen, insbesondere Schutzimpfungen, auf Kosten des Arbeitgebers teilnehmen.
2. Beschäftigte haben sich unter Fortzahlung des Entgelts nach § 21 einer Ausbildung im Selbstschutz sowie in der Hilfeleistung und Schadensbekämpfung bei Katastrophen zu unterziehen.
3. Beschäftigte haben jede festgestellte und ihnen vom Arzt mitgeteilte übertragbare Krankheit innerhalb ihrer Haustände unverzüglich der Dienststellenleitung zu melden. Zur Wahrung der ärztlichen Schweigepflicht kann die Meldung in einem verschlossenen Umschlag übergeben werden, der nur von einer Ärztin/einem Arzt zu öffnen ist.

Zu Abschnitt II. Arbeitszeit

Nr. 20: Zu § 45 BT-K – Bereitschaftsdienst und Rufbereitschaft – Die in Absatz 3 Satz 1 eröffnete Möglichkeit einer Umsetzung durch eine Betriebs-/Dienstvereinbarung kann für den Bund auch durch einen Bundestarifvertrag erfolgen.

Nr. 21: Zu § 46 BT-K – Bereitschaftsdienstentgelt – Absatz 4 gilt mit der Maßgabe, dass an Stelle der Anlage C BT-K die Anlage C (Bund) Anwendung findet.

Zu Abschnitt III. Eingruppierung, Entgelt und sonstige Leistungen

Nr. 22: Zu § 15 – Tabellenentgelt – (1) [1]Beschäftigte im Pflegedienst, Ärztinnen/Ärzte erhalten das Tabellenentgelt und die sonstigen Entgeltbestandteile – mit Ausnahme der Bereitschaftsdienstentgelte – nach den für die Beschäftigten nach § 40 BT-K geltenden Regelungen des Allgemeinen Teils bzw. des TVÜ-VKA. [2]Die übrigen Beschäftigten erhalten das Tabellenentgelt und die sonstigen Entgeltbestandteile – mit Ausnahme der Bereitschaftsdienstentgelte – nach den für den Bund geltenden Regelungen des Allgemeinen Teils und des TVÜ-Bund.

(2) Beschäftigte, die für eine andere Tätigkeit qualifiziert werden, erhalten während der Qualifizierungszeit ihr bisheriges Tabellenentgelt und sonstige Entgeltbestandteile. Für Beschäftigte im Pflegedienst gilt § 22 Abs. 2 TVÜ-VKA.

§ 47 Sonderregelungen für Beschäftigte des Bundesministeriums für Verkehr, Bau- und Wohnungswesen

Kapitel I. Allgemeine Bestimmungen für Beschäftigte der Wasser- und Schifffahrtsverwaltung des Bundes und des Bundesamtes für Seeschifffahrt und Hydrographie

Zu Abschnitt I. Allgemeine Vorschriften

Nr. 1: Zu § 1 – Geltungsbereich – (1) [1]Diese Sonderregelungen gelten für die Beschäftigten der Wasser- und Schifffahrtsverwaltung des Bundes, die beim Bau, der Unterhaltung und dem Betrieb von wasserbaulichen Einrichtungen und wasserwirtschaftlichen Anlagen eingesetzt sind einschließlich der Besatzungen von Schiffen und von schwimmenden Geräten, soweit die Schiffe und schwimmenden Geräte in den von der Verwaltung aufzustellenden Schiffslisten aufgeführt sind. [2]Zur Besatzung eines Schiffes oder schwimmenden Gerätes gehören nur diejenigen Beschäftigten, die mit Rücksicht auf Schifffahrt und Betrieb an Bord, gegebenenfalls in mehreren Schichten, tätig sein müssen und in der von der Verwaltung aufzustellenden Bordliste aufgeführt sind. [3]Beschäftigte, die an Bord Arbeiten verrichten, ohne selbst in der Bordliste aufgeführt zu sein, werden für die Dauer dieser Tätigkeit wie Besatzungsmitglieder behandelt. [4]Die Regelungen gelten auch für Beschäftigte der Wasser- und Schifffahrtsverwaltung des Bundes, die auf nicht bundeseigenen Schiffen und schwimmenden Geräten eingesetzt sind.

(2) [1]Diese Sonderregelungen gelten auch für die Besatzungen der seegehenden Schiffe des Bundesamtes für Seeschifffahrt und Hydrographie (BSH); Nr. 7 und Kapitel III gelten auch für vorübergehend an Bord eingesetzte Beschäftigte des BSH. [2]Zur Besatzung eines Schiffes gehören nur diejenigen Beschäftigten, die mit Rücksicht auf Schifffahrt und Betrieb an Bord, gegebenenfalls in mehreren Schichten, tätig sein müssen und in der von der Verwaltung aufzustellenden Bordliste aufgeführt sind.

Protokollerklärung:

Die Eintragung in die Bordliste berührt die tarifliche Eingruppierung in die Entgeltgruppen nicht.

Nr. 2: Zu § 3 – Allgemeine Arbeitsbedingungen – Zu den allgemeinen Pflichten gehört auch das Ableisten von Wachdienst.

Zu Abschnitt II. Arbeitszeit

Nr. 3: Zu § 6 – Regelmäßige Arbeitszeit – (1) Außerhalb der regelmäßigen Arbeitszeit angeordnete Anwesenheit an Bord wird bei der Bemessung des Entgelts zu 50 v. H. als Arbeitszeit gewertet, es sei denn, dass Freiwache gewährt wird oder dass Arbeit angeordnet ist.

(2) [1] Für Beschäftigte, die über 10 Stunden hinaus zum Wachdienst herangezogen werden, können Wachschichten bis zu zwölf Stunden festgesetzt werden, wenn in den Wachdienst in erheblichem Umfang Bereitschaftsdienst im Sinne § 7 Abs. 1 Nr. 1 Buchst. a Arbeitszeitgesetz fällt. [2] Für die Bemessung des Entgelts während der Wachdienste gelten folgende Vorschriften:

1. Bei folgenden Wachschichten wird für jede Wachstunde das volle Entgelt gezahlt:
   a) Durchgehende Wachdienste, bei denen Pausen oder inaktive Zeiten während des Bereitschaftsdienstes weniger als ein Drittel der Gesamtwachzeit ausmachen.
   b) Wachdienste, die ausschließlich im Freien abgeleistet werden oder bei denen auf Anordnung oder infolge besonderer Umstände eine Bindung an einen vorgeschriebenen Platz besteht (z. B. Decks-, Maschinen-, Brücken- oder Ankerwachen).
2. Anwesenheitswachdienste, die nicht den in Nr. 1 genannten Einschränkungen unterliegen, werden wie folgt bewertet:
   a) Bei einer Tageswachschicht wird je eineinhalb Wachstunden das Entgelt für eine Arbeitsstunde gezahlt.
   b) Bei einer Nachtwachschicht bis zu zwölf Stunden wird eine Stundengarantie von drei Arbeitsstunden angesetzt, wenn beim Wachdienst nur Anwesenheit verlangt und eine Schlafgelegenheit gestellt wird. Soweit die Voraussetzungen nach Satz 1 nicht vorliegen, gilt Buchstabe a entsprechend.

(3) Bei sämtlichen Arten der Anwesenheitswachdienste wird für kleine Arbeiten während der Wache, die insgesamt weniger als zwei Stunden betragen, keine besondere Vergütung gezahlt.

Nr. 4: Zu § 8 – Ausgleich für Sonderformen der Arbeit – (1) Bei angeordneter Anwesenheit an Bord nach Nr. 3 Abs. 1 werden Zeitzuschläge nach § 8 Buchst b bis f nicht gezahlt.

(2) Bei allen Formen des Wachdienstes im Sinne der Nr. 3 Abs. 2 Satz 2 Nr. 2 wird der Zeitzuschlag nach § 8 Abs. 1 Buchst b und Buchst. f nicht gezahlt.

Zu Abschnitt III. Eingruppierung, Entgelt und sonstige Leistungen

Nr. 5: Beschäftigte, die für eine andere Tätigkeit qualifiziert werden, erhalten während der Qualifizierungszeit ihr bisheriges Tabellenentgelt und sonstige Entgeltbestandteile.

Nr. 6: Zu § 19 – Erschwerniszuschläge – (1) Bei Bergungen und Hilfeleistungen sowie Havariearbeiten und mit diesen zusammenhängenden Arbeiten werden Zuschläge in Höhe von 25 v. H. des auf eine Stunde entfallenden Anteils des monatlichen Entgelts der Stufe 2 der Entgeltgruppe 2 gezahlt. Dies gilt auch bei Bergungen von Fahrzeugen und Gegenständen der eigenen Verwaltung sowie Hilfeleistungen für solche Fahrzeuge und Gegenstände, sofern die Leistungen besonders schwierig oder mit erheblicher Gefahr verbunden waren.

(2) Auf Schadstoffunfallbekämpfungsschiffen und auf dem Laderaumsaugbagger wird für Einsätze zum Feuerschutz bzw. zur Bekämpfung von Schadstoffen, Öl oder Chemikalien je Einsatztag ein Zuschlag in Höhe von 50 Euro gezahlt und die Verpflegung vom Arbeitgeber unentgeltlich bereitgestellt; dies gilt nicht für Übungseinsätze. Absatz 1 findet keine Anwendung.

Zu Abschnitt IV. Urlaub und Arbeitsbefreiung

Nr. 7: Zu § 27 – Zusatzurlaub – Die Regelungen über Zusatzurlaub nach § 27 gelten nicht bei Tätigkeiten nach Nr. 3.

Zu Abschnitt VI. Übergangs- und Schlussvorschriften

Nr. 8: Beschäftigten, die auf einem Fahrzeug oder schwimmenden Gerät tätig sind, wird der bei Havarie oder Sinken des Fahrzeuges oder schwimmenden Gerätes, durch Brand, Explosion oder Einbruchsdiebstahl oder durch ähnliche Ursachen auf dem Fahrzeug oder Gerät nachweisbar entstandene Schaden an persönlichen Gegenständen bis zum Höchstbetrag von 1500 Euro im Einzelfall ersetzt.

Kapitel II. Besondere Bestimmungen für Beschäftigte der Wasser- und Schifffahrtsverwaltung des Bundes

Für die in Kapitel I Nr. 1 Abs. 1 aufgeführten Beschäftigten der Wasser- und Schifffahrtsverwaltung des Bundes finden ergänzend folgende besondere Bestimmungen Anwendung:

Zu Abschnitt II. Arbeitszeit

Nr. 9: Zu § 6 – Regelmäßige Arbeitszeit – (1) [1]Die Arbeitszeit beginnt und endet an der Arbeitsstelle. [2]Im Tidebetrieb richten sich Beginn und Ende der Arbeitszeit nach den Gezeiten. [3]Kann die Arbeitsstelle nur mit einem vom Arbeitgeber gestellten Fahrzeug erreicht werden und trifft das Fahrzeug infolge höherer Gewalt nicht rechtzeitig an der Arbeitsstelle ein, wird die Zeit ab dem Zeitpunkt des auf der Arbeitsstelle angeordneten Arbeitsbeginns als Arbeitszeit gewertet.

(2) [1]Kann die Arbeitsstelle auf Schiffen und schwimmenden Geräten nur mit einem vom Arbeitgeber gestellten schwimmenden Fahrzeug erreicht werden, so wird die Transportzeit bei der Hin- und Rückfahrt jeweils mit 50 v. H. als Arbeitszeit gewertet. [2]Die regelmäßige Arbeitszeit kann entsprechend verlängert werden. [3]Für Maschinisten auf Schiffen, schwimmenden

Geräten und sonstigen Motorgeräten kann die regelmäßige Arbeitszeit für Vor- und Abschlussarbeiten um täglich bis zu einer Stunde verlängert werden.

(3) [1] Sofern die Einsatzkonzeption von seegehenden Schiffen und schwimmenden Geräten dies erfordert (z.B. 24-Stunden-Betrieb) kann die Arbeitszeit in einem Zeitraum von 24 Stunden auf bis zu 12 Stunden verlängert und auf einen Zeitraum von 168 Stunden verteilt werden, wenn im unmittelbaren Anschluss an den verlängerten Arbeitszeitraum ein Ausgleich durch Freizeit erfolgt, der dem Umfang der regelmäßigen Arbeitszeit nach § 6 Abs. 1 Satz 1 entspricht. [2] Im Rahmen der Wechselschichten nach Satz 1 geleistete Arbeitsstunden, die über das Doppelte der regelmäßigen wöchentlichen Arbeitszeit nach § 6 Abs. 1 Satz 1 hinausgehen, sind Überstunden im Sinne des § 7 Abs. 7.

(4) Die Regelungen der Absätze 1 bis 3 gelten auch für Beschäftigte der Wasser- und Schifffahrtsverwaltung des Bundes, die auf nicht bundeseigenen Schiffen und schwimmenden Geräten eingesetzt sind.

(5) Bei Beschäftigten der Wasser- und Schifffahrtsverwaltung des Bundes, die nicht auf Schiffen und schwimmenden Geräten eingesetzt sind,

a) bildet die durchgehende Arbeitszeit die Regel und

b) kann bei Arbeit im Schichtbetrieb die gesetzlich vorgeschriebene Gesamtdauer der Ruhepausen auf Kurzpausen von angemessener Dauer aufgeteilt werden, sofern wegen des zu erwartenden kontinuierlichen Arbeitsanfalls mangels Vertretung die Gewährung von Ruhepausen in Zeitabschnitten von jeweils mindestens 15 Minuten nicht gewährleistet werden kann.

(6) Besatzungsmitglieder auf Schadstoffunfallbekämpfungsschiffen und auf dem Laderaumsaugbagger, deren Arbeitszeit sich nach Absatz 3 richtet, erhalten pro Einsatztag einen Zuschlag in Höhe von 25 Euro. Überstunden sind bis zu zwei Stunden täglich abgegolten (z.B. für kleinere Reparaturen); dies gilt nicht im Falle von Havarien, Bergungsarbeiten oder angeordneten Reparaturen. Der Zuschlag nach Satz 1 ist von der Durchschnittsberechnung nach § 21 Satz 3 ausgenommen.

Nr. 10: Zu § 44 – Reise- und Umzugskosten, Trennungsgeld – [1] Für Dienstreisen im Außendienst werden die entstandenen notwendigen Fahrtkosten nach Maßgabe der §§ 4 und 5 BRKG erstattet, sofern sie die Fahrtkosten zu der Arbeitsstätte, der der/die Beschäftigte dauerhaft personell zugeordnet ist, übersteigen. [2] An Stelle des Tagegeldes im Sinne des § 6 BRKG wird nachfolgende Aufwandsvergütung gezahlt:

– bei einer Abwesenheit ab acht Stunden in Höhe von 3 Euro,

– bei einer Abwesenheit ab 14 Stunden in Höhe von 5 Euro,

– bei einer Abwesenheit ab 24 Stunden in Höhe von 8 Euro.

[3] Beträgt hierbei die Entfernung zwischen der Arbeitsstätte, der der bzw. die Beschäftigte dauerhaft personell zugeordnet ist und der Stelle, an der das Dienstgeschäft erledigt wird, weniger als zwei km, wird Aufwandsvergütung nach Satz 2 nicht gewährt. [4] Notwendige Übernachtungskosten werden gemäß § 7 BRKG erstattet.

(2) Abweichend von Absatz 1 Satz 2 wird bei Abwesenheit von 3 bis zu 8 Stunden eine Pauschale in Höhe von 2 Euro gezahlt.

(3) [1]Für Beschäftigte auf Schiffen oder schwimmenden Geräten ist Absatz 1 mit folgenden Maßgaben anzuwenden:

1. Für die Berechnung des Tagegeldes nach Absatz 1 Satz 2 ist maßgebend, dass sich das Schiff nicht am ständigen Liegeplatz (Heimathafen) befindet.
2. Bei Übernachtungen auf Schiffen oder schwimmenden Geräten, die nicht den erlassenen Mindestbestimmungen entsprechen, wird ein Übernachtungsgeld in Höhe von 8 Euro gezahlt.

[2]Reisebeihilfen für Familienheimfahrten werden nach Maßgabe des § 8 Sätze 3 und 4 BRKG gezahlt. [3]Satz 2 gilt nicht für Trennungsgeldempfänger nach der Trennungsgeldverordnung.

(4) Die Regelungen in Absatz 1 und 3 ersetzen die Vorschriften über die Erstattung von Reisekosten des § 44 Abs. 1.

(5) Abweichend von § 44 Abs. 2 Satz 3 werden nicht anrechenbare Reisezeiten bei fester Arbeitszeit zu 50 v. H. als Freizeitausgleich gewährt und bei gleitender Arbeitszeit im Rahmen der jeweils geltenden Vorschriften als Arbeitszeit angerechnet.

Kapitel III. Besondere Bestimmungen für Besatzungen der seegehenden Schiffe des Bundesamtes für Seeschifffahrt und Hydrographie

Für die in Kapitel I Nr. 1 Abs. 2 aufgeführten Beschäftigten des Bundesamtes für Seeschifffahrt und Hydrographie finden ergänzend folgende besondere Bestimmungen Anwendung:

Zu Abschnitt I. Allgemeine Vorschriften

Nr. 11: Zu § 3 – Allgemeine Arbeitsbedingungen – Beschäftigte, die dienstlich an Bord eingesetzt sind, müssen an der Bordverpflegung teilnehmen.

Zu Abschnitt II. Arbeitszeit

Nr. 12: Zu § 6 – Regelmäßige Arbeitszeit – (1) [1]Die regelmäßige Arbeitszeit kann aus notwendigen betrieblichen/dienstlichen Gründen auf sieben Tage verteilt werden. [2]Bei Fahrten von Schiffen in See können die gesetzlich vorgeschriebenen Ersatzruhetage für Sonn- und Feiertagsarbeit bis zum Ablauf des Ausgleichszeitraums nach § 6 Abs. 2 zusammenhängend gewährt werden.

(2) [1]Die Ruhezeit beträgt für die Besatzungsmitglieder pro 24-Stunden-Zeitraum mindestens elf Stunden. [2]Diese Ruhezeit darf nur in höchstens zwei Zeiträume aufgeteilt werden, wenn einer eine Mindestdauer von sechs Stunden hat. [3]Für die Berechnung des Durchschnitts der regelmäßigen wöchentlichen Arbeitszeit ist ein Zeitraum von sechs Monaten zugrunde zu legen. [4]Es ist sicherzustellen, dass die durchschnittliche regelmäßige wöchentli-

che Arbeitszeit bei Fahrten in See durch eine ungleichmäßige Verteilung der Arbeitszeit nicht unterschritten wird. [5] § 7 Abs. 7 bleibt unberührt.

(3) Soweit dienstplanmäßig eine Mittagspause vorgesehen ist, darf sie eine Stunde nicht überschreiten.

(4) Werden Besatzungsmitglieder einer Wache zugeteilt, gilt diese Zeit als regelmäßige Arbeitszeit.

(5) Dienstlicher Aufenthalt außerhalb des Schiffes auf Sandbänken oder im Wattgebiet sowie in den Beibooten rechnet durchgehend als Arbeitszeit.

(6) Für Köche und Stewards richten sich Beginn und Ende der Arbeitszeit sowie die Arbeitspausen nach den festgelegten Mahlzeiten der Besatzung.

Zu Abschnitt VII. Allgemeine Vorschriften

Nr. 13: Zu § 44 – Reise- und Umzugskosten, Trennungsgeld –

(1) [1] Für Dienstreisen werden den Beschäftigten die Reisekosten nach Maßgabe des BRKG in der jeweils gültigen Fassung gezahlt. [2] Abweichend von Satz 1 werden für Dienstreisen auf Schiffen die entstandenen notwendigen Fahrtkosten nach Maßgabe der §§ 4 und 5 BRKG erstattet. [3] An Stelle des Tagegeldes im Sinne des § 6 BRKG wird Beschäftigten, die an Bord eingesetzt sind, ein Bordtagegeld von 7,50 Euro täglich gezahlt, wenn eine unentgeltliche Unterkunft bereitgestellt wird und die Beschäftigten mindestens acht Stunden dienstlich an Bord eingesetzt sind. [4] Für die Berechnung des Bordtagegeldes ist maßgeblich, dass sich das Schiff nicht am ständigen Liegeplatz (Heimathafen) befindet. [5] Bei Einsätzen in fremdländischen Gewässern kann bei nachgewiesenen notwendigen Mehrkosten das Bordtagegeld entsprechend erhöht werden. [6] Besatzungsmitglieder erhalten einmal monatlich Reisebeihilfen für Familienheimfahrten nach Maßgabe des § 8 Sätze 3 und 4 BRKG. [7] Satz 6 gilt nicht für Trennungsgeldempfänger nach der Trennungsgeldverordnung.

(2) Soweit die Voraussetzungen für ein Bordtagegeld nach Absatz 1 Sätze 3 und 4 nicht vorliegen, wird bei dienstlichen Einsätzen dieser Beschäftigten von mindestens acht Stunden an Bord im Heimathafen (ständiger Liegeplatz) eine tägliche Pauschale in Höhe von 7,50 Euro gezahlt.

(3) Die Regelung in Absatz 1 Sätze 2 bis 7 ersetzen die Vorschriften über die Erstattung von Reisekosten des § 44 Absatz 1.

§ 48 Sonderregelungen für Beschäftigte im forstlichen Außendienst

Zu Abschnitt I. Allgemeine Vorschriften

Nr. 1: Zu § 1 – Geltungsbereich – Diese Sonderregelung gilt für Beschäftigte im forstlichen Außendienst, die nicht von § 1 Abs. 2 Buchst. g erfasst werden.

Zu Abschnitt II. Arbeitszeit

Nr. 2: [1] Der tarifliche wöchentliche Arbeitszeitkorridor beträgt 48 Stunden. [2] Abweichend von § 7 Abs. 7 sind nur die Arbeitsstunden Überstunden, die über den Arbeitszeitkorridor nach Satz 1 hinaus auf Anordnung geleistet

worden sind. [3] § 10 Abs. 1 Satz 3 findet keine Anwendung, auf Antrag der/
des Beschäftigten kann ein Arbeitszeitkonto in vereinfachter Form durch
Selbstaufschreibung geführt werden.

(2) Absatz 1 gilt nicht, wenn Dienstvereinbarungen zur Gleitzeit bestehen
oder vereinbart werden.

Abschnitt IX. Übergangs- und Schlussvorschriften (Bund)

§ 49 In-Kraft-Treten, Laufzeit. (1) [1]Dieser Tarifvertrag tritt am 1. Oktober 2005 in Kraft. [2]Er kann mit einer Frist von drei Monaten zum Schluss
eines Kalenderhalbjahres schriftlich gekündigt werden, frühestens jedoch zum
31. Dezember 2009.

(2) Abweichend von Absatz 1 können schriftlich gesondert gekündigt werden

a) § 45 Nr. 6 und 8, soweit sich die entsprechenden besoldungsrechtlichen
Grundlagen der Auslandsbezahlung für Beamte ändern. Die Kündigungsfrist beträgt einen Kalendermonat zum Schluss des Monats der Verkün-
dung der Neuregelungen im Bundesgesetzblatt folgenden Kalendermonats.

b) § 46 Nr. 19 bis 21 (Kapitel III) mit einer Frist von einem Monat zum Monatsende gekündigt werden. [2]Das Sonderkündigungsrecht in § 47 Sonderkündigungsrecht der Bereitschafts- und Rufbereitschaftsregelung BT-K
bleibt unberührt.

Abschnitt VIII. Sonderregelungen (VKA)

**§ 45 Sonderregelungen für Beschäftige im Betriebs- und Verkehrs-
dienst von nichtbundeseigenen Eisenbahnen und deren Nebenbetrie-
be.** Für Beschäftigte im Betriebs- und Verkehrsdienst von nichtbundeseigenen Eisenbahnen und deren Nebenbetrieben können landesbezirklich besondere Vereinbarungen abgeschlossen werden.

**§ 46 Sonderregelungen für Beschäftigte im kommunalen feuer-
wehrtechnischen Dienst**

Zu Abschnitt I. Allgemeine Vorschriften

Nr. 1: Zu § 1 Abs. 1 – Geltungsbereich – Diese Sonderregelungen gelten für Beschäftigte, die hauptamtlich im kommunalen feuerwehrtechnischen
Dienst beschäftigt sind.

Zu Abschnitt II. Arbeitszeit und zu Abschnitt III. Eingruppierung, Entgelt und sonstige Leistungen

Nr. 2: (1) Die §§ 6, 7 und 19 finden keine Anwendung. Es gelten die Bestimmungen für die entsprechenden Beamten.

(2) [1]Beschäftige im Einsatzdienst erhalten eine monatliche Zulage (Feuerwehrzulage) in Höhe von
– 63,69 Euro nach einem Jahr Beschäftigungszeit und
– 127,38 Euro nach zwei Jahren Beschäftigungszeit.

² Die Regelungen des TVöD über die Bezahlung im Tarifgebiet Ost gelten entsprechend.

(3) ¹ Die Feuerwehrzulage wird nur für Zeiträume gezahlt, für die Entgelt, Urlaubsentgelt oder Entgelt im Krankheitsfall zusteht. ² Sie ist bei der Bemessung des Sterbegeldes (§ 23 Abs. 3) zu berücksichtigen. ³ Die Feuerwehrzulage ist nicht zusatzversorgungspflichtig.

Zu Abschnitt V. Befristung und Beendigung des Arbeitsverhältnisses

Nr. 3: Feuerwehrdienstuntauglichkeit. [Derzeit nicht belegt]

Nr. 4:¹⁾ Übergangsversorgung für Beschäftigte im Einsatzdienst.

(1) ¹ Das Arbeitsverhältnis von Beschäftigten im Einsatzdienst endet auf schriftliches Verlangen vor Vollendung des 65. Lebensjahres zu dem Zeitpunkt, zu dem vergleichbare Beamtinnen und Beamte im Einsatzdienst der Berufsfeuerwehr in den gesetzlichen Ruhestand treten. ² Die/der Beschäftigte hat das Verlangen mindestens drei Monate vor Erreichen dieses Zeitpunktes zu erklären.

(2) ¹ Beschäftigte, deren Arbeitsverhältnis nach Absatz 1 geendet hat, erhalten für jedes volle Beschäftigungsjahr im Einsatzdienst bei demselben Arbeitgeber oder bei einem anderen Arbeitgeber, der einem Mitgliedverband der VKA angehört, eine Übergangszahlung in Höhe von 45 v. H. des monatlichen Tabellenentgelts der Entgeltgruppe 6 Stufe 6, höchstens das 35-fache dieses Betrages. ² Die Übergangszahlung erfolgt in einer Summe mit dem Ausscheiden der/des Beschäftigten.

(3) ¹ Der Anspruch auf Übergangszahlung besteht nur dann, wenn Beschäftigte den Abschluss einer auf eine Kapitalleistung gerichtete Versicherung und die Entrichtung der Beiträge mit einer garantierten Ablaufleistung zum voraussichtlichen Zeitpunkt der Beendigungsmöglichkeit des Arbeitsverhältnisses nach Absatz 1, mindestens in Höhe von 30 v. H. des monatlichen Tabellenentgelts der Entgeltgruppe 6 Stufe 6, multipliziert mit 35 nachweist. ² Ist die/der Beschäftigte bei erstmaliger Tätigkeit im Einsatzdienst älter als 25 Jahre, verringert sich die garantierte Ablaufleistung, auf die die Versicherung nach Satz 1 mindestens abzuschließen ist, um ein fünfunddreißigstel für jedes übersteigende Jahr. ³ Von der Entrichtung der Beiträge kann vorübergehend bei einer wirtschaftlichen Notlage der/des Beschäftigten abgesehen werden.

(4) ¹ Beschäftigte, die am 30. September 2005 schon und am 1. Oktober 2005 noch im Einsatzdienst beschäftigt sind, erhalten

a) eine Übergangszahlung in Höhe von 100 v. H., wenn sie am Stichtag das 55. Lebensjahr vollendet haben,

b) eine Übergangszahlung in Höhe von 95 v. H., wenn sie am Stichtag das 50. Lebensjahr vollendet haben,

c) eine Übergangszahlung in Höhe von 87,5 v. H., wenn sie am Stichtag das 45. Lebensjahr vollendet haben,

---

¹⁾ Siehe auch Niederschriftserklärung zu Abschnitt VIII (Sonderregelungen VKA) § 46 Nr. 4 auf S. 81.

d) eine Übergangszahlung in Höhe von 77,5 v. H., wenn sie am Stichtag das 40. Lebensjahr vollendet haben,
e) eine Übergangszahlung in Höhe von 62,5 v. H., wenn sie am Stichtag das 37. Lebensjahr vollendet haben,

des 26,3-fachen des monatlichen Tabellenentgelts der Entgeltgruppe 6 Stufe 6, wenn sie zum Zeitpunkt der Beendigung des Arbeitsverhältnisses nach Absatz 1 mindestens 35. Jahre im Einsatzdienst bei demselben Arbeitgeber oder einem anderen Arbeitgeber, der einem Mitgliedverband der VKA angehört, tätig waren. [2] Bei einer kürzeren Beschäftigung im Einsatzdienst verringert sich die Übergangszahlung um ein fünfunddreißigstel für jedes fehlende Jahr.

(4) [1] Einem Antrag von Beschäftigten im Einsatzdienst auf Vereinbarung von Altersteilzeitarbeit nach dem Tarifvertrag zur Regelung der Altersteilzeitarbeit (TV ATZ) soll auch schon vor der Vollendung des 60. Lebensjahres entsprochen werden. [2] § 5 Abs. 7 TV ATZ gilt in diesen Fällen mit der Maßgabe, dass an die Stelle des Vomhundertsatzes von 5 v. H. ein Vomhundertsatz von 8,33 v. H. tritt.

(5) [1] Im Tarifgebiet Ost findet abweichend von den Absätzen 2 bis 4 bis zum 31. Dezember 2009 die Nr. 5 SR 2 x BAT-O weiterhin Anwendung. [2] Ab dem 1. Januar 2010 findet Absatz 4 mit der Maßgabe Anwendung, dass für die Altersgrenze nach Abs. 4 Satz 1 Buchst. a bis e die Vollendung des Lebensjahres am 1. Januar 2010 maßgebend ist.

§ 47 Sonderregelungen für Beschäftigte in Forschungseinrichtungen mit kerntechnischen Forschungsanlagen

Zu Abschnitt I. Allgemeine Vorschriften

Nr. 1: Zu § 1 Abs. 1 – Geltungsbereich – Diese Sonderregelungen gelten für Beschäftigte in Forschungseinrichtungen mit kerntechnischen Forschungsanlagen, wie Reaktoren sowie Hochenergiebeschleuniger- und Plasmaforschungsanlagen und ihre hiermit räumlich oder funktionell verbundenen Institute und Einrichtungen.

Protokollerklärung:

Hochenergiebeschleunigeranlagen im Sinne dieser Sonderregelungen sind solche, deren Endenergie bei der Beschleunigung von Elektronen 100 Mill. Elektronenvolt (MeV), bei Protonen, Deutronen und sonstigen schweren Teilchen 20 MeV überschreitet. Plasmaforschungsanlagen i. S. dieser Sonderregelung sind solche Anlagen, deren Energiespeicher mindestens 1 Million Joule aufnimmt und mindestens 1 Million VA als Impulsleistung abgibt oder die für länger als 1 msec mit Magnetfeldern von mindestens 50 000 Gauss arbeiten und in denen eine kontrollierte Kernfusion angestrebt wird.

Nr. 2: Zu § 3 – Allgemeine Arbeitsbedingungen – (1) Der Beschäftigte hat sich auch – unbeschadet seiner Verpflichtung, sich einer aufgrund von Strahlenschutzvorschriften behördlich angeordneten Untersuchung zu unterziehen – auf Verlangen des Arbeitgebers im Rahmen von Vorschriften des Strahlenschutzrechts ärztlich untersuchen zu lassen.

(2) Der Beschäftigte ist verpflichtet, die zum Schutz Einzelner oder der Allgemeinheit vor Strahlenschäden an Leben, Gesundheit und Sachgütern getroffenen Anordnungen zu befolgen.

(3) Zur Vermeidung oder Beseitigung einer erheblichen Störung des Betriebsablaufs oder einer Gefährdung von Personen hat der Beschäftigte vorübergehend jede ihm aufgetragene Arbeit zu verrichten, auch wenn sie nicht in sein Arbeitsgebiet fällt; er hat sich – innerhalb der regelmäßigen Arbeitszeit unter Fortzahlung der Bezüge, außerhalb der regelmäßigen Arbeitszeit unter Zahlung von Überstundenentgelt (§ 8 Abs. 1 Satz 2 Buchst. a) – einer seinen Kräften und Fähigkeiten entsprechenden Ausbildung in der Hilfeleistung und Schadensbekämpfung zu unterziehen.

(4) [1] Ist nach den Strahlenschutzvorschriften eine Weiterbeschäftigung des Beschäftigten, durch die er ionisierenden Strahlen oder der Gefahr einer Aufnahme radioaktiver Stoffe in den Körper ausgesetzt wäre, nicht zulässig, so kann er auch dann zu anderen Aufgaben herangezogen werden, wenn der Arbeitsvertrag nur eine bestimmte Beschäftigung vorsieht. [2] Dem Beschäftigten dürfen jedoch keine Arbeiten übertragen werden, die mit Rücksicht auf seine bisherige Tätigkeit ihm nicht zugemutet werden können.

Zu Abschnitt II. Arbeitszeit

Nr. 3: Zu § 7 Abs. 4 – Rufbereitschaft – Rufbereitschaft darf bis zu höchstens 12 Tagen im Monat, in Ausnahmefällen bis zu höchstens 30 Tagen im Vierteljahr angeordnet werden.

Zu Abschnitt III. Eingruppierung, Entgelt und sonstige Leistungen

Nr. 4: (1) [1] Beschäftigten, die in Absatz 2 aufgeführt sind, kann im Einzelfall zum jeweiligen Entgelt eine jederzeit widerrufliche Zulage bis zu höchstens 14 v. H. in den Entgeltgruppen 3 bis 8 und 16 v. H. in den Entgeltgruppen 9 bis 15 des Betrages der Stufe 2 der Anlage A der Entgelttabelle zu § 15 Abs. 2 gewährt werden; die jeweils tariflich zustehende letzte Entwicklungsstufe der Entgelttabelle darf hierdurch nicht überschritten werden. [2] Die Zulage vermindert sich jeweils um den Betrag, um den sich bei einer Stufensteigerung das Entgelt erhöht, es sei denn, dass der Arbeitgeber die Zulage zu diesem Zeitpunkt anderweitig festsetzt. [3] Der Widerruf wird mit Ablauf des zweiten auf den Zugang folgenden Kalendermonats wirksam, es sei denn, die Zulage wird deswegen widerrufen, weil der Beschäftigte in eine andere Entgeltgruppe eingruppiert wird oder eine Zulage nach § 14 erhält.

(2) [1] Im Einzelfall kann eine jederzeit widerrufliche Zulage außerhalb des Absatz 1

a) an Beschäftigte mit abgeschlossener naturwissenschaftlicher, technischer oder medizinischer Hochschulbildung sowie sonstige Beschäftigte der Entgeltgruppen 13–15, die aufgrund gleichwertiger Fähigkeiten und Erfahrungen entsprechende Tätigkeiten wie Beschäftigte mit abgeschlossener naturwissenschaftlicher, technischer oder medizinischer Hochschulbildung ausüben,

b) an technischen Beschäftigte der Entgeltgruppen 3 bis 12, Beschäftigte im Dokumentationsdienst, im Programmierdienst, Übersetzerinnen und Übersetzer sowie Laborantinnen und Laboranten gewährt werden, wenn sie Forschungsaufgaben vorbereiten, durchführen oder auswerten. ²Die Zulage darf in den Entgeltgruppen 3 bis 8 14 v.H., in den Entgeltgruppen 9 bis 15 16 v.H. des Betrages der Stufe 2 der Anlage A der Entgelttabelle zu § 15 Abs. 2 nicht übersteigen. ³Der Widerruf wird mit Ablauf des zweiten auf den Zugang des Widerrufs folgenden Kalendermonats wirksam, es sei denn, die Zulage wird deswegen widerrufen, weil Beschäftigte in eine andere Entgeltgruppe eingruppiert werden oder eine Zulage nach § 14 erhalten.

(3) ¹Die Zulagen einschließlich der Abgeltung nach Nr. 3 können durch Nebenabreden zum Arbeitsvertrag ganz oder teilweise pauschaliert werden. ²Die Nebenabrede ist mit einer Frist von zwei Wochen zum Monatsende kündbar.

§ 48 Sonderregelungen für Beschäftigte im forstlichen Außendienst

Zu Abschnitt I. Allgemeine Vorschriften

Nr. 1: Zu § 1 – Geltungsbereich – Diese Sonderregelung gilt für Beschäftigte im forstlichen Außendienst, die nicht von § 1 Abs. 2 Buchst. g erfasst werden.

Zu Abschnitt II. Arbeitszeit

Nr. 2: (1) ¹Der tarifliche wöchentliche Arbeitszeitkorridor beträgt 48 Stunden. ²Abweichend von § 6 Abs. 6 sind nur die Arbeitsstunden Überstunden, die über den Arbeitszeitkorridor nach Satz 1 hinaus auf Anordnung geleistet worden sind. ³§ 10 Abs. 1 Satz 3 findet keine Anwendung; auf Antrag können Beschäftigte ein Arbeitszeitkonto in vereinfachter Form durch Selbstaufschreibung führen.

(2) Absatz 1 gilt nicht, wenn Dienstvereinbarungen zur Gleitzeit bestehen oder vereinbart werden.

§ 49 Sonderregelungen für Beschäftige in Hafenbetrieben, Hafenbahnbetrieben und deren Nebenbetrieben. Für Beschäftigte in Hafenbetrieben, Hafenbahnbetrieben und deren Nebenbetrieben können landesbezirklich besondere Vereinbarungen abgeschlossen werden.

§ 50 Sonderreglungen für Beschäftigte in landwirtschaftlichen Verwaltungen und Betrieben, Weinbau und Obstanbaubetrieben

Zu Abschnitt I. Allgemeine Vorschriften

Nr. 1: Zu § 1 Abs. 1 – Geltungsbereich – ¹Diese Sonderregelungen gelten für Beschäftigte in landwirtschaftlichen Verwaltungen und Betrieben, Weinbau- und Obstanbaubetrieben.

Nr. 2: Zu § 6 – Regelmäßige Arbeitszeit – ¹Die regelmäßige Arbeitszeit kann in vier Monaten bis auf 50 und weiteren vier Monaten des Jahres auf bis zu 56 Stunden festgesetzt werden. Sie darf aber 2214 Stunden im Jahr nicht übersteigen. ²Dies gilt nicht für Beschäftigte im Sinne des § 38 Abs. 5 Satz 1, denen Arbeiten übertragen sind, deren Erfüllung zeitlich nicht von der Eigenart der Verwaltung oder des Betriebes abhängig ist.

§ 51 Sonderregelungen für Beschäftigte als Lehrkräfte

Zu Abschnitt I. Allgemeine Vorschriften

Nr. 1: Zu § 1 Abs. 1 – Geltungsbereich – ¹Diese Sonderregelungen gelten für Beschäftigte als Lehrkräfte an allgemeinbildenden Schulen und berufsbildenden Schulen (Berufs-, Berufsfach- und Fachschulen). ²Sie gelten nicht für Lehrkräfte an Schulen und Einrichtungen der Verwaltung, die der Ausbildung oder Fortbildung von Angehörigen des öffentlichen Dienstes dienen, sowie an Krankenpflegeschulen und ähnlichen der Ausbildung dienenden Einrichtungen.

Protokollerklärung:

Lehrkräfte im Sinne dieser Sonderregelung sind Personen, bei denen die Vermittlung von Kenntnissen und Fertigkeiten im Rahmen eines Schulbetriebes der Tätigkeit das Gepräge gibt.

Zu Abschnitt II. Arbeitszeit

Nr. 2: ¹Die §§ 6 bis 10 finden keine Anwendung. ²Es gelten die Bestimmungen für die entsprechenden Beamten. ³Sind entsprechende Beamte nicht vorhanden, so ist die Arbeitszeit im Arbeitsvertrag zu regeln.

Zu Abschnitt IV. Urlaub und Arbeitsbefreiung

Nr. 3: (1) ¹Der Urlaub ist in den Schulferien zu nehmen. ²Wird die Lehrkraft während der Schulferien durch Unfall oder Krankheit arbeitsunfähig, so hat sie dies unverzüglich anzuzeigen. ³Die Lehrkraft hat sich nach Ende der Schulferien oder, wenn die Krankheit länger dauert, nach Wiederherstellung der Arbeitsfähigkeit zur Arbeitsleistung zur Verfügung zu stellen.

(2) ¹Für eine Inanspruchnahme der Lehrkraft während der den Urlaub in den Schulferien übersteigenden Zeit gelten die Bestimmungen für die entsprechenden Beamten. ²Sind entsprechende Beamte nicht vorhanden, regeln dies die Betriebsparteien.

Zu Abschnitt V. Befristung und Beendigung des Arbeitsverhältnisses

Nr. 4: Das Arbeitsverhältnis endet, ohne dass es einer Kündigung bedarf, mit Ablauf des Schulhalbjahres (31. Januar bzw. 31. Juli), in dem die Lehrkraft das 65. Lebensjahr vollendet hat.

§ 52 **Sonderregelungen für Beschäftigte als Lehrkräfte an Musikschulen**

Zu Abschnitt I. Allgemeine Vorschriften

Nr. 1: Zu § 1 – Geltungsbereich – [1]Diese Sonderregelungen gelten für Beschäftigte als Musikschullehrerin und Musikschullehrer an Musikschulen. [2]Musikschulen sind Bildungseinrichtungen, die die Aufgabe haben, ihre Schüler an die Musik heranzuführen, ihre Begabungen frühzeitig zu erkennen, sie individuell zu fördern und bei entsprechender Begabung ihnen gegebenenfalls eine studienvorbereitende Ausbildung zu erteilen.

Zu Abschnitt II. Arbeitszeit

Nr. 2: Zu § 6 – Regelmäßige Arbeitszeit – (1) [1]Vollbeschäftigt sind Musikschullehrerinnen und Musikschullehrer, wenn die arbeitsvertraglich vereinbarte durchschnittliche regelmäßige wöchentliche Arbeitszeit 30 Unterrichtsstunden zu je 45 Minuten (= 1350 Unterrichtsminuten) beträgt. [2]Ist die Dauer einer Unterrichtsstunde auf mehr oder weniger als 45 Minuten festgesetzt, tritt an die Stelle der 30 Unterrichtsstunden die entsprechende Zahl von Unterrichtsstunden.

Protokollerklärung zu Absatz 1

[1]*Bei der Festlegung der Zahl der Unterrichtsstunden ist berücksichtigt worden, dass Musikschullehrer neben der Erteilung von Unterricht insbesondere folgende Aufgaben zu erledigen haben:*

a) *Vor- und Nachbereitung des Unterrichts (Vorbereitungszeiten),*

b) *Abhaltung von Sprechstunden,*

c) *Teilnahme an Schulkonferenzen und Elternabenden,*

d) *Teilnahme am Vorspiel der Schülerinnen und Schüler, soweit dieses außerhalb des Unterrichts stattfindet,*

e) *Mitwirkung an Veranstaltungen der Musikschule sowie Mitwirkung im Rahmen der Beteiligung der Musikschule an musikalischen Veranstaltungen (z. B. Orchesteraufführungen, Musikwochen und ähnliche Veranstaltungen), die der Arbeitgeber, einer seiner wirtschaftlichen Träger oder ein Dritter, dessen wirtschaftlicher Träger der Arbeitgeber ist, durchführt,*

f) *Mitwirkung an Musikwettbewerben und ähnlichen Veranstaltungen,*

g) *Teilnahme an Musikschulfreizeiten an Wochenenden und in den Ferien.*

[2]Durch Nebenabrede kann vereinbart werden, dass Musikschullehrerinnen und Musikschullehrern Aufgaben übertragen werden, die nicht durch diese Protokollerklärung erfasst sind. [3]In der Vereinbarung kann ein Zeitausgleich durch Reduzierung der arbeitsvertraglich geschuldeten Unterrichtszeiten getroffen werden. [4]Satz 3 gilt entsprechend für Unterricht in den Grundfächern (z. B. musikalische Früherziehung, musikalische Grundausbildung, Singklassen). [5]Die Nebenabrede ist mit einer Frist von 14 Tagen zum Monatsende kündbar.

(2) Für die unter Nr. 1 fallenden Beschäftigten, die seit dem 28. Februar 1987 in einem Arbeitsverhältnis zu dem selben Arbeitgeber stehen, wird eine

günstigere einzelvertragliche Regelung zur Arbeitszeit durch das Inkrafttreten dieser Regelung nicht berührt.

Zu Abschnitt IV. Urlaub und Arbeitsbefreiung

Nr. 3: Zu § 26 – Erholungsurlaub – Musikschullehrerinnen und Musikschullehrer sind verpflichtet, den Urlaub während der unterrichtsfreien Zeit zu nehmen; außerhalb des Urlaubs können sie während der unterrichtsfreien Zeit zur Arbeit herangezogen werden.

§ 53 Sonderregelungen für Beschäftigte als Schulhausmeister

Zu Abschnitt I. Allgemeine Vorschriften

Nr. 1: Zu § 1 – Geltungsbereich – Diese Sonderregelung gilt für Beschäftigte als Schulhausmeister.

Nr. 2: Durch landesbezirklichen Tarifvertrag können nähere Regelungen über die den Schulhausmeistern obliegenden Aufgaben unter Anwendung des Anhangs 1 zu § 9 getroffen werden.

Protokollerklärung:

Landesbezirkliche Regelungen weitergehenden Inhalts bleiben, ungeachtet § 25 TVÜ-VKA, unberührt.

Zu Abschnitt III. Eingruppierung, Entgelt und sonstige Leistungen

Nr. 3: (1) Durch landesbezirklichen Tarifvertrag können abweichend von § 24 Abs. 6 Rahmenregelung zur Pauschalierung getroffen werden.

(2) [1] Soweit sich die Arbeitszeit nicht nach Anhang 1 zu § 9 bestimmt, kann durch landesbezirklichen Tarifvertrag für Arbeiten außerhalb der regelmäßigen Arbeitszeit (§ 6 Abs. 1) im Zusammenhang mit der Beanspruchung der Räumlichkeiten für nichtschulische Zwecke ein Entgelt vereinbart werden. [2] Solange ein landesbezirklicher Tarifvertrag nicht abgeschlossen ist, ist das Entgelt arbeitsvertraglich oder betrieblich zu regeln.

(3) Bei der Festsetzung der Pauschale nach Absatz 1 kann ein geldwerter Vorteil aus der Gestellung einer Werkdienstwohnung berücksichtigt werden.

§ 54 Sonderregelungen für Beschäftigte beim Bau und Unterhaltung von Straßen

Zu Abschnitt I. Allgemeine Vorschriften

Nr. 1: Zu § 1 – Geltungsbereich – Diese Sonderregelungen gelten für Beschäftigte beim Bau und bei der Unterhaltung von Straßen der Landkreise und der Kommunalverbände höherer Ordnung.

Nr. 2: Zu § 44 – Reise- und Umzugskosten, Trennungsgeld – [1] Durch landesbezirklichen Tarifvertrag sind abweichend von § 44 nähere Regelungen zur Ausgestaltung zu treffen.

Protokollerklärung:

Landesbezirkliche Regelungen weitergehenden Inhalts bleiben unberührt.

§ 55 Sonderregelungen für Beschäftigte an Theatern und Bühnen

Zu Abschnitt I. Allgemeine Vorschriften

Nr. 1: Zu § 1 – Geltungsbereich – (1) [1]Diese Sonderregelungen gelten für die Beschäftigten in Theatern und Bühnen, die nicht von § 1 Abs. 2 Buchst. n erfasst werden. [2]Unter diese Sonderregelung fallen Beschäftigte in der Verwaltung und Orchesterwarte, ferner Beschäftigte mit mechanischen, handwerklichen oder technischen Tätigkeiten, einschließlich Meisterinnen und Meister, insbesondere in den Bereichen

- Licht-, Ton- und Bühnentechnik,
- handwerkliche Bühnengestaltung (z. B. Dekorationsabteilung, Requisite),
- Vorderhaus,
- Garderobe,
- Kostüm und Maske.

(2) Unter diese Sonderregelungen fallen auch die folgenden Beschäftigten:
- technische Oberinspektorin und Oberinspektor, Inspektorin und Inspektor, soweit nicht technische Leiterin oder Leiter,
- Theater- und Kostümmalerin und Theater- und Kostümmaler,
- Maskenbildnerin und Maskenbildner,
- Kascheurin und Kascheur (Theaterplastikerin und Theaterplastiker),
- Gewandmeisterin und Gewandmeister,
es sei denn, sie sind überwiegend künstlerisch tätig.

Nr. 2: Zu § 2 – Arbeitsvertrag, Nebenabreden, Probezeit – Im Arbeitsvertrag kann eine Probezeit bis zur Dauer einer Spielzeit vereinbart werden.

Nr. 3: Zu § 3 – Allgemeine Arbeitsbedingungen – Beschäftigte sind verpflichtet, an Abstechern und Gastspielreisen teilzunehmen.

Protokollerklärung:

Bei Abstechern und Gastspielreisen ist die Zeit einer aus betrieblichen Gründen angeordneten Mitfahrt auf dem Wagen, der Geräte oder Kulissen befördert, als Arbeitszeit zu bewerten.

Zu Abschnitt II. Arbeitszeit

Nr. 4: (1) [1]Beschäftigte sind an Sonn- und Feiertagen ebenso zu Arbeitsleistungen verpflichtet wie an Werktagen. [2]Zum Ausgleich für die Arbeit an Sonntagen wird jede Woche ein ungeteilter freier Tag gewährt. [3]Dieser soll mindestens in jeder siebenten Woche auf einen Sonn- oder Feiertag fallen.

(2) Die regelmäßige Arbeitszeit der Beschäftigten, die eine Theaterbetriebszulage (Absatz 5) erhalten, kann um sechs Stunden wöchentlich verlängert werden.

(3) Beschäftigte erhalten für jede Arbeitsstunde, um die die allgemeine regelmäßige Arbeitszeit (§ 6 Abs. 1) nach Absatz 2 verlängert worden ist, 100 v. H. des auf eine Stunde entfallenden Anteils des monatlichen Entgelts der jeweiligen Entgeltgruppe und Stufe nach Maßgabe der Entgelttabelle.

(4) [1]Überstunden dürfen nur angeordnet werden, wenn ein außerordentliches dringendes betriebliches Bedürfnis besteht oder die besonderen Verhältnisse des Theaterbetriebes es erfordern. [2]Für Überstunden ist neben dem Entgelt für die tatsächliche Arbeitsleistung der Zeitzuschlag nach § 8 Abs. 1 Satz 2 Buchst. a zu zahlen. [3]Die Protokollerklärung zu § 8 Abs. 1 Satz 1 findet Anwendung.

(5) [1]§ 8 Abs. 1 und § 8 Abs. 5 und 6 gelten nicht für Beschäftigte, die eine Theaterbetriebszulage nach einem landesbezirklichen Tarifvertrag erhalten. [2]Landesbezirklich kann Abweichendes geregelt werden.

Nr. 5: Zu § 44 – Reise- und Umzugskosten, Trennungsgeld – Die Abfindung bei Abstechern und Gastspielen kann im Rahmen des für die Beamten des Arbeitgebers jeweils geltenden Reisekostenrechts landesbezirklich vereinbart werden.

Zu Abschnitt IV. Urlaub und Arbeitsbefreiung

Nr. 6: Der Urlaub ist in der Regel während der Theaterferien zu gewähren und zu nehmen.

Abschnitt IX. Übergangs- und Schlussvorschriften (VKA)

§ 56 In-Kraft-Treten, Laufzeit. (1) [1]Dieser Tarifvertrag tritt am 1. Oktober 2005 in Kraft. [2]Er kann mit einer Frist von drei Monaten zum Schluss eines Kalenderhalbjahres schriftlich gekündigt werden, frühestens jedoch zum 31. Dezember 2009.

(2) Abweichend von Absatz 1 können auf landesbezirklicher Ebene im Tarifgebiet West § 46 Nr. 2 Abs. 1, § 51 Nr. 2 und § 52 Nr. 2 Abs. 1 mit einer Frist von einem Monat zum Ende eines Kalendermonats gekündigt werden, frühestens erst zum 31. November 2005 schriftlich gesondert gekündigt werden.

Anhang zu § 46 (Bund)

Teilnahme an Manövern und Übungen

(1) Nehmen Beschäftigte aus dringenden dienstlichen Gründen an Übungen im Sinne des § 46 Nr. 4 Abs. 4 teil, so gilt nachstehende Regelung:

1. Die tägliche Arbeitszeit der Beschäftigten kann während der Teilnahme an der Übung abweichend geregelt werden.
2. [1]Die Beschäftigten erhalten für die Dauer ihrer Teilnahme als Abgeltung ihrer zusätzlichen Arbeitsleistung neben ihrem Tabellenentgelt und dem in Monatsbeträgen festgelegten Entgeltbestandteilen einen täglichen Pauschbetrag in Höhe des Entgelts für fünf Überstunden. [2]Dieser Pauschbetrag

schließt das Entgelt für Überstunden, für Bereitschaftsdienst und die Zulagen für Wechselschicht- und Schichtarbeit sowie die Zeitzuschläge nach § 7 Abs. 1 ein. [3]Der Pauschbetrag wird auch für die Tage des Beginns und der Beendigung der Übung gezahlt, an denen die Beschäftigten mehr als acht Stunden von ihrem Beschäftigungsort bzw. von ihrem Wohnort abwesend sind. [4]Die Sätze 1 und 2 gelten nicht, wenn Beschäftigte täglich an ihren Beschäftigungsort zurückkehren. [5]Beschäftigte, die unter § 43 Abs. 2 fallen, erhalten den Pauschbetrag nicht. [6]Auf Antrag kann den Beschäftigten, die Anspruch auf den Pauschbetrag haben, ganz oder teilweise Arbeitsbefreiung an Stelle des Pauschbetrages gewährt werden, soweit die dienstlichen Verhältnisse dies zulassen. [7]Dabei tritt an die Stelle des Entgelts für eine Überstunde eine Stunde Arbeitsbefreiung sowie ein Betrag in Höhe des Zeitzuschlages nach § 8 Abs. 1 Satz 2 Buchst. a.

3. [1]Die Beschäftigten erhalten während der Übung unentgeltlich Gemeinschaftsverpflegung und unentgeltliche amtliche Unterkunft. [2]Nehmen die Beschäftigten die Gemeinschaftsverpflegung oder die amtliche Unterkunft nicht in Anspruch, so erhalten sie dafür keine Entschädigung. [3]Kann in Einzelfällen die Gemeinschaftsverpflegung aus Übungsgründen nicht gewährt werden, so erhalten die Beschäftigten Ersatz nach den für die Beamtinnen/Beamten jeweils geltenden Bestimmungen. [4]Den Beschäftigten ist, soweit erforderlich, vom Arbeitgeber Schutzkleidung gegen Witterungseinflüsse unentgeltlich zur Verfügung zu stellen. [5]Die Beschäftigten sind verpflichtet, diese zu tragen. [6]§ 44 gilt nicht.

4. [1]Bei Arbeitsunfähigkeit durch Erkrankung oder Arbeitsunfall während der Übung werden der Pauschbetrag und die Pauschalentschädigung nach den Nummern 2 und 3 bis zur Wiedererlangung der Arbeitsfähigkeit, längstens jedoch bis zu den in Satz 2 genannten Zeitpunkten, gezahlt. [2]Die Teilnahme von erkrankten Beschäftigten an der Übung endet mit der Rückkehr an den Beschäftigungsort bzw. an den Wohnort oder mit Ablauf des Tages der Einweisung in ein außerhalb des Beschäftigungsortes des Wohnortes gelegenes Krankenhaus. [3]Für die der Beendigung der Übung folgende Zeit des Krankenhausaufenthaltes bei Abwesenheit von dienstlichem Wohnsitz bzw. Wohnort sowie für die anschließende Rückreise haben die Beschäftigten Anspruch auf Reisekostenerstattung. [4]Auf die Fristen für die Bezugsdauer des Tagegeldes und des Übernachtungsgeldes bzw. für das Einsetzen der Beschäftigungsvergütung wird die Zeit ab Beginn der Übung der Beschäftigten mitgerechnet. [5]Hierbei wird die Teilnahme an der Übung – ohne Rücksicht darauf, ob der tatsächliche Aufenthaltsort der Beschäftigten ständig gleich geblieben oder ob er gewechselt hat – insgesamt als „Aufenthalt an ein und demselben auswärtigen Beschäftigungsort" gerechnet.

5. [1]Wird den Beschäftigten Arbeitsbefreiung nach § 29 gewährt, so sind ihnen die Reisekosten für die Rückreise zum Dienstort nach den Reisekostenvorschriften zu erstatten. [2]Die Zahlung des Pauschbetrages nach Nummer 2 und der Pauschalentschädigung nach Nummer 3 endet mit Ablauf des Tages, an den die Rückreise angetreten wird. [3]Wird für den Rückreisetag ein volles Tagegeld gewährt, so entfällt die Pauschalentschädigung nach Nummer 3.

(2) Diese Anlage gilt nicht für die Beschäftigten, für die § 46 Kapitel II – Besatzungen von Binnen- und Seefahrzeugen und von schwimmenden Geräten im Bereich des Bundesministeriums der Verteidigung –, § 47 Kapitel II – Besondere Bestimmungen für Beschäftigte der Wasser- und Schifffahrtsverwaltung des Bundes – und Kapitel III Besondere Bestimmungen für Besatzungen der seegehenden Schiffe des Bundesamtes für Seeschifffahrt und Hydrographie anwendbar ist.

Anlage C (Bund)

Bereitschaftsdienstentgelte

A: Beschäftigte, deren Eingruppierung sich nach der Anlage 1a/BAT richtet		
Vergütungsgruppe	Tarifgebiet West	Tarifgebiet Ost
Vergr. I	30,20 €	26,88 €
Vergr. I a	27,68 €	24,63 €
Vergr. I b	25,46 €	22,67 €
Vergr. II a	23,32 €	20,75 €
Vergr. III	21,06 €	18,73 €
Vergr. IV a	19,38 €	17,24 €
Vergr. IV b	17,84 €	15,87 €
Vergr. V a/b	17,20 €	15,30 €
Vergr. V c	16,36 €	14,56 €
Vergr. VI b	15,19 €	13,51 €
Vergr. VII	14,25 €	12,69 €
Vergr. VIII	13,39 €	11,91 €
Vergr. IX a	12,89 €	11,48 €
Vergr. IX b	12,65 €	11,26 €
Vergr. X	12,01 €	10,69 €

B: Beschäftigte, deren Eingruppierung sich nach der Anlage 1b/BAT richtet		
Vergütungsgruppe	Tarifgebiet West	Tarifgebiet Ost
Kr. XIII	25,07 €	23,18 €
Kr. XII	23,10 €	21,37 €

B: Beschäftigte, deren Eingruppierung sich nach der Anlage 1 b/BAT richtet		
Vergütungsgruppe	Tarifgebiet West	Tarifgebiet Ost
Kr. XI	21,79 €	20,16 €
Kr. X	20,49 €	18,95 €
Kr. IX	19,29 €	17,84 €
Kr. VIII	18,95 €	17,53 €
Kr. VII	17,88 €	16,54 €
Kr. VI	17,34 €	16,04 €
Kr. V a	16,70 €	15,45 €
Kr. V	16,25 €	15,04 €
Kr. IV	15,44 €	14,28 €
Kr. III	14,64 €	13,54 €
Kr. II	13,93 €	12,89 €
Kr. I	13,30 €	12,30 €

Niederschriftserklärung

Zu Abschnitt VIII (Sonderregelungen VKA) § 46 Nr. 4:

Die Tarifvertragsparteien (VKA und dbb tarifunion) verpflichten sich, bei Anhebung der Altersgrenze für das Ausscheiden vergleichbarer Beamtinnen und Beamter und bei einem Wegfall der Möglichkeit der Altersteilzeitarbeit vor dem 31. Dezember 2009 in Gespräche über die sich dadurch ergebende Situation einzutreten.

1 c. Tarifvertrag für den öffentlichen Dienst (TVöD) – Besonderer Teil Krankenhäuser – (BT-K) –

vom 13. September 2005

Zwischen der Vereinigung der kommunalen Arbeitgeberverbände, vertreten durch den Vorstand, einerseits und ver.di – Vereinte Dienstleistungsgewerkschaft (ver.di), vertreten durch den Bundesvorstand, diese zugleich handelnd für

– Gewerkschaft der Polizei,
– Industriegewerkschaft Bauen – Agrar – Umwelt,
– Gewerkschaft Erziehung und Wissenschaft,
andererseits wird Folgendes vereinbart:[1]

§ 40 Geltungsbereich. (1) Dieser Besondere Teil gilt für Beschäftigte, die in einem Arbeitsverhältnis zu einem Arbeitgeber stehen, der Mitglied eines Mitgliedverbandes der VKA ist, wenn sie in

a) Krankenhäusern, Heil-, Pflege- und Entbindungseinrichtungen,
b) medizinischen Instituten von Kranken-, Heil- und Pflegeeinrichtungen (z. B. pathologischen Instituten und Röntgeninstituten),
c) sonstigen Einrichtungen und Heimen, in denen die betreuten Personen in ärztlicher Behandlung stehen, oder in
d) Einrichtungen und Heimen, die der Förderung der Gesundheit, der Erziehung, Fürsorge oder Betreuung von Kindern und Jugendlichen, der Fürsorge oder Betreuung von obdachlosen, alten, gebrechlichen, erwerbsbeschränkten oder sonstigen hilfsbedürftigen Personen dienen, auch wenn diese Einrichtungen nicht der ärztlichen Behandlung der betreuten Personen dienen

beschäftigt sind.

(2) Soweit in den nachfolgenden Bestimmungen auf die §§ 1 bis 39 verwiesen wird, handelt es sich um die Regelungen des TVöD – Allgemeiner Teil.

Protokollerklärung zu Absatz 1:

Auf Lehrkräfte findet § 51 Besonderer Teil Verwaltung Anwendung.

Niederschriftserklärung zu Absatz 1:

Unter Buchstabe c fallen auch Kureinrichtungen und Kurheime.

§ 41 Besondere Regelung zum Geltungsbereich TVöD. [1] § 1 Abs. 2 Buchst. b findet auf

a) Ärztinnen und Ärzte als ständige Vertreterin/Vertreter der/des leitenden Ärztin/Arztes,

---

[1] Ein inhaltsgleicher TV wurde mit dbb tarifunion vereinbart.

b) Ärztinnen und Ärzte, die einen selbständigen Funktionsbereich innerhalb einer Fachabteilung oder innerhalb eines Fachbereichs mit mindestens 10 Mitarbeiter/-innen leiten oder

c) Ärztinnen und Ärzte, denen mindestens 5 Ärzte unterstellt sind, sowie

d) ständige Vertreterinnen und Vertreter von leitenden Zahnärztinnen und Zahnärzten mit fünf unterstellten Zahnärztinnen und Zahnärzten

keine Anwendung. ²Eine abweichende einzelvertragliche Regelung ist zulässig.

§ 42 Allgemeine Pflichten der Ärztinnen und Ärzte. (1) ¹Zu den Ärztinnen und Ärzten obliegenden ärztlichen Pflichten gehört es auch, ärztliche Bescheinigungen auszustellen. ²Die Ärztinnen und Ärzte können vom Arbeitgeber auch verpflichtet werden, im Rahmen einer zugelassenen Nebentätigkeit von leitenden Ärztinnen und Ärzten oder für Belegärztinnen und Belegärzte innerhalb der Einrichtung ärztlich tätig zu werden.

(2) ¹Zu den aus der Haupttätigkeit obliegenden Pflichten der Ärztinnen und Ärzte gehört es ferner, am Rettungsdienst in Notarztwagen und Hubschraubern teilzunehmen. ²Für jeden Einsatz in diesem Rettungsdienst erhalten Ärztinnen und Ärzte einen nicht zusatzversorgungspflichtigen Einsatzzuschlag in Höhe von 15,41 Euro. ³Dieser Betrag verändert sich zu demselben Zeitpunkt und in dem gleichen Ausmaß wie das Tabellenentgelt der Entgeltgruppe 14 Stufe 3 (Ärztinnen/Ärzte).

Protokollerklärungen zu Absatz 2:

1. Eine Ärztin/ein Arzt, die/der nach der Approbation noch nicht mindestens ein Jahr klinisch tätig war, ist grundsätzlich nicht zum Einsatz im Rettungsdienst heranzuziehen.

2. Eine Ärztin/ein Arzt, der/dem aus persönlichen oder fachlichen Gründen (z. B. Vorliegen einer anerkannten Minderung der Erwerbsfähigkeit, die dem Einsatz im Rettungsdienst entgegensteht, Flugunverträglichkeit, langjährige Tätigkeit als Bakteriologin) die Teilnahme am Rettungsdienst nicht zumutbar ist, darf grundsätzlich nicht zum Einsatz im Rettungsdienst herangezogen werden.

3. In Fällen, in denen kein grob fahrlässiges und kein vorsätzliches Handeln der Ärztin/des Arztes vorliegt, ist die Ärztin/der Arzt von etwaigen Haftungsansprüchen freizustellen.

4. ¹Der Einsatzzuschlag steht nicht zu, wenn der Ärztin/dem Arzt wegen der Teilnahme am Rettungsdienst außer den tariflichen Bezügen sonstige Leistungen vom Arbeitgeber oder von einem Dritten (z. B. private Unfallversicherung, für die der Arbeitgeber oder ein Träger des Rettungsdienstes die Beiträge ganz oder teilweise trägt, Liquidationsansprüche usw.) zustehen. ²Die Ärztin/der Arzt kann auf die sonstigen Leistungen verzichten.

(3) ¹Die Erstellung von Gutachten, gutachtlichen Äußerungen und wissenschaftlichen Ausarbeitungen, die nicht von einem Dritten angefordert und vergütet werden, gehört zu den Ärztinnen und Ärzten obliegenden Pflichten aus der Haupttätigkeit.

§ 43 Nebentätigkeit von Ärztinnen und Ärzten. Ärztinnen und Ärzte können vom Arbeitgeber verpflichtet werden, als Nebentätigkeit Unterricht zu erteilen.

§ 44 Zu § 5 Qualifizierung – Ärztinnen/Ärzte. (1) Für Beschäftigte, die sich in Facharzt-, Schwerpunktweiterbildung oder Zusatzausbildung nach dem „Gesetz über befristete Arbeitsverträge mit Ärzten in der Weiterbildung" befinden, ist ein Weiterbildungsplan aufzustellen, der unter Berücksichtigung des Standes der Weiterbildung die zu vermittelnden Ziele und Inhalte der Weiterbildungsabschnitte sachlich und zeitlich gegliedert festlegt.

(2) Die Weiterbildung ist vom Betrieb im Rahmen seines Versorgungsauftrags bei wirtschaftlicher Betriebsführung so zu organisieren, dass die/der Beschäftigte die festgelegten Weiterbildungsziele in der nach der jeweiligen Weiterbildungsordnung vorgesehenen Zeit erreichen kann.

(3) [1] Können Weiterbildungsziele aus Gründen, die der Arbeitgeber zu vertreten hat, in der vereinbarten Dauer des Arbeitsverhältnisses nicht erreicht werden, so ist die Dauer des Arbeitsvertrages entsprechend zu verlängern. [2] Die Regelungen des „Gesetzes über befristete Arbeitsverträge mit Ärzten in der Weiterbildung" bleiben hiervon unberührt und sind für den Fall lang andauernder Arbeitsunfähigkeit sinngemäß anzuwenden. [3] Absatz 2 bleibt unberührt.

§ 45 Bereitschaftsdienst und Rufbereitschaft. (1) [1] Bereitschaftsdienst leisten die Beschäftigten, die sich auf Anordnung des Arbeitgebers außerhalb der regelmäßigen Arbeitszeit an einer vom Arbeitgeber bestimmten Stelle aufhalten, um im Bedarfsfall die Arbeit aufzunehmen. [2] Der Arbeitgeber darf Bereitschaftsdienst nur anordnen, wenn zu erwarten ist, dass zwar Arbeit anfällt, erfahrungsgemäß aber die Zeit ohne Arbeitsleistung überwiegt.

(2) Abweichend von den §§ 3, 5 und 6 Abs. 2 ArbZG kann im Rahmen des § 7 ArbZG die tägliche Arbeitszeit im Sinne des Arbeitszeitgesetzes über acht Stunden hinaus verlängert werden, wenn mindestens die acht Stunden überschreitende Zeit im Rahmen von Bereitschaftsdienst geleistet wird, und zwar wie folgt:

a) bei Bereitschaftsdiensten der Stufen A und B bis zu insgesamt maximal 16 Stunden täglich; die gesetzlich vorgeschriebene Pause verlängert diesen Zeitraum nicht,

b) bei Bereitschaftsdiensten der Stufen C und D bis zu insgesamt maximal 13 Stunden täglich; die gesetzlich vorgeschriebene Pause verlängert diesen Zeitraum nicht.

(3) [1] Im Rahmen des § 7 ArbZG kann unter den Voraussetzungen

a) einer Prüfung alternativer Arbeitszeitmodelle,

b) einer Belastungsanalyse gemäß § 5 ArbSchG und

c) ggf. daraus resultierender Maßnahmen zur Gewährleistung des Gesundheitsschutzes

aufgrund einer Betriebs-/Dienstvereinbarung von den Regelungen des Arbeitszeitgesetzes abgewichen werden. [2] Für einen Betrieb/eine Verwaltung, in dem/der ein Personalvertretungsgesetz Anwendung findet, kann eine Regelung nach Satz 1 in einem landesbezirklichen Tarifvertrag getroffen werden, wenn eine Dienstvereinbarung nicht einvernehmlich zustande kommt und der Arbeitgeber ein Letztentscheidungsrecht hat.

³Abweichend von den §§ 3, 5 und 6 Abs. 2 ArbZG kann die tägliche Arbeitszeit im Sinne des Arbeitszeitgesetzes über acht Stunden hinaus verlängert werden, wenn in die Arbeitszeit regelmäßig und in erheblichem Umfang Bereitschaftsdienst fällt. ⁴Hierbei darf die tägliche Arbeitszeit ausschließlich der Pausen maximal 24 Stunden betragen.

Niederschriftserklärung zu § 45 Abs. 3 Satz 2:

Eine einvernehmliche Dienstvereinbarung liegt nur ohne Entscheidung der Einigungsstelle vor.

(4) Unter den Voraussetzungen des Absatzes 3 Satz 1 und 2 kann die tägliche Arbeitszeit gemäß § 7 Abs. 2a ArbZG ohne Ausgleich verlängert werden, wobei

a) bei Bereitschaftsdiensten der Stufen A und B eine wöchentliche Arbeitszeit von bis zu maximal durchschnittlich 58 Stunden,

b) bei Bereitschaftsdiensten der Stufen C und D eine wöchentliche Arbeitszeit von bis zu maximal durchschnittlich 54 Stunden

zulässig ist.

(5) Für den Ausgleichszeitraum nach den Absätzen 2 bis 4 gilt § 6 Abs. 2 Satz 1.

(6) Bei Aufnahme von Verhandlungen über eine Betriebs- oder Dienstvereinbarung nach den Absätzen 3 und 4 ist die landesbezirkliche Ebene der Tarifvertragsparteien zu informieren.

(7) ¹In den Fällen, in denen Beschäftigte Teilzeitarbeit gemäß § 11 vereinbart haben, verringern sich die Höchstgrenzen der wöchentlichen Arbeitszeit in den Absätzen 2 bis 4 in demselben Verhältnis wie die Arbeitszeit dieser Beschäftigten zu der regelmäßigen Arbeitszeit der Vollbeschäftigten verringert worden ist. ²Mit Zustimmung der/des Beschäftigten oder aufgrund von dringenden dienstlichen oder betrieblichen Belangen kann hiervon abgewichen werden.

(8) ¹Der Arbeitgeber darf Rufbereitschaft nur anordnen, wenn erfahrungsgemäß lediglich in Ausnahmefällen Arbeit anfällt. ²Durch tatsächliche Arbeitsleistung innerhalb der Rufbereitschaft kann die tägliche Höchstarbeitszeit von zehn Stunden (§ 3 ArbZG) überschritten werden (§ 7 ArbZG).

(9) § 6 Abs. 4 bleibt im Übrigen unberührt.

(10) ¹Für Beschäftigte gemäß § 40 Abs. 1 Buchst. d gelten die Absätze 1 bis 9 mit der Maßgabe, dass die Grenzen für die Stufen A und B einzuhalten sind. ²Dazu gehören auch die Beschäftigten in Einrichtungen, in denen die betreuten Personen nicht regelmäßig ärztlich behandelt und beaufsichtigt werden (Erholungsheime).

(11) Für die Ärztinnen und die Ärzte in Einrichtungen nach Absatz 10 gelten die Absätze 1 bis 9 ohne Einschränkungen.

§ 46 Bereitschaftsdienstentgelt. (1) Zum Zwecke der Entgeltberechnung wird die Zeit des Bereitschaftsdienstes einschließlich der geleisteten Arbeit wie folgt als Arbeitszeit gewertet:

a) Nach dem Maß der während des Bereitschaftsdienstes erfahrungsgemäß durchschnittlich anfallenden Arbeitsleistungen wird die Zeit des Bereitschaftsdienstes wie folgt als Arbeitszeit gewertet:

Stufe	Arbeitsleistung innerhalb des Bereitschaftsdienstes	Bewertung als Arbeitszeit
A	0 bis 10 v. H.	15 v. H.
B	mehr als 10 bis 25 v. H.	25 v. H.
C	mehr als 25 bis 40 v. H.	40 v. H.
D	mehr als 40 bis 49 v. H.	55 v. H.

Ein hiernach der Stufe A zugeordneter Bereitschaftsdienst wird der Stufe B zugeteilt, wenn der Beschäftigte während des Bereitschaftsdienstes in der Zeit von 22 bis 6 Uhr erfahrungsgemäß durchschnittlich mehr als dreimal dienstlich in Anspruch genommen wird.

b) Entsprechend der Zahl der vom Beschäftigten je Kalendermonat abgeleisteten Bereitschaftsdienste wird die Zeit eines jeden Bereitschaftsdienstes zusätzlich wie folgt als Arbeitszeit gewertet:

Zahl der Bereitschaftsdienste im Kalendermonat	Bewertung als Arbeitszeit
1. bis 8. Bereitschaftsdienst	25 v. H.
9. bis 12. Bereitschaftsdienst	35 v. H.
13. und folgende Bereitschaftsdienste	45 v. H.

(2) Die Zuweisung zu den einzelnen Stufen des Bereitschaftsdienstes erfolgt durch die Betriebsparteien.

(3) [1]Für die Beschäftigten gemäß § 45 Abs. 10 wird zum Zwecke der Entgeltberechnung die Zeit des Bereitschaftsdienstes einschließlich der geleisteten Arbeit mit 25 v. H. als Arbeitszeit bewertet. [2]Leistet der Beschäftigte in einem Kalendermonat mehr als acht Bereitschaftsdienste, wird die Zeit eines jeden über acht Bereitschaftsdienste hinausgehenden Bereitschaftsdienstes zusätzlich mit 15 v. H. als Arbeitszeit gewertet.

(4) [1]Das Entgelt für die nach den Absätzen 1 und 3 zum Zwecke der Entgeltberechnung als Arbeitszeit gewertete Bereitschaftsdienstzeit bestimmt sich für übergeleitete Beschäftigte auf der Basis ihrer Eingruppierung am 30. September 2005, für nach dem 30. September 2005 eingestellte Beschäftigte und in den Fällen der Übertragung einer höher oder niedriger bewerteten Tätigkeit nach der Vergütungs- bzw. Lohngruppe, die sich zum Zeitpunkt der Einstellung bzw. der Höher- oder Herabgruppierung bei Fortgeltung des bisherigen Tarifrechts ergeben hätte, nach der Anlage C. [2]Für die Zeit des Bereitschaftsdienstes einschließlich der geleisteten Arbeit und für die Zeit der Rufbereitschaft werden Zeitzuschläge nach § 8 nicht gezahlt.

(5) Das Bereitschaftsdienstentgelt kann im Falle der Faktorisierung nach § 10 Abs. 3 im Verhältnis 1:1 in Freizeit abgegolten werden.

§ 47 Sonderkündigungsrecht der Bereitschaftsdienst- und Rufbereitschaftsregelung. [1]Die §§ 45 und 46 können mit einer Frist von drei Monaten gekündigt werden, wenn infolge einer Änderung des Arbeitszeitgesetzes sich materiellrechtliche Auswirkungen ergeben oder weitere Regelungsmöglichkeiten für die Tarifvertragsparteien eröffnet werden. [2]Rein formelle Änderungen berechtigen nicht zu einer Ausübung des Sonderkündigungsrechts.

§ 48 Wechselschichtarbeit. (1) Abweichend von § 6 Abs. 1 Satz 2 werden die gesetzlichen Pausen bei Wechselschichtarbeit nicht in die Arbeitszeit eingerechnet.

(2) Abweichend von § 7 Abs. 1 Satz 1 ist Wechselschichtarbeit die Arbeit nach einem Schichtplan/Dienstplan, der einen regelmäßigen Wechsel der täglichen Arbeitszeit in Wechselschichten vorsieht, bei denen die/der Beschäftigte längstens nach Ablauf eines Monats erneut zu mindestens zwei Nachtschichten herangezogen wird.

§ 49 Arbeit an Sonn- und Feiertagen. Abweichend von § 6 Abs. 3 Satz 3 und in Ergänzung zu Absatz 5 gilt für Sonn- und Feiertage folgendes:

(1) [1]Die Arbeitszeit an einem gesetzlichen Feiertag, der auf einen Werktag fällt, wird durch eine entsprechende Freistellung an einem anderen Werktag bis zum Ende des dritten Kalendermonats – möglichst aber schon bis zum Ende des nächsten Kalendermonats –ausgeglichen, wenn es die betrieblichen Verhältnisse zulassen. [2]Kann ein Freizeitausgleich nicht gewährt werden, erhält die/der Beschäftigte je Stunde 100 v. H. des auf eine Stunde entfallenden Anteils des monatlichen Entgelts der jeweiligen Entgeltgruppe und Stufe nach Maßgabe der Entgelttabelle. [3]Ist ein Arbeitszeitkonto eingerichtet, ist eine Buchung gem. § 10 Abs. 3 zulässig. § 8 Abs. 1 Satz 2 Buchst. d bleibt unberührt.

(2) [1]Für Beschäftigte, die regelmäßig nach einem Dienstplan eingesetzt werden, der Wechselschicht- oder Schichtdienst an sieben Tagen in der Woche vorsieht, vermindert sich die regelmäßige Wochenarbeitszeit um ein Fünftel der arbeitsvertraglich vereinbarten durchschnittlichen Wochenarbeitszeit, wenn sie an einem gesetzlichen Feiertag, der auf einen Werktag fällt und wenn sie

a) Arbeitsleistung zu erbringen haben oder
b) nicht wegen des Feiertags, sondern dienstplanmäßig nicht zur Arbeit eingeteilt sind und deswegen an anderen Tagen der Woche ihre regelmäßige Arbeitszeit erbringen müssen.

[2]Absatz 1 gilt in diesen Fällen nicht. [3]§ 8 Abs. 1 Satz 2 Buchst. d bleibt unberührt.

(3) [1]Beschäftigte, die regelmäßig an Sonn- und Feiertagen arbeiten müssen, erhalten innerhalb von zwei Wochen zwei arbeitsfreie Tage. [2]Hiervon soll ein freier Tag auf einen Sonntag fallen.

§ 50 Ausgleich für Sonderformen der Arbeit. Die Zeitzuschläge betragen für Beschäftigte nach § 38 Abs. 5 Satz 1 in Krankenhäusern abweichend von § 8 Abs. 1 Satz 2 Buchst. b und f für

a) Nachtarbeit   1,28 €
b) Arbeit an Samstagen von 13 bis 21 Uhr,   0,64 €

§ 51 Eingruppierung der Ärztinnen und Ärzte. (1) [1]Ärztinnen und Ärzte sind mit folgender besonderer Stufenzuordnung wie folgt eingruppiert:

a) Entgeltgruppe 14 Stufe 1:
Ärztinnen und Ärzte ohne Berufserfahrung mit entsprechender Tätigkeit
b) Entgeltgruppe 14 Stufe 2:
Ärztinnen und Ärzte mit entsprechender Tätigkeit nach einjähriger Berufserfahrung
c) Entgeltgruppe 14 Stufe 3:[1]
Fachärztinnen und Fachärzte mit entsprechender Tätigkeit
d) Entgeltgruppe 14 Stufe 4:[2]
Fachärztinnen und Fachärzte nach fünfjähriger entsprechender Tätigkeit
e) Entgeltgruppe 15 Stufe 5:
Fachärztinnen und Fachärzte nach neunjähriger entsprechender Tätigkeit
f) Entgeltgruppe 15 Stufe 6:[3]
Fachärztinnen und Fachärzte nach dreizehnjähriger entsprechender Tätigkeit

[2]§§ 16 und 17 bleiben unberührt.

(2) Ärztinnen und Ärzte, die als ständige Vertreter der/des leitenden Ärztin/Arztes durch ausdrückliche Anordnung bestellt sind, erhalten für die Dauer der Bestellung eine Funktionszulage von monatlich 350 €.

(3) Ärztinnen und Ärzte, die aufgrund ausdrücklicher Anordnung innerhalb einer Fachabteilung oder eines Fachbereichs einen selbständigen Funktionsbereich mit mindestens zehn Beschäftigten leiten, erhalten für die Dauer der Anordnung eine Funktionszulage von monatlich 250 €.

(4) Ärztinnen und Ärzte, denen aufgrund ausdrücklicher Anordnung mindestens fünf Ärzte unterstellt sind, erhalten für die Dauer der Anordnung eine Funktionszulage von monatlich 250 €.

(5) Die Funktionszulagen nach den Absätzen 2 bis 4 sind dynamisch und entfallen mit dem Wegfall der Funktion.

Niederschriftserklärung zu § 51 Absatz 5:

Für die in Absatz 5 genannten Beschäftigten gelten die Regelungen des Allgemeinen Teils sowie die entsprechenden Regelungen des TV-Ü-VKA.

(6) Die Absätze 1 bis 5 finden auf Zahnärztinnen/Zahnärzte, Apothekerinnen/Apotheker und Tierärztinnen/Tierärzte keine Anwendung.

Protokollerklärungen zu § 51:

1. Ständige Vertreterinnen/Vertreter im Sinne des Tätigkeitsmerkmals ist nur die/der Ärztin/Arzt, der die/den leitende/n Ärztin/Arzt in der Gesamtheit seiner Dienstaufgaben vertritt. Das Tätigkeitsmerkmal kann daher innerhalb einer Abteilung (Klinik) nur von einer/einem Ärztin/Arzt erfüllt werden.

---

[1] Tabellenwert entspricht Entgeltgruppe 14 Stufe 4.
[2] Tabellenwert entspricht Entgeltgruppe 14 Stufe 5.
[3] Die Stufe 6 der Entgeltgruppe 15 weist einen besonderen Tabellenwert gemäß Anlage A und B TVöD-VKA aus.

2. *Ist die Eingruppierung von der Zahl der unterstellten Ärztinnen/Ärzte abhängig, gilt folgendes:*

   a) Für die Eingruppierung ist es unschädlich, wenn im Organisations- und Stelenplan zur Besetzung ausgewiesene Stellen nicht besetzt sind.

   b) Bei der Zahl der unterstellten Ärztinnen/Ärzte zählen nur diejenigen unterstellten Ärzte mit, die in einem Arbeits- oder Beamtenverhältnis zu demselben Arbeitgeber (Dienstherrn) stehen oder im Krankenhaus von einem sonstigen öffentlichen Arbeitgeber (Dienstherrn) zur Krankenversorgung eingesetzt werden.

   c) Teilbeschäftigte zählen entsprechend dem Verhältnis der mit ihnen im Arbeitsvertrag vereinbarten Arbeitszeit zur regelmäßigen Arbeitszeit eines Vollbeschäftigten.

3. *Funktionsbereiche sind wissenschaftlich anerkannte Spezialgebiete innerhalb eines ärztlichen Fachgebietes, z. B. Nephrologie, Handchirurgie, Neuroradiologie, Elektroencephalographie, Herzkatheterisierung.*

§ 52 Erholungsurlaub. [1]Die Beschäftigten an Heimschulen und Internaten haben den Urlaub in der Regel während der Schulferien zu nehmen. [2]Die Sonderregelung für Lehrkräfte bleibt unberührt.

§ 53 Zusatzurlaub. [1]Beschäftigte erhalten bei einer Leistung im Kalenderjahr von mindestens

150 Nachtarbeitsstunden	1 Arbeitstag
300 Nachtarbeitsstunden	2 Arbeitstage
450 Nachtarbeitsstunden	3 Arbeitstage
600 Nachtarbeitsstunden	4 Arbeitstage

Zusatzurlaub im Kalenderjahr. [2]Nachtarbeitsstunden, die in Zeiträumen geleistet werden, für die Zusatzurlaub für Wechselschicht oder Schichtarbeit zusteht, bleiben unberücksichtigt. [3]§ 27 Abs. 4 findet mit der Maßgabe Anwendung, dass Erholungsurlaub und Zusatzurlaub insgesamt im Kalenderjahr 35 Tage, bei Zusatzurlaub wegen Wechselschichtarbeit 36 Tage, nicht überschreiten. [4]§ 27 Abs. 5 findet Anwendung.

§ 54 In-Kraft-Treten, Laufzeit. [1]Dieser Tarifvertrag tritt mit Wirkung am 1. Oktober 2005 in Kraft. [2]Er kann mit einer Frist von drei Monaten zum Schluss eines Kalenderhalbjahres schriftlich gekündigt werden, frühestens jedoch zum 31. Dezember 2009. § 47 bleibt unberührt.

Anlage C zu § 46 Abs. 4 (Bereitschaftsdienstentgelt)

A. **Beschäftigte, deren Eingruppierung sich nach der Anlage 1a**
   zum BAT/BAT-O richtet

Vergütungs-gruppe	Tarifgebiet West	Tarifgebiet Ost		
		ab 1. 10. 2005	ab 1. 7. 2006	ab 1. 7. 2007
Vergr. I	30,20 €	28,39 €	28,84 €	29,29 €
Vergr. I a	27,68 €	26,02 €	26,43 €	26,85 €
Vergr. I b	25,46 €	23,93 €	24,31 €	24,70 €
Vergr. II	23,32 €	21,92 €	22,27 €	22,62 €
Vergr. III	21,06 €	19,80 €	20,11 €	20,43 €
Vergr. IV a	19,38 €	18,22 €	18,51 €	18,80 €
Vergr. IV b	17,84 €	16,77 €	17,04 €	17,30 €
Vergr. V b	17,20 €	16,17 €	16,43 €	16,68 €
Vergr. V c	16,36 €	15,38 €	15,62 €	15,87 €
Vergr. VI b	15,19 €	14,28 €	14,51 €	14,73 €
Vergr. VII	14,25 €	13,40 €	13,61 €	13,82 €
Vergr. VIII	13,39 €	12,59 €	12,79 €	12,99 €
Vergr. IX a	12,89 €	12,12 €	12,31 €	12,50 €
Vergr. IX	12,65 €	11,89 €	12,08 €	12,27 €
Vergr. X	12,01 €	11,29 €	11,47 €	11,65 €

B. **Beschäftigte, deren Eingruppierung sich nach der Anlage 1b**
   zum BAT/BAT-O richtet

Vergütungs-gruppe	Tarifgebiet West	Tarifgebiet Ost		
		ab 1. 10. 2005	ab 1. 7. 2006	ab 1. 7. 2007
Kr. XIII	25,07 €	23,57 €	23,94 €	24,32 €
Kr. XII	23,10 €	21,71 €	22,06 €	22,41 €
Kr. XI	21,79 €	20,48 €	20,81 €	21,14 €
Kr. X	20,49 €	19,26 €	19,57 €	19,88 €
Kr. IX	19,29 €	18,13 €	18,42 €	18,71 €
Kr. VIII	18,95 €	17,81 €	18,10 €	18,38 €
Kr. VII	17,88 €	16,81 €	17,08 €	17,34 €

(Fortsetzung nächste Seite)

Vergütungs- gruppe	Tarifgebiet West	Tarifgebiet Ost		
		ab 1. 10. 2005	ab 1. 7. 2006	ab 1. 7. 2007
Kr. VI	17,34 €	16,30 €	16,56 €	16,82 €
Kr. V a	16,70 €	15,70 €	15,95 €	16,20 €
Kr. V	16,25 €	15,28 €	15,52 €	15,76 €
Kr. IV	15,44 €	14,51 €	14,75 €	14,98 €
Kr. III	14,64 €	13,76 €	13,98 €	14,20 €
Kr. II	13,93 €	13,09 €	13,30 €	13,51 €
Kr. I	13,30 €	12,50 €	12,70 €	12,90 €

C. Beschäftigte, deren Eingruppierung sich nach dem BMT-G/ BAT-G-O richtet

Vergütungs- gruppe	Tarifgebiet West	Tarifgebiet Ost		
		ab 1. 10. 2005	ab 1. 7. 2006	ab 1. 7. 2007
Lgr. 9	17,63 €	16,57 €	16,84 €	17,10 €
Lgr. 8 a	17,24 €	16,21 €	16,46 €	16,72 €
Lgr. 8	16,86 €	15,85 €	16,10 €	16,35 €
Lgr. 7 a	16,50 €	15,51 €	15,76 €	16,01 €
Lgr. 7	16,13 €	15,16 €	15,40 €	15,65 €
Lgr. 6 a	15,80 €	14,85 €	15,09 €	15,33 €
Lgr. 6	15,44 €	14,51 €	14,75 €	14,98 €
Lgr. 5 a	15,11 €	14,20 €	14,43 €	14,66 €
Lgr. 5	14,78 €	13,89 €	14,11 €	14,34 €
Lgr. 4 a	14,46 €	13,59 €	13,81 €	14,03 €
Lgr. 4	14,14 €	13,29 €	13,50 €	13,72 €
Lgr. 3 a	13,83 €	13,00 €	13,21 €	13,42 €
Lgr. 3	13,53 €	12,72 €	12,92 €	13,12 €
Lgr. 2 a	13,25 €	12,46 €	12,65 €	12,85 €
Lgr. 2	12,95 €	12,17 €	12,37 €	12,56 €
Lgr. 1 a	12,68 €	11,92 €	12,11 €	12,30 €
Lgr. 1	12,39 €	11,65 €	11,83 €	12,02 €

1 d. Tarifvertrag für den öffentlichen Dienst (TVöD) – Besonderer Teil Entsorgung – (BT-E) –

vom 13. September 2005

Zwischen der Vereinigung der kommunalen Arbeitgeberverbände, vertreten durch den Vorstand, einerseits und ver.di – Vereinigte Dienstleistungsgewerkschaft (ver.di), vertreten durch den Bundesvorstand, diese zugleich handelnd für
– Gewerkschaft der Polizei,
– Industriegewerkschaft Bauen – Agrar – Umwelt,
– Gewerkschaft Erziehung und Wissenschaft,
andererseits wird Folgendes vereinbart:[1]

§ 40 Geltungsbereich. (1) [1]Dieser Tarifvertrag gilt für Beschäftigte der Entsorgungsbetriebe, unabhängig von deren Rechtsform. [2]Er bildet im Zusammenhang mit dem Allgemeinen Teil des Tarifvertrages für den öffentlichen Dienst (TVöD) den Tarifvertrag für die Sparte Entsorgung (TV-E).

(2) Soweit in den nachfolgenden Bestimmungen auf die §§ 1 bis 39 verwiesen wird, handelt es sich um die Regelungen des TVöD – Allgemeiner Teil.

§ 41 Tägliche Rahmenzeit. Die tägliche Rahmenzeit kann auf bis zu 12 Stunden in der Zeitspanne von 6 bis 22 Uhr vereinbart werden.

§ 42 Öffnungsregelung zu § 14 TzBfG. (1) Die kalendermäßige Befristung eines Arbeitsvertrages ohne Vorliegen eines sachlichen Grundes ist nach Maßgabe der Absätze 2 bis 4 bis zur Dauer von vier Jahren zulässig; bis zu dieser Gesamtdauer ist auch die höchstens dreimalige Verlängerung eines kalendermäßig befristeten Arbeitsvertrages möglich.

(2) Die Befristung nach Absatz 1 über die Dauer von zwei Jahren hinaus bedarf der vorherigen Zustimmung des Personalrats/Betriebsrats.

(3) Die Befristung nach Absatz 1 über die Dauer von zwei Jahren hinaus ist unzulässig, wenn mit dem Abschluss des Arbeitsvertrages mehr als 40 v. H. der bei dem Arbeitgeber begründeten Arbeitsverhältnisse ohne Vorliegen eines sachlichen Grundes abgeschlossen wären.

(4) [1]Soweit von der Befristung nach Absatz 1 über die Dauer von zwei Jahren hinaus Gebrauch gemacht wird, ist die Beschäftigung von Leiharbeitnehmerinnen/Leiharbeitnehmern nicht zulässig. [2]In begründeten Einzelfällen kann mit Zustimmung des Personalrats/Betriebsrats von Satz 1 abgewichen werden.

(5) Beschäftigte, mit denen eine Befristung nach Absatz 1 über die Dauer von zwei Jahren hinaus vereinbart ist, sind nach Ablauf der vereinbarten Zeit

---

[1] Ein inhaltsgleicher TV wurde mit dbb tarifunion vereinbart.

in ein Arbeitsverhältnis auf unbestimmte Dauer zu übernehmen, sofern im Falle des Ausscheidens dieser Beschäftigten für den betreffenden Funktionsbereich ein befristetes Arbeitsverhältnis mit anderen Beschäftigten begründet würde.

(6) Beim Abschluss von nach Absatz 1 befristeten Arbeitsverträgen über die Dauer von zwei Jahren hinaus sind Auszubildende, die bei demselben Arbeitgeber ausgebildet worden sind, nach erfolgreich abgeschlossener Abschlussprüfung bei gleicher Eignung und Befähigung vorrangig zu berücksichtigen.

§ 43 Betrieblicher Gesundheits- und Arbeitsschutz. (1) Arbeiten in der Abfall- und Entsorgungswirtschaft verpflichten Arbeitgeber und Beschäftigte in besonders hohem Maße zur Einhaltung aller einschlägigen Arbeitsschutz- und Sicherheitsvorschriften.

(2) Es ist ein sicherheitsgerechter Arbeitsplatz und eine Arbeitsumgebung zur Verfügung zu stellen, die eine Gefährdung nach Möglichkeit ausschließt, wobei gesicherte arbeitswissenschaftliche Erkenntnisse über menschengerechte Arbeitsplatzgestaltung berücksichtigt werden.

(3) Neben den allgemeinen Bestimmungen der gesetzlichen Unfallversicherungsträger, den Rechten und Pflichten, die sich aus dem Betriebsverfassungsgesetz und den Personalvertretungsgesetzen sowie dem Arbeitssicherheitsgesetz ergeben, hat der Arbeitgeber dafür Sorge zu tragen, dass

1. die Beschäftigten mindestens im Turnus von einem Jahr über die zu beachtenden Gesetze, Verordnungen und Unfallverhütungsvorschriften unterrichtet werden sowie bei Einführung neuer Arbeitsverfahren und neuer Arbeitsstoffe bzw. vor der Arbeitsaufnahme an einem neuen Arbeitsplatz. Bei Bedarf sind Unterweisungen öfter durchzuführen. Beschäftigte, die der deutschen Sprache nicht ausreichend mächtig sind, müssen in einer ihnen verständlichen Sprache unterwiesen werden. Dieses kann auch in schriftlicher Form in der jeweiligen Landessprache erfolgen,

2. die für die Beschäftigten und die Ausführung der Arbeiten erforderlichen Schutzausrüstungen, Werkzeuge, Maschinen und Fahrzeuge im betriebssicheren Zustand zur Verfügung gestellt werden,

3. Arbeits- und Schutzkleidung den Witterungsbedingungen entsprechend zur Verfügung gestellt, gereinigt und instand gesetzt wird.

(4) [1]Die Beschäftigten sind verpflichtet, die sicherheitstechnischen Vorschriften und die turnusmäßigen betrieblichen Belehrungen zu beachten. [2]Sie sind ferner dazu verpflichtet, die ihnen vom Betrieb gestellten Schutzausrüstungen, Werkzeuge, Maschinen und Fahrzeuge zur Herstellung der Arbeitssicherheit zu verwenden und sich vor dem Einsatz von dem ordnungsgemäßen Zustand zu überzeugen. [3]Weitergehende Arbeitsschutzvorschriften der jeweiligen Arbeitgeber sind vorrangig einzuhalten.

(5) Beschäftigte, die sich über die Arbeitssicherheit zur Ausführung eines bestimmten Auftrages nicht ausreichend belehrt fühlen, haben das Recht und die Pflicht, dies dem betrieblich Verantwortlichen vor der Arbeitsaufnahme zu melden.

(6) In den Betriebsstätten und festen Baustellen haben die allgemeinen und für die jeweilige Arbeit speziellen Unfallverhütungsvorschriften der gesetzlichen Unfallversicherungsträger den Beschäftigten während der Arbeitszeit zugänglich zu sein.

(7) Näheres soll durch Bezirks-/Dienstvereinbarung zum betrieblichen Arbeits- und Gesundheitsschutz geregelt werden.

§ 44 Erfolgsbeteiligung.

[1]Die Beschäftigten können an einem auf ihrer Mehrleistung beruhenden Betriebsergebnis im Abrechnungszeitraum beteiligt werden. [2]Qualität und Menge der erbrachten Mehrleistung sind nachzuweisen. [3]Die Kriterien für diese Erfolgsbeteiligung und das Verfahren werden in einem betrieblich zu vereinbarenden System festgelegt. [4]Die Erfolgsbeteiligung ist nicht zusatzversorgungspflichtig.

§ 45 Qualifizierung.

(1) [1]Ein hohes Qualifikationsniveau und lebenslanges Lernen liegen im gemeinsamen Interesse von Beschäftigten und Arbeitgebern. [2]Qualifizierung dient der Steigerung von Effektivität und Effizienz des Betriebes, der Nachwuchsförderung und der Steigerung von beschäftigungsbezogenen Kompetenzen. [3]Die Tarifvertragsparteien verstehen Qualifizierung auch als Teil der Personalentwicklung.

(2) [1]Vor diesem Hintergrund stellt Qualifizierung nach diesem Tarifvertrag ein Angebot dar, aus dem für die Beschäftigten kein individueller Anspruch außer nach Absatz 4 abgeleitet werden kann. [2]Das Angebot kann durch freiwillige Betriebsvereinbarung/Dienstvereinbarung wahrgenommen und näher ausgestaltet werden. [3]Weitergehende Mitbestimmungsrechte werden dadurch nicht berührt.

(3) [1]Qualifizierungsmaßnahmen sind

a) die Fortentwicklung der fachlichen, methodischen und sozialen Kompetenzen für die übertragenen Tätigkeiten (Erhaltungsqualifizierung),
b) der Erwerb zusätzlicher Qualifikationen (Fort- und Weiterbildung),
c) die Qualifizierung zur Arbeitsplatzsicherung (Qualifizierung für eine andere Tätigkeit; Umschulung),
d) die Einarbeitung bei längerer Abwesenheit (Wiedereinstiegsqualifizierung).

[2]Die Teilnahme an einer Qualifizierungsmaßnahme wird dokumentiert und den Beschäftigten schriftlich bestätigt.

(4) [1]Beschäftigte haben – auch in den Fällen des Absatzes 3 Satz 1 Buchst. d – Anspruch auf ein regelmäßiges Gespräch mit der jeweiligen Führungskraft, in dem festgestellt wird, ob und welcher Qualifizierungsbedarf besteht. [2]Dieses Gespräch kann auch als Gruppengespräch geführt werden. [3]Wird nichts anderes geregelt, ist das Gespräch jährlich zu führen.

(5) [1]Die Kosten einer vom Arbeitgeber veranlassten Qualifizierungsmaßnahme – einschließlich Reisekosten – werden, soweit sie nicht von Dritten übernommen werden, grundsätzlich vom Arbeitgeber getragen. [2]Ein möglicher Eigenbeitrag und eventuelle Rückzahlungspflichten bei vorzeitigem Ausscheiden werden in einer Qualifizierungsvereinbarung geregelt. [3]Die Betriebsparteien sind gehalten, die Grundsätze einer fairen Kostenverteilung

unter Berücksichtigung des betrieblichen und individuellen Nutzens zu regeln. [4] Ein Eigenbeitrag des Beschäftigten kann in Geld und/oder Zeit erfolgen.

(6) [1] Zeiten von vereinbarten Qualifizierungsmaßnahmen gelten als Arbeitszeit. [2] Absatz 5 Sätze 2 bis 4 bleiben unberührt.

(7) Gesetzliche Förderungsmöglichkeiten können in die Qualifizierungsplanung einbezogen werden.

(8) Für Beschäftigte mit individuellen Arbeitszeiten sollen Qualifizierungsmaßnahmen so angeboten werden, dass ihnen eine gleichberechtigte Teilnahme ermöglicht werden kann.

§ 46 In-Kraft-Treten, Laufzeit. [1] Dieser Tarifvertrag tritt mit Wirkung am 1. Oktober 2005 in Kraft. [2] Er kann mit einer Frist von drei Monaten zum Schluss eines Kalenderhalbjahres schriftlich gekündigt werden, frühestens jedoch zum 31. Dezember 2009.

1 e. Tarifvertrag für den öffentlichen Dienst (TVöD) – Besonderer Teil Flughäfen – (BT-F) –

vom 13. September 2005

Zwischen der Vereinigung der kommunalen Arbeitgeberverbände, vertreten durch den Vorstand, einerseits und ver.di – Vereinigte Dienstleistungsgewerkschaft (ver.di), vertreten durch den Bundesvorstand, diese zugleich handelnd für
– Gewerkschaft der Polizei,
– Industriegewerkschaft Bauen – Agrar – Umwelt,
– Gewerkschaft Erziehung und Wissenschaft,
andererseits wird Folgendes vereinbart:[1]

§ 40 Geltungsbereich. (1) [1]Dieser Tarifvertrag gilt für Beschäftigte der Verkehrsflughäfen. [2]Er bildet im Zusammenhang mit dem Allgemeinen Teil des Tarifvertrages für den öffentlichen Dienst (TVöD) den Tarifvertrag für die Sparte Flughäfen (TV-F).

(2) Soweit in den nachfolgenden Bestimmungen auf die §§ 1 bis 39 verwiesen wird, handelt es sich um die Regelungen des TVöD – Allgemeiner Teil.

§ 41 Wechselschichtarbeit. Durch landesbezirklichen Tarifvertrag kann bestimmt werden, dass abweichend von
a) § 6 Abs. 1 Satz 2 die gesetzlichen Pausen bei Wechselschichtarbeit nicht in die Arbeitszeit einzurechnen sind und
b) § 7 Abs. 1 Satz 1 Wechselschichtarbeit erst dann vorliegt, wenn die/der Beschäftigte längstens nach Ablauf eines Monats erneut zu mindestens zwei Nachtschichten herangezogen wird.

§ 42 Rampendienst. (1) [1]Beschäftigten im Rampendienst wird für je sechs Arbeitstage ein freier Arbeitstag gewährt. [2]Im Jahresdurchschnitt soll mindestens jeder dritte freie Tag auf einen Sonntag fallen.

(2) [1]Als freier Tag gilt in der Regel eine arbeitsfreie Zeit von 36 Stunden. [2]Diese kann in Ausnahmefällen auf 32 Stunden verringert werden, wenn die Betriebsverhältnisse es erfordern. Werden zwei zusammenhängende freie Tage gewährt, gilt in der Regel eine arbeitsfreie Zeit von 60 Stunden, die in Ausnahmefällen auf 56 Stunden verringert werden kann, als zwei freie Tage. [3]Für weitere freie Tage erhöhen sich die Zeiten um jeweils 24 Stunden für einen Tag.

(3) Die Zeitzuschläge nach § 8 Abs. 1 werden pauschal mit einem Zuschlag von 12 v. H. des auf eine Stunde entfallenden Anteils des monatlichen Ent-

---

[1] Ein inhaltsgleicher TV wurde mit dbb tarifunion vereinbart.

gelts der Stufe 3 der jeweiligen Entgeltgruppe nach Maßgabe der Entgelttabelle abgegolten.

§ 43 Feuerwehr- und Sanitätspersonal. (1) Für das Feuerwehr- und Sanitätspersonal wird – unter Einbeziehung der Zeitzuschläge nach § 8 Abs. 1 – das monatliche Entgelt landesbezirklich oder betrieblich geregelt.

(2) Wenn das Feuerwehr- und Sanitätspersonal in Ausnahmefällen aus der zusammenhängenden Ruhezeit zur Arbeit gerufen wird, ist diese – einschließlich etwaiger Zeitzuschläge – neben dem Tabellenentgelt besonders zu vergüten.

§ 44 In-Kraft-Treten, Laufzeit. [1]Dieser Tarifvertrag tritt mit Wirkung am 1. Oktober 2005 in Kraft. [2]Er kann mit einer Frist von drei Monaten zum Schluss eines Kalenderhalbjahres schriftlich gekündigt werden, frühestens jedoch zum 31. Dezember 2009.

1f. Tarifvertrag für den öffentlichen Dienst (TVöD) – Besonderer Teil Sparkassen – (BT-S) –

vom 13. September 2005

Zwischen der Vereinigung der kommunalen Arbeitgeberverbände, vertreten durch den Vorstand, einerseits und ver.di – Vereinigte Dienstleistungsgewerkschaft (ver.di), vertreten durch den Bundesvorstand, diese zugleich handelnd für
- Gewerkschaft der Polizei,
- Industriegewerkschaft Bauen – Agrar – Umwelt,
- Gewerkschaft Erziehung und Wissenschaft,
andererseits wird Folgendes vereinbart:[1]

§ 40 Geltungsbereich. (1) [1]Dieser Tarifvertrag gilt für Beschäftigte der Sparkassen. [2]Er bildet im Zusammenhang mit dem Allgemeinen Teil des Tarifvertrages für den öffentlichen Dienst (TVöD) den Tarifvertrag für die Sparte Sparkassen (TV-S).

(2) Soweit in den nachfolgenden Bestimmungen auf die §§ 1 bis 39 verwiesen wird, handelt es sich um die Regelungen des TVöD – Allgemeiner Teil.

§ 41 Grundsätze für leistungs- und erfolgsorientierte variable Entgelte für Beschäftigte der Sparkassen. (1) [1]Durch einvernehmliche Dienstvereinbarung (befristet, unter Ausschluss der Nachwirkung) können individuelle und/oder teambezogene leistungs- und/oder erfolgsorientierte Prämien und/oder Zulagen als betriebliche Systeme eingeführt werden. [2]Bemessungsmethoden sind die Zielvereinbarung (§ 42) und die systematische Leistungsbewertung (§ 43).

(2) Bei der Entwicklung, Einführung und dem Controlling der betrieblichen Systeme (Kriterien und Verfahren einschl. Weiterentwicklung/Plausibilitätsprüfung) nach Absatz 1 und § 44 wirkt ein Gemeinsamer Ausschuss mit, dessen Mitglieder je zur Hälfte vom Arbeitgeber und vom Personalrat aus dem Betrieb benannt werden.

(3) [1]Der Gemeinsame Ausschuss ist auch für die Beratung von schriftlich begründeten Beschwerden zuständig, die sich auf Mängel des Systems bzw. seiner Anwendung beziehen. [2]Der Arbeitgeber entscheidet auf Vorschlag des Gemeinsamen Ausschusses darüber, ob und in welchem Umfang der Beschwerde im Wege der Korrektur des Systems bzw. von Systembestandteilen oder auch von einzelnen konkreten Anwendungsfällen abgeholfen werden soll. [3]Die Rechte der betrieblichen Mitbestimmung bleiben unberührt.

---

[1] Ein inhaltsgleicher TV wurde mit dbb tarifunion vereinbart.

§ 42 Zielvereinbarung. (1) ¹In Zielvereinbarungen legen Arbeitgeber und Beschäftigte gemeinsam für einen bestimmten Zeitraum die anzustrebenden Ergebnisse fest, welche insbesondere mit Leistungsprämien honoriert werden. ²Pro Zielvereinbarungszeitraum sollten mehrere Ziele vereinbart werden. ³Quantitative und qualitative Ziele sind möglich. ⁴Sie können unterschiedlich gewichtet werden. ⁵Für einzelne Ziele können Zielerreichungsstufen festgelegt werden. ⁶Die Ziele und die Kriterien der Zielerreichung müssen sich auf den Arbeitsplatz/das Team und die damit verbundenen Arbeitsaufgaben beziehen. ⁷Die Erfüllung der Ziele muss in der vertraglich geschuldeten Arbeitszeit möglich sein.

(2) Im Ausnahmefall sind Korrekturen der Zielvereinbarung einvernehmlich dann möglich, wenn sich maßgebliche Rahmenbedingungen gravierend geändert haben.

(3) ¹Die jeweilige Zielerreichung wird auf der Grundlage eines Soll-Ist-Vergleichs festgestellt und auf Wunsch den Beschäftigten erläutert. ²Die Feststellung, dass Ziele nicht erreicht wurden, darf für sich allein nicht zu arbeitsrechtlichen Maßnahmen führen. ³Umgekehrt schließt die Teilnahme an einer Zielvereinbarung arbeitsrechtliche Maßnahmen nicht aus.

§ 43 Systematische Leistungsbewertung. (1) Die Leistungsbewertung knüpft im Rahmen eines Systems an konkreten Tatsachen und Verhaltensweisen an; sie begründet insbesondere Leistungszulagen.

(2) ¹Bewertungskriterien (z. B. Arbeitsquantität, Arbeitsqualität, Kundenorientierung, Teamfähigkeit, Führungsverhalten) sowie deren ggf. unterschiedlich gewichtete Abstufung werden in einer einvernehmlichen Dienstvereinbarung festgelegt. ²Es können nur Kriterien herangezogen werden, die für den Arbeitsplatz relevant und von der/dem Beschäftigten beeinflussbar sind. ³Die Leistungsbewertung nimmt die zuständige Führungskraft vor. ⁴Der Bewertungsentwurf wird mit der/dem Beschäftigten besprochen, von der Führungskraft begründet und entschieden.

Niederschriftserklärung:

Regelbeurteilungen sind für die Feststellung von Leistungszulagen ausgeschlossen.

§ 44 Sparkassensonderzahlung. (1) ¹Bankspezifisch Beschäftigte haben in jedem Kalenderjahr Anspruch auf eine Sparkassensonderzahlung (SSZ). ²Sie besteht aus einem garantierten und einem variablen Anteil. ³Der garantierte Anteil in Höhe eines Monatstabellenentgelts steht jedem Beschäftigten zu. ⁴Der variable Anteil ist individuell-leistungsbezogen und unternehmenserfolgsbezogen. ⁵Er bestimmt sich nach den Absätzen 3 und 4. ⁶Alle ausgezahlten Anteile sind zusatzversorgungspflichtiges Entgelt.

⁷Voraussetzung für die SSZ ist, dass der Beschäftigte am 1. Dezember des jeweiligen Kalenderjahres im Arbeitsverhältnis steht.

⁸Die SSZ vermindert sich um ein Zwölftel für jeden Kalendermonat, in dem Beschäftigte keinen Anspruch auf Entgelt, Entgelt im Krankheitsfall (§ 22) oder Fortzahlung des Entgelts während des Erholungsurlaubs (§ 26) haben. ⁹Die Verminderung unterbleibt für Kalendermonate,

1. für die Beschäftigte kein Entgelt erhalten haben wegen
   a) Ableistung von Grundwehrdienst oder Zivildienst, wenn sie diesen vor dem 1. Dezember beendet und die Beschäftigung unverzüglich wieder aufgenommen haben,
   b) Beschäftigungsverboten nach § 3 Abs. 2 und § 6 Abs. 1 des Mutterschutzgesetzes,
   c) Inanspruchnahme der Elternzeit nach dem Bundeserziehungsgeldgesetz bis zum Ende des Kalenderjahres, in dem das Kind geboren ist, wenn am Tag vor Antritt der Elternzeit Entgeltanspruch bestanden hat,
2. in denen Beschäftigten nur wegen der Höhe des zustehenden Krankengeldes ein Krankengeldzuschuss nicht gezahlt worden ist.

(2) Das Monatstabellenentgelt gemäß Absatz 1 Satz 3 ist das Entgelt des Beschäftigten für den Monat Oktober, das sich aufgrund der individuell für diesen Monat vereinbarten durchschnittlichen regelmäßigen Arbeitszeit ergibt.

(3) [1]Der individuell-leistungsbezogene Teil des variablen Anteils der SSZ bestimmt sich wie folgt:
[2]Für jeden Beschäftigten wird jährlich ein Betrag in Höhe eines halben Monatstabellenentgelts (Absatz 2) in ein Leistungsbudget eingestellt. [3]Die jährliche Ausschüttung des Leistungsbudgets an die Beschäftigten erfolgt in Form von Leistungszulagen und/oder Leistungsprämien auf der Grundlage individueller und/oder teambezogener Leistungskriterien. [4]Bemessungsmethode für Leistungszulagen ist die systematische Leistungsbewertung (§ 43) und für Leistungsprämien die Zielvereinbarung (§ 42). [5]Es ist sicherzustellen, dass das jeweilige Auszahlungsvolumen den beteiligten Beschäftigten nach einem ratierlichen auf alle anzuwendenden Maßstab zugeordnet wird. [6]Bei teilweiser Zielerreichung können Teilzahlungen erfolgen, wenn es die Zielvereinbarung vorsieht. [7]Die vollständige Ausschüttung Gesamtbudgets ist zu gewährleisten.
[8]Die weiteren Einzelheiten werden in einer einvernehmlichen Dienstvereinbarung geregelt. [9]Bis zu dem Abschluss und der Anwendung der Dienstvereinbarung werden 25 v. H. eines Monatstabellenentgelts gezahlt.

Niederschriftserklärungen zu § 44 Abs. 3:

1. Wann immer praktizierbar und zweckmäßig, sind Zielvereinbarungen abzuschließen. Ansonsten werden systematische Leistungsbewertungen durchgeführt. Mischformen sind möglich.

2. Bei noch ausstehender Dienstvereinbarung werden die vorerst nicht auszuzahlenden 25 v. H. eines Monatstabellenentgelts gestundet.

(4) [1]Der unternehmenserfolgsbezogene Teil des variablen Anteils der SSZ bestimmt sich wie folgt:
[2]Für jeden Beschäftigten wird jährlich ein Betrag in Höhe eines halben Monatstabellenentgelts (Absatz 2) in ein Unternehmenserfolgsbudget eingestellt. [3]Die Höhe des Ausschüttungsvolumens bestimmt sich nach der Erreichung von institutsindividuellen Geschäftszielen der Sparkasse. [4]Die Definition der Geschäftsziele erfolgt vor Beginn des Kalenderjahres durch den Arbeitgeber im Rahmen der Unternehmensplanung. [5]Die für den unterneh-

menserfolgsabhängigen Anteil relevanten Ziele müssen den definierten Geschäftszielen entsprechen. [6]Die weiteren Einzelheiten, insbesondere der/ein Katalog relevanter Ziele und Kriterien für die Geschäftszielerreichung und die Fälligkeit (in der Regel im Monat nach der Schlussbesprechung), werden in einer einvernehmlichen Dienstvereinbarung geregelt. [7]Bei Zielerreichung ist jeder/m Beschäftigten das halbe Monatstabellenentgelt auszuzahlen. [8]Eine teilweise Zielerreichung kann nach den Maßgaben der Dienstvereinbarung zur anteiligen Ausschüttung führen. [9]Zielübererfüllungen können zu einer höheren Ausschüttung führen. [10]Kommt bis zum Ende des zu bewertenden Kalenderjahres keine Einigung über die Dienstvereinbarung zustande, besteht abweichend von Satz 2 nur Anspruch auf 25 v. H. eines Monatstabellenentgelts; der restliche Anteil verfällt.

Niederschriftserklärung zu § 44 Abs. 4:

[1]*Zeichnet sich ab, dass keine Dienstvereinbarung zu dem unternehmenserfolgsbezogenen Teil der SSZ zustande kommt, wird auf Antrag einer Betriebspartei der Gemeinsame Ausschuss um jeweils einen Vertreter der Landesbezirkstarifvertragsparteien ergänzt. [2]Der ergänzte Gemeinsame Ausschuss unterbreitet den für die Vereinbarung zuständigen Betriebsparteien einen Konsensvorschlag spätestens bis zum 30. Juni.*

(5) Der garantierte Anteil der SSZ wird mit dem Entgelt des Monats November, der variable Anteil gemäß Absatz 3 wird spätestens mit dem Entgelt für den Monat April des folgenden Kalenderjahres ausgezahlt.

(6) Im Übergangsjahr – in der Regel im Jahr 2006 – ist sicherzustellen, dass durch Abschlagszahlung auf die nach Absatz 3 Sätze 2 bis 4 zustehenden Anteile der SSZ 1,75 Monatstabellenentgelte (= 87,5 v. H. der SSZ) zur Ausschüttung kommen; die Einzelheiten werden in der Dienstvereinbarung geregelt.

(7) Die Beschäftigten haben keinen tarifvertraglichen Anspruch auf weitere Jahressonder- bzw. mantelrechtliche Einmalzahlungen.

Protokollerklärungen zu § 44 Abs. 1:

1. *Bankspezifisch Beschäftigte im Sinne von § 44 Abs. 1 Satz 1 sind Beschäftige gemäß § 38 Abs. 5 Satz 1. Die übrigen Beschäftigten haben Anspruch auf den garantierten Anteil der SSZ gemäß Absatz 1 Sätze 2 und 3; eigene leistungsdifferenzierende Systeme für diese Beschäftigten sind nicht ausgeschlossen.*
2. *Der variable Anteil der SSZ wird abhängig von der Ausweitung der Leistungsbezahlung im Allgemeinen TVöD wie folgt wachsen (Grundlage: 14 Monatstabellenentgelte pro Jahr):*
   a) *Solange bis der Zuwachs der Variabilität in der SSZ 1,36 v. H. (= 8,5 v. H. insgesamt) nicht erreicht, wird dieser dem individuell-leistungsbezogenen Anteil der SSZ zugeschlagen.*
   b) *Hat der Zuwachs 1,36 v. H. erreicht, werden darüber hinaus gehende Zuwächse jeweils zur Hälfte dem garantierten Anteil und zur Hälfte dem variablen Anteil zugeordnet (¼ individuell-leistungsbezogen, ¼ unternehmenserfolgsbezogen).*
   c) *Eine ggf. andere Verteilung der Anteile bleibt späteren Tarifverhandlungen vorbehalten.*

3. *Beschäftigte, die bis zum 31. März 2005 Altersteilzeitarbeit vereinbart haben, erhalten die SSZ auch dann, wenn das Arbeitsverhältnis wegen Rentenbezugs vor dem 1. Dezember endet. In diesem Fall tritt an die Stelle des Bemessungsmonats Oktober der letzte Kalendermonat vor Beendigung des Arbeitsverhältnisses.*

Protokollerklärung zu § 41 Abs. 1 Satz 1, § 43 Abs. 2, § 44 Abs. 3 Satz 8, § 44 Abs. 4 Satz 6, § 47 Abs. 2 Satz 2:

Eine einvernehmliche Dienstvereinbarung setzt eine Einigung zwischen den Betriebsparteien ohne Entscheidung der Einigungsstelle voraus.

Niederschriftserklärungen zu § 44:

1. ¹ *Die Tarifvertragsparteien gehen davon aus, dass es aus Anlass der Einführung dieser neuen Regelungen nicht zu einer Verrechnung von bestehenden Hausregelungen kommt.* ² *Sie erheben keine Bedenken gegen eine Volumen erhöhende Einbeziehung in die SSZ gemäß den Absätzen 3 und 4.*
2. *Die Vereinbarung der SSZ dient nicht zur Einsparung von Personalkosten.*
3. *Um insbesondere eine ausreichende Einführungs- oder Übergangsphase für die SSZ zu ermöglichen, können − das Einvernehmen der Betriebsparteien vorausgesetzt − die betrieblichen Systeme auch eine undifferenzierte Verteilung der variablen Entgeltbestandteile vorsehen.*

§ 45 Beschäftigte der Entgeltgruppe 15. Mit Beschäftigten der Entgeltgruppe 15 können einzelarbeitsvertraglich vom Tarifrecht abweichende Regelungen zum Entgelt und zur Arbeitszeit getroffen werden.

§ 46 Bankgeheimnis, Schweigepflicht. ¹Die Beschäftigten haben über Angelegenheiten, deren Geheimhaltung durch gesetzliche Vorschriften vorgesehen oder vom Arbeitgeber angeordnet worden ist, Verschwiegenheit zu wahren; dies gilt auch über die Beendigung des Arbeitsverhältnisses hinaus. ²Der Beschäftigte hat das Bankgeheimnis auch dann zu wahren, wenn dies nicht ausdrücklich vom Arbeitgeber angeordnet ist.

Niederschriftserklärung zu Beihilfen in Krankheitsfällen:

Der TVöD bzw. der TV-S greift in bei dem Arbeitgeber geltende Bestimmungen nicht ein, wenn Beschäftigte vor der Überleitung Beihilfe in Krankheitsfällen wie Beamte erhalten hätten.

§ 47 Qualifizierung. (1) ¹Ein hohes Qualifikationsniveau und lebenslanges Lernen liegen im gemeinsamen Interesse von Beschäftigten und Arbeitgebern. ²Qualifizierung dient der Steigerung von Effektivität und Effizienz der Sparkassen, der Nachwuchsförderung und der Steigerung von beschäftigungsbezogenen Kompetenzen. ³Die Tarifvertragsparteien verstehen Qualifizierung auch als Teil der Personalentwicklung.

(2) ¹Vor diesem Hintergrund stellt Qualifizierung nach diesem Tarifvertrag ein Angebot dar, aus dem für die Beschäftigten kein individueller Anspruch außer nach Absatz 4 abgeleitet werden kann. ²Das Angebot kann durch einvernehmliche Dienstvereinbarung wahrgenommen und näher ausgestaltet werden. ³Weitergehende Mitbestimmungsrechte werden dadurch nicht berührt.

(3) ¹Qualifizierungsmaßnahmen sind

a) die Fortentwicklung der fachlichen, methodischen und sozialen Kompetenzen für die übertragenen Tätigkeiten (Erhaltungsqualifizierung),
b) der Erwerb zusätzlicher Qualifikationen (Fort- und Weiterbildung),
c) die Qualifizierung zur Arbeitsplatzsicherung (Qualifizierung für eine andere Tätigkeit; Umschulung),
d) die Einarbeitung bei längerer Abwesenheit (Wiedereinstiegsqualifizierung).

²Die Teilnahme an einer Qualifizierungsmaßnahme wird dokumentiert und den Beschäftigten schriftlich bestätigt.

(4) ¹Beschäftigte haben – auch in den Fällen des Absatzes 3 Satz 1 Buchst. d – Anspruch auf ein regelmäßiges Gespräch mit der jeweiligen Führungskraft, in dem festgestellt wird, ob und welcher Qualifizierungsbedarf besteht. ²Dieses Gespräch kann auch als Gruppengespräch geführt werden. ³Wird nichts anderes geregelt, ist das Gespräch jährlich zu führen.

(5) ¹Die Kosten einer vom Arbeitgeber veranlassten Qualifizierungsmaßnahme – einschließlich Reisekosten – werden, soweit sie nicht von Dritten übernommen werden, grundsätzlich vom Arbeitgeber getragen. ²Ein möglicher Eigenbeitrag und evtl. Rückzahlungspflichten bei vorzeitigem Ausscheiden werden in einer Qualifizierungsvereinbarung geregelt. ³Die Betriebsparteien sind gehalten, die Grundsätze einer fairen Kostenverteilung unter Berücksichtigung des betrieblichen und individuellen Nutzens zu regeln. ⁴Ein Eigenbeitrag des Beschäftigten kann in Geld und/oder Zeit erfolgen.

(6) ¹Zeiten von vereinbarten Qualifizierungsmaßnahmen gelten als Arbeitszeit. ²Absatz 5 Sätze 2 bis 4 bleiben unberührt.

(7) Gesetzliche Förderungsmöglichkeiten können in die Qualifizierungsplanung einbezogen werden.

(8) Für Beschäftigte mit individuellen Arbeitszeiten sollen Qualifizierungsmaßnahmen so angeboten werden, dass ihnen eine gleichberechtigte Teilnahme ermöglicht wird.

§ 48 Entgelt für Auszubildende. Die unter den Tarifvertrag für Auszubildende im öffentlichen Dienst (TVAöD) vom 13. September 2005 fallenden Auszubildenden der Sparkassen erhalten im ersten, zweiten und dritten Ausbildungsjahr das nach dem TVAöD maßgebende Ausbildungsentgelt für das zweite, dritte bzw. vierte Ausbildungsjahr.

§ 49 Vermögenswirksame Leistungen. (1) ¹Nach Maßgabe des Vermögensbildungsgesetzes in seiner jeweiligen Fassung haben Beschäftigte, deren Arbeitsverhältnis voraussichtlich mindestens sechs Monate dauert, einen Anspruch auf vermögenswirksame Leistungen. ²Für Vollbeschäftigte beträgt die vermögenswirksame Leistung für jeden vollen Kalendermonat 40 Euro. ³Der Anspruch entsteht frühestens für den Kalendermonat, in dem Beschäftigte dem Arbeitgeber die erforderlichen Angaben schriftlich mitteilen, und für die beiden vorangegangenen Monate desselben Kalenderjahres; die Fälligkeit tritt nicht vor acht Wochen nach Zugang der Mitteilung beim Arbeitgeber ein.

[4] Die vermögenswirksame Leistung wird nur für Kalendermonate gewährt, für die den Beschäftigten Tabellenentgelt, Entgeltfortzahlung oder Krankengeldzuschuss zusteht. [5] Für Zeiten, für die Krankengeldzuschuss zusteht, ist die vermögenswirksame Leistung Teil des Krankengeldzuschusses. [6] Die vermögenswirksame Leistung ist kein zusatzversorgungspflichtiges Entgelt.

(2) Absatz 1 gilt auch für die Auszubildenden der Sparkassen.

§ 50 In-Kraft-Treten, Laufzeit. (1) [1] Dieser Tarifvertrag tritt mit Wirkung am 1. Oktober 2005 in Kraft. [2] Er kann mit einer Frist von drei Monaten zum Schluss eines Kalenderhalbjahres schriftlich gekündigt werden, frühestens jedoch zum 31. Dezember 2009.

(2) Abweichend von Absatz 1 kann § 49 mit einer Frist von einem Monat zum Schluss eines Kalendermonats, frühestens jedoch zum 31. Dezember 2007, schriftlich gekündigt werden.

2. Tarifvertrag über die Vereinbarung einer Meistbegünstigungsklausel (TV-Meistbegünstigung)

vom 9. Februar 2005

Zwischen der Bundesrepublik Deutschland, vertreten durch das Bundesministerium des Innern und der Vereinigung der kommunalen Arbeitgeberverbände, vertreten durch den Vorstand, einerseits und ver.di – Vereinigte Dienstleistungsgewerkschaft (ver.di) vertreten durch den Bundesvorstand, diese zugleich handelnd für
– Gewerkschaft der Polizei,
– Industriegewerkschaft Bauen – Agrar – Umwelt,
– Gemeinschaft – Erziehung und Wissenschaft,
andererseits wird Folgendes vereinbart:[1]

§ 1 Meistbegünstigungsklausel. [1]Sofern die vertragsschließende Gewerkschaft ver.di für ein oder mehrere Bundesländer einen Tarifvertrag abschließt, der von den Regelungen des TVöD oder der ihn ergänzenden Tarifverträge in den Bereichen Arbeitszeit und Sonderzahlung (Zuwendung, Urlaubsgeld u. ä.) abweichende Inhalte hat oder beim Entgelt (insbesondere Einmalzahlung, Übergangskosten) für die Arbeitgeber günstigere Regelungen enthält, vereinbaren die Tarifvertragsparteien ohne weitere Verhandlungen folgendes:
– [2]Die rechtsverbindliche Unterschrift der Gewerkschaft ver.di unter den ausgehandelten Tarifvertrag gilt zugleich als unwiderrufliches Angebot an den Bund und die Vereinigung der Kommunalen Arbeitgeberverbände, die Regelungen des Tarifvertrags insgesamt oder in ihren einzelnen Bestandteilen in den TVöD oder ihn ergänzende Tarifverträge (ersetzend oder ergänzend) zu übernehmen. [3]Die ver.di verpflichtet sich, den Tarifvertrag unverzüglich dem Bund und der Vereinigung der Kommunalen Arbeitgeberverbände zur Kenntnis zu geben.
– [4]Der Bund und die Vereinigung der Kommunalen Arbeitgeberverbände können jeder für sich binnen einer Frist von vier Wochen nach Kenntnisnahme des entsprechenden Tarifvertrags das Angebot schriftlich annehmen.

§ 2 In-Kraft-Treten und Kündigung. (1) Dieser Tarifvertrag tritt am 9. Februar 2005 in Kraft.

(2) [1]Dieser Tarifvertrag kann erstmalig zum 31. Dezember 2007 gekündigt werden. [2]Eine spätere Kündigung ist mit einer Frist von drei Monaten zum Quartalsende zulässig. [3]Eine Nachwirkung wird ausgeschlossen.

---

[1] Ein inhaltsgleicher TV wurde mit dbb tarifunion vereinbart.

3. Tarifvertrag zur Überleitung der Beschäftigten des Bundes in den TVöD und zur Regelung des Übergangsrechts (TVÜ-Bund)

vom 13. September 2005

Zwischen der Bundesrepublik Deutschland, vertreten durch das Bundesministerium des Innern, einerseits und ver.di – Vereinte Dienstleistungsgewerkschaft (ver.di), vertreten durch den Bundesvorstand,
diese zugleich handelnd für
– Gewerkschaft der Polizei,
– Industriegewerkschaft Bauen – Agrar – Umwelt,
– Gewerkschaft Erziehung und Wissenschaft,
andererseits wird Folgendes vereinbart:[1]

1. Abschnitt. Allgemeine Vorschriften

§ 1 Geltungsbereich. (1) [1]Dieser Tarifvertrag gilt für Angestellte, Arbeiterinnen und Arbeiter, deren Arbeitsverhältnis zum Bund über den 30. September 2005 hinaus fortbesteht, und die am 1. Oktober 2005 unter den Geltungsbereich des Tarifvertrages für den öffentlichen Dienst (TVöD) fallen, für die Dauer des ununterbrochen fortbestehenden Arbeitsverhältnisses. [2]Dieser Tarifvertrag gilt ferner für die unter § 19 Abs. 2 fallenden Beschäftigten.

Protokollerklärung zu Absatz 1 Satz 1:

In der Zeit bis zum 30. September 2007 sind Unterbrechungen von bis zu einem Monat unschädlich.

(2) Nur soweit nachfolgend ausdrücklich bestimmt, gelten die Vorschriften dieses Tarifvertrages auch für Beschäftigte, deren Arbeitsverhältnis zum Bund nach dem 30. September 2005 beginnt und die unter den Geltungsbereich des TVöD fallen.

(3) Für geringfügig Beschäftigte im Sinne des § 8 Abs. 1 Nr. 2 SGB IV, die am 30. September 2005 unter den Geltungsbereich des BAT/BAT-O/MTArb/MTArb-O fallen, finden die bisher jeweils einschlägigen tarifvertraglichen Regelungen für die Dauer ihres ununterbrochen fortbestehenden Arbeitsverhältnisses weiterhin Anwendung.

(4) Die Bestimmungen des TVöD gelten, soweit dieser Tarifvertrag keine abweichenden Regelungen trifft.

§ 2[2] Ersetzung bisheriger Tarifverträge durch den TVöD. (1) [1]Der TVöD ersetzt in Verbindung mit diesem Tarifvertrag für den Bereich des

---

[1] Ein inhaltsgleicher TV wurde mit dbb tarifunion vereinbart.
[2] Siehe Niederschriftserklärung zu § 2 Abs. 1 und § 2 Abs. 2 auf S. 123.

Bundes die in Anlage 1 TVÜ-Bund Teil A und Anlage 1 TVÜ-Bund Teil B aufgeführten Tarifverträge (einschließlich Anlagen) bzw. Tarifvertragsregelungen, soweit im TVöD, in diesem Tarifvertrag oder in den Anlagen nicht ausdrücklich etwas anderes bestimmt ist. [2]Die Ersetzung erfolgt mit Wirkung vom 1. Oktober 2005, soweit kein abweichender Termin bestimmt ist.

Protokollerklärung zu Absatz 1:

[1]*Die noch abschließend zu verhandelnde Anlage 1 TVÜ-Bund Teil B (Negativliste) enthält – über die Anlage 1 TVÜ-Bund Teil A hinaus – die Tarifverträge bzw. die Tarifvertragsregelungen, die am 1. Oktober 2005 ohne Nachwirkung außer Kraft treten.* [2]*Ist für diese Tarifvorschriften in der Negativliste ein abweichender Zeitpunkt für das Außerkrafttreten bzw. eine vorübergehende Fortgeltung vereinbart, beschränkt sich die Fortgeltung dieser Tarifverträge auf deren bisherigen Geltungsbereich (Arbeiter/Angestellte; Tarifgebiet Ost/Tarifgebiet West usw.).*

(2) Im Übrigen werden solche Tarifvertragsregelungen mit Wirkung vom 1. Oktober 2005 ersetzt, die
– materiell in Widerspruch zu Regelungen des TVöD bzw. dieses Tarifvertrages stehen,
– einen Regelungsinhalt haben, der nach dem Willen der Tarifvertragsparteien durch den TVöD bzw. diesen Tarifvertrag ersetzt oder aufgehoben worden ist, oder
– zusammen mit dem TVöD bzw. diesem Tarifvertrag zu Doppelleistungen führen würden.

(3) [1]Die in der Anlage 1 TVÜ-Bund Teil C aufgeführten Tarifverträge und Tarifvertragsregelungen gelten fort, soweit im TVöD, in diesem Tarifvertrag oder in den Anlagen nicht ausdrücklich etwas anderes bestimmt ist. [2]Die Fortgeltung erfasst auch Beschäftigte im Sinne des § 1 Abs. 2.

Protokollerklärung zu Absatz 3:

Die Fortgeltung dieser Tarifverträge beschränkt sich auf den bisherigen Geltungsbereich (Arbeiter/Angestellte; Tarifgebiet Ost/Tarifgebiet West usw.).

(4) Soweit in nicht ersetzten Tarifverträgen und Tarifvertragsregelungen auf Vorschriften verwiesen wird, die aufgehoben oder ersetzt worden sind, gelten an deren Stelle bis zu einer redaktionellen Anpassung die Regelungen des TVöD bzw. dieses Tarifvertrages entsprechend.

2. Abschnitt. Überleitungsregelungen

§ 3 Überleitung in den TVöD. Die von § 1 Abs. 1 erfassten Beschäftigten werden am 1. Oktober 2005 gemäß den nachfolgenden Regelungen in den TVöD übergeleitet.

§ 4 Zuordnung der Vergütungs- und Lohngruppen. (1) [1]Für die Überleitung der Beschäftigten wird ihre Vergütungs- bzw. Lohngruppe (§ 22 BAT/BAT-O bzw. entsprechende Regelungen für Arbeiterinnen und Arbeiter bzw. besondere tarifvertragliche Vorschriften für bestimmte Berufs-

gruppen) nach der Anlage 2 TVÜ-Bund den Entgeltgruppen des TVöD zugeordnet.

(2) Beschäftigte, die im Oktober 2005 bei Fortgeltung des bisherigen Tarifrechts die Voraussetzungen für einen Bewährungs-, Fallgruppen- oder Tätigkeitsaufstieg erfüllt hätten, werden für die Überleitung so behandelt, als
wären sie bereits im September 2005 höhergruppiert worden.

(3) Beschäftigte, die im Oktober 2005 bei Fortgeltung des bisherigen Tarifrechts in eine niedrigere Vergütungs- bzw. Lohngruppe eingruppiert bzw.
eingereiht worden wären, werden für die Überleitung so behandelt, als wären
sie bereits im September 2005 herabgruppiert bzw. niedriger eingereiht worden.

§ 5 Vergleichsentgelt. (1) Für die Zuordnung zu den Stufen der Entgelttabelle des TVöD wird für die Beschäftigten nach § 4 ein Vergleichsentgelt
auf der Grundlage der im September 2005 erhaltenen Bezüge gemäß den
Absätzen 2 bis 7 gebildet.

(2) ¹Bei Beschäftigten aus dem Geltungsbereich des BAT/BAT-O setzt
sich das Vergleichsentgelt aus Grundvergütung, allgemeiner Zulage und Ortszuschlag der Stufe 1 oder 2 zusammen. ²Ist auch eine andere Person im Sinne
von § 29 Abschn. B Abs. 5 BAT/BAT-O ortszuschlagsberechtigt oder nach
beamtenrechtlichen Grundsätzen familienzuschlagsberechtigt, wird nur die
Stufe 1 zugrunde gelegt; findet der TVöD am 1. Oktober 2005 auch auf die
andere Person Anwendung, geht der jeweils individuell zustehende Teil des
Unterschiedsbetrages zwischen den Stufen 1 und 2 des Ortszuschlags in das
Vergleichsentgelt ein. ³Ferner fließen im September 2005 tarifvertraglich zustehende Funktionszulagen insoweit in das Vergleichsentgelt ein, als sie nach
dem TVöD nicht mehr vorgesehen sind. ⁴Erhalten Beschäftigte eine Gesamtvergütung (§ 30 BAT/BAT-O), bildet diese das Vergleichsentgelt.

Protokollerklärung zu Absatz 2 Satz 3:

*Vorhandene Beschäftigte erhalten bis zum In-Kraft-Treten der neuen Entgeltordnung
ihre Techniker-, Meister- und Programmiererzulagen unter den bisherigen Voraussetzungen
als persönliche Besitzstandszulage.*

(3) ¹Bei Beschäftigten aus dem Geltungsbereich des MTArb/MTArb-O
wird der Monatstabellenlohn als Vergleichsentgelt zugrunde gelegt. ²Absatz 2
Satz 3 gilt entsprechend. ³Erhalten Beschäftigte Lohn nach § 23 Abs. 1
MTArb/MTArb-O, bildet dieser das Vergleichsentgelt.

(4) ¹Beschäftigte, die im Oktober 2005 bei Fortgeltung des bisherigen
Rechts die Grundvergütung bzw. den Monatstabellenlohn der nächsthöheren
Lebensalters- bzw. Lohnstufe erhalten hätten, werden für die Bemessung des
Vergleichsentgelts so behandelt, als wäre der Stufenaufstieg bereits im Sep-
tember 2005 erfolgt. ²§ 4 Abs. 2 und 3 gilt bei der Bemessung des Ver-
gleichsentgelts entsprechend.

(5) ¹Bei Teilzeitbeschäftigten wird das Vergleichsentgelt auf der Grundlage
eines vergleichbaren Vollzeitbeschäftigten bestimmt. ²Satz 1 gilt für Beschäftigte, deren Arbeitszeit nach § 3 des Tarifvertrages zur sozialen Absicherung
vom 6. Juli 1992 herabgesetzt ist, entsprechend.

111

Protokollerklärung zu § 5 Abs. 5:

[1] *Lediglich das Vergleichsentgelt wird auf der Grundlage eines entsprechenden Vollzeitbeschäftigten ermittelt; sodann wird nach der Stufenzuordnung das zustehende Entgelt zeitratierlich berechnet.* [2] *Diese zeitratierliche Kürzung des auf den Ehegattenanteil im Ortszuschlag entfallenden Betrages (§ 5 Abs. 2 Satz 2 2. Halbsatz) unterbleibt nach Maßgabe des § 29 Abschn. B Abs. 5 Satz 2 BAT/BAT-O.*

(6) Für Beschäftigte, die nicht für alle Tage im September 2005 oder für keinen Tag dieses Monats Bezüge erhalten, wird das Vergleichsentgelt so bestimmt, als hätten sie für alle Tage dieses Monats Bezüge erhalten; in den Fällen des § 27 Abschn. A Abs. 7 und Abschn. B Abs. 3 Unterabs. 4 BAT/BAT-O bzw. der entsprechenden Regelungen für Arbeiterinnen und Arbeiter werden die Beschäftigten für das Vergleichsentgelt so gestellt, als hätten sie am 1. September 2005 die Arbeit wieder aufgenommen.

(7) Abweichend von den Absätzen 2 bis 6 wird bei Beschäftigten, die gemäß § 27 Abschn. A Abs. 8 oder Abschn. B Abs. 7 BAT/BAT-O bzw. den entsprechenden Regelungen für Arbeiterinnen und Arbeiter den Unterschiedsbetrag zwischen der Grundvergütung bzw. dem Monatstabellenlohn ihrer bisherigen zur nächsthöheren Lebensalters- bzw. Lohnstufe im September 2005 nur zur Hälfte erhalten, für die Bestimmung des Vergleichsentgelts die volle Grundvergütung bzw. der volle Monatstabellenlohn aus der nächsthöheren Lebensalters- bzw. Lohnstufe zugrunde gelegt.

§ 6 Stufenzuordnung der Angestellten. (1) [1] Beschäftigte aus dem Geltungsbereich des BAT/BAT-O werden einer ihrem Vergleichsentgelt entsprechenden individuellen Zwischenstufe der gemäß § 4 bestimmten Entgeltgruppe zugeordnet. [2] Zum 1. Oktober 2007 steigen diese Beschäftigten in die dem Betrag nach nächsthöhere reguläre Stufe ihrer Entgeltgruppe auf. [3] Der weitere Stufenaufstieg richtet sich nach den Regelungen des TVöD.

(2) [1] Werden Beschäftigte vor dem 1. Oktober 2007 höhergruppiert (nach § 8 Abs. 1 und 3 1. Alternative, § 9 Abs. 3 Buchst. a oder aufgrund Übertragung einer mit einer höheren Entgeltgruppe bewerteten Tätigkeit), so erhalten sie in der höheren Entgeltgruppe Entgelt nach der regulären Stufe, deren Betrag mindestens der individuellen Zwischenstufe entspricht, jedoch nicht weniger als das Entgelt der Stufe 2; der weitere Stufenaufstieg richtet sich nach den Regelungen des TVöD. [2] In den Fällen des Satzes 1 gilt § 17 Abs. 4 Satz 2 TVöD entsprechend. [3] Werden Beschäftigte vor dem 1. Oktober 2007 herabgruppiert, werden sie in der niedrigeren Entgeltgruppe derjenigen individuellen Zwischenstufe zugeordnet, die sich bei Herabgruppierung im September 2005 ergeben hätte; der weitere Stufenaufstieg richtet sich nach Absatz 1 Satz 2 und 3.

(3) Liegt das Vergleichsentgelt über der höchsten Stufe der gemäß § 4 bestimmten Entgeltgruppe, werden die Beschäftigten abweichend von Absatz 1 einer dem Vergleichsentgelt entsprechenden individuellen Endstufe zugeordnet. [2] Werden Beschäftigte aus einer individuellen Endstufe höhergruppiert, so erhalten sie in der höheren Entgeltgruppe mindestens den Betrag, der ihrer bisherigen individuellen Endstufe entspricht. [3] Im Übrigen gilt Absatz 2 ent-

sprechend. [4]Die individuelle Endstufe verändert sich um denselben Vomhundertsatz bzw. in demselben Umfang wie die höchste Stufe der jeweiligen Entgeltgruppe.

(4) [1]Beschäftigte, deren Vergleichsentgelt niedriger ist als das Entgelt in der Stufe 2, werden abweichend von Absatz 1 der Stufe 2 zugeordnet. [2]Der weitere Stufenaufstieg richtet sich nach den Regelungen des TVöD. [3]Abweichend von Satz 1 werden Beschäftigte, denen am 30. September 2005 eine in der Allgemeinen Vergütungsordnung (Anlage 1 a) durch die Eingruppierung in Vergütungsgruppe V a BAT/BAT-O mit Aufstieg nach IV b und IV a BAT/BAT-O abgebildete Tätigkeit übertragen ist, der Stufe 1 der Entgeltgruppe 10 zugeordnet.

§ 7 Stufenzuordnung der Arbeiterinnen und Arbeiter. (1) [1]Beschäftigte aus dem Geltungsbereich des MTArb/MTArb-O werden entsprechend ihrer Beschäftigungszeit nach § 6 MTArb/MTArb-O der Stufe der gemäß § 4 bestimmten Entgeltgruppe zugeordnet, die sie erreicht hätten, wenn die Entgelttabelle des TVöD bereits seit Beginn ihrer Beschäftigungszeit gegolten hätte; Stufe 1 ist hierbei ausnahmslos mit einem Jahr zu berücksichtigen. [2]Der weitere Stufenaufstieg richtet sich nach den Regelungen des TVöD.

(2) § 6 Abs. 3 und Abs. 4 Satz 1 und 2 gilt für Beschäftigte gemäß Absatz 1 entsprechend.

(3) [1]Ist das Entgelt nach Absatz 1 Satz 1 niedriger als das Vergleichsentgelt, werden die Beschäftigten einer dem Vergleichsentgelt entsprechenden individuellen Zwischenstufe zugeordnet. [2]Der Aufstieg aus der individuellen Zwischenstufe in die dem Betrag nach nächsthöhere reguläre Stufe ihrer Entgeltgruppe findet zu dem Zeitpunkt statt, zu dem sie gemäß Absatz 1 Satz 1 die Voraussetzungen für diesen Stufenaufstieg aufgrund der Beschäftigungszeit erfüllt haben.

(4) [1]Werden Beschäftigte während ihrer Verweildauer in der individuellen Zwischenstufe höhergruppiert, erhalten sie in der höheren Entgeltgruppe Entgelt nach der regulären Stufe, deren Betrag mindestens der individuellen Zwischenstufe entspricht, jedoch nicht weniger als das Entgelt der Stufe 2; der weitere Stufenaufstieg richtet sich nach den Regelungen des TVöD. [2]§ 17 Abs. 4 Satz 2 TVöD gilt entsprechend. [3]Werden Beschäftigte während ihrer Verweildauer in der individuellen Zwischenstufe herabgruppiert, erfolgt die Stufenzuordnung in der niedrigeren Entgeltgruppe, als sei die niedrigere Einreihung bereits im September 2005 erfolgt; der weitere Stufenaufstieg richtet sich bei Zuordnung zu einer individuellen Zwischenstufe nach Absatz 3 Satz 2, ansonsten nach Absatz 1 Satz 2.

3. Abschnitt. Besitzstandsregelungen

§ 8[1]) Bewährungs- und Fallgruppenaufstiege. (1) [1]Aus dem Geltungsbereich des BAT/BAT-O in eine der Entgeltgruppen 3, 5, 6 oder 8 übergeleitete Beschäftigte, die am 1. Oktober 2005 bei Fortgeltung des bisherigen

---

[1]) Siehe Niederschriftserklärung zu § 8 Abs. 2 sowie zu § 8 Abs. 1 Satz 3 und Abs. 2 sowie § 9 Abs. 2 bis 4 auf S. 123.

Tarifrechts die für eine Höhergruppierung erforderliche Zeit der Bewährung oder Tätigkeit zur Hälfte erfüllt haben, sind zu dem Zeitpunkt, zu dem sie nach bisherigem Recht höhergruppiert wären, in die nächsthöhere Entgeltgruppe des TVöD eingruppiert. [2]Abweichend von Satz 1 erfolgt die Höhergruppierung in die Entgeltgruppe 5, wenn die Beschäftigten aus der Vergütungsgruppe VIII BAT/BAT-O mit ausstehendem Aufstieg nach Vergütungsgruppe VII BAT/BAT-O übergeleitet worden sind; sie erfolgt in die Entgeltgruppe 8, wenn die Beschäftigten aus der Vergütungsgruppe VI b BAT/BAT-O mit ausstehendem Aufstieg nach Vergütungsgruppe V c BAT/BAT-O übergeleitet worden sind. [3]Voraussetzung für die Höhergruppierung nach Satz 1 und 2 ist, dass

– zum individuellen Aufstiegszeitpunkt keine Anhaltspunkte vorliegen, die bei Fortgeltung des bisherigen Rechts einer Höhergruppierung entgegenstanden, und
– bis zum individuellen Aufstiegszeitpunkt nach Satz 1 weiterhin eine Tätigkeit auszuüben ist, die diesen Aufstieg ermöglicht hätte.

[4]Die Sätze 1 bis 3 gelten nicht in den Fällen des § 4 Abs. 2. [5]Erfolgt die Höhergruppierung vor dem 1. Oktober 2007, gilt – gegebenenfalls unter Berücksichtigung des Satzes 2 – § 6 Abs. 2 Satz 1 und 2 entsprechend.

(2) [1]Aus dem Geltungsbereich des BAT/BAT-O in eine der Entgeltgruppen 2 sowie 9 bis 15 übergeleitete Beschäftigte, die am 1. Oktober 2005 bei Fortgeltung des bisherigen Tarifrechts die für eine Höhergruppierung erforderliche Zeit der Bewährung oder Tätigkeit zur Hälfte erfüllt haben und in der Zeit zwischen dem 1. November 2005 und dem 30. September 2007 höhergruppiert wären, erhalten ab dem Zeitpunkt, zu dem sie nach bisherigem Recht höhergruppiert wären, in ihrer bisherigen Entgeltgruppe Entgelt nach derjenigen individuellen Zwischen- bzw. Endstufe, die sich ergeben hätte, wenn sich ihr Vergleichsentgelt (§ 5) nach der Vergütung aufgrund der Höhergruppierung bestimmt hätte. [2]Voraussetzung für diesen Stufenaufstieg ist, dass

– zum individuellen Aufstiegszeitpunkt keine Anhaltspunkte vorliegen, die bei Fortgeltung des bisherigen Rechts einer Höhergruppierung entgegenstanden hätten, und
– bis zum individuellen Aufstiegszeitpunkt nach Satz 1 weiterhin eine Tätigkeit auszuüben ist, die diesen Aufstieg ermöglicht hätte.

[3]Ein etwaiger Strukturausgleich wird ab dem individuellen Aufstiegszeitpunkt nicht mehr gezahlt. [4]Der weitere Stufenaufstieg richtet sich bei Zuordnung zu einer individuellen Zwischenstufe nach § 6 Abs. 1. [5]§ 4 Abs. 2 bleibt unberührt.

(3) Abweichend von Absatz 1 Satz 1 und Absatz 2 Satz 1 gelten die Absätze 1 bzw. 2 entsprechend für übergeleitete Beschäftigte, die bei Fortgeltung des BAT/BAT-O bis spätestens zum 30. September 2007 wegen Erfüllung der erforderlichen Zeit der Bewährung oder Tätigkeit höhergruppiert worden wären, obwohl die Hälfte der erforderlichen Bewährungs- oder Tätigkeitszeit am Stichtag noch nicht erfüllt ist.

§ 9 Vergütungsgruppenzulagen. (1) Aus dem Geltungsbereich des BAT/BAT-O übergeleitete Beschäftigte, denen am 30. September 2005 nach der Vergütungsordnung zum BAT/BAT-O eine Vergütungsgruppenzulage zusteht, erhalten in der Entgeltgruppe, in die sie übergeleitet werden, eine Besitzstandszulage in Höhe ihrer bisherigen Vergütungsgruppenzulage.

(2) [1]Aus dem Geltungsbereich des BAT/BAT-O übergeleitete Beschäftigte, die bei Fortgeltung des bisherigen Rechts nach dem 30. September 2005 eine Vergütungsgruppenzulage ohne vorausgehenden Fallgruppenaufstieg erreicht hätten, erhalten ab dem Zeitpunkt, zu dem ihnen die Zulage nach bisherigem Recht zugestanden hätte, eine Besitzstandszulage. [2]Die Höhe der Besitzstandszulage bemisst sich nach dem Betrag, der als Vergütungsgruppenzulage zu zahlen gewesen wäre, wenn diese bereits am 30. September 2005 zugestanden hätte. [3]Voraussetzung ist, dass

– am 1. Oktober 2005 die für die Vergütungsgruppenzulage erforderliche Zeit der Bewährung oder Tätigkeit nach Maßgabe des § 23b Abschn. A BAT/BAT-O zur Hälfte erfüllt ist,

– zu diesem Zeitpunkt keine Anhaltspunkte vorliegen, die bei Fortgeltung des bisherigen Rechts der Vergütungsgruppenzulage entgegengestanden hätten und

– bis zum individuellen Zeitpunkt nach Satz 1 weiterhin eine Tätigkeit auszuüben ist, die zu der Vergütungsgruppenzulage geführt hätte.

(3) [1]Für aus dem Geltungsbereich des BAT/BAT-O übergeleitete Beschäftigte, die bei Fortgeltung des bisherigen Rechts nach dem 30. September 2005 im Anschluss an einen Fallgruppenaufstieg eine Vergütungsgruppenzulage erreicht hätten, gilt Folgendes:

a) [1]In eine der Entgeltgruppen 3, 5, 6 oder 8 übergeleitete Beschäftigte, die den Fallgruppenaufstieg am 30. September 2005 noch nicht erreicht haben, sind zu dem Zeitpunkt, zu dem sie nach bisherigem Recht höhergruppiert worden wären, in die nächsthöhere Entgeltgruppe des TVöD eingruppiert; § 8 Abs. 1 Satz 2 bis 5 gilt entsprechend. [2]Eine Besitzstandszulage für eine Vergütungsgruppenzulage steht nicht zu.

b) Ist ein der Vergütungsgruppenzulage vorausgehender Fallgruppenaufstieg am 30. September 2005 bereits erfolgt, gilt Absatz 2 mit der Maßgabe, dass am 1. Oktober 2005 die Hälfte der Gesamtzeit für den Anspruch auf die Vergütungsgruppenzulage einschließlich der Zeit für den vorausgehenden Aufstieg zurückgelegt sein muss.

(4) [1]Die Besitzstandszulage nach den Absätzen 1, 2 und 3 Buchst. b wird so lange gezahlt, wie die anspruchsbegründende Tätigkeit ununterbrochen ausgeübt wird und die sonstigen Voraussetzungen für die Vergütungsgruppenzulage nach bisherigem Recht weiterhin bestehen. [2]Sie verändert sich bei allgemeinen Entgeltanpassungen um den von den Tarifvertragsparteien für die jeweilige Entgeltgruppe festgelegten Vomhundertsatz.

§ 10[1]) **Fortführung vorübergehend übertragener höherwertiger Tätigkeit.** [1]Beschäftigte, denen am 30. September 2005 eine Zulage nach § 24 BAT/BAT-O zusteht, erhalten nach Überleitung in den TVöD eine Besitzstandszulage in Höhe ihrer bisherigen Zulage, solange sie die anspruchsbegründende Tätigkeit weiterhin ausüben und die Zulage nach bisherigem

---

[1]) Siehe Niederschriftserklärung zu § 10 auf S. 123.

Recht zu zahlen wäre. [2]Wird die anspruchsbegründende Tätigkeit über den 30. September 2007 hinaus beibehalten, finden mit Wirkung ab dem 1. Oktober 2007 die Regelungen des TVöD über die vorübergehende Übertragung einer höherwertigen Tätigkeit Anwendung. [3]Für eine vor dem 1. Oktober 2005 vorübergehend übertragene höherwertige Tätigkeit, für die am 30. September 2005 wegen der zeitlichen Voraussetzungen des § 24 Abs. 1 bzw. 2 BAT/BAT-O noch keine Zulage gezahlt wird, gilt Satz 1 und 2 ab dem Zeitpunkt entsprechend, zu dem nach bisherigem Recht die Zulage zu zahlen gewesen wäre. [4]Sätze 1 bis 3 gelten in den Fällen des § 9 MTArb/MTArb-O entsprechend; bei Vertretung einer Arbeiterin/eines Arbeiters bemisst sich die Zulage nach dem Unterschiedsbetrag zwischen dem Lohn nach § 9 Abs. 2 Buchst. a MTArb/MTArb-O und dem im September 2005 ohne Zulage zustehenden Lohn. [5]Sätze 1 bis 4 gelten bei besonderen tarifvertraglichen Vorschriften über die vorübergehende Übertragung höherwertiger Tätigkeiten entsprechend.

§ 11 Kinderbezogene Entgeltbestandteile. (1) [1]Für im September 2005 zu berücksichtigende Kinder werden die kinderbezogenen Entgeltbestandteile des BAT/BAT-O oder MTArb/MTArb-O in der für September 2005 zustehenden Höhe als Besitzstandszulage fortgezahlt, solange für diese Kinder Kindergeld nach dem Einkommensteuergesetz (EStG) oder nach dem Bundeskindergeldgesetz (BKGG) ununterbrochen gezahlt wird oder ohne Berücksichtigung des § 64 oder § 65 EStG oder des § 3 oder § 4 BKGG gezahlt würde. [2]Die Besitzstandszulage entfällt ab dem Zeitpunkt, zu dem einer anderen Person, die im öffentlichen Dienst steht oder auf Grund einer Tätigkeit im öffentlichen Dienst nach beamtenrechtlichen Grundsätzen oder nach einer Ruhelohnordnung versorgungsberechtigt ist, für ein Kind, für welches die Besitzstandszulage gewährt wird, das Kindergeld gezahlt wird; die Änderung der Kindergeldberechtigung hat die/der Beschäftigte dem Arbeitgeber unverzüglich schriftlich anzuzeigen. [3]Unterbrechungen wegen Ableistung von Grundwehrdienst, Zivildienst oder Wehrübungen sowie die Ableistung eines freiwilligen sozialen oder ökologischen Jahres sind unschädlich; soweit die unschädliche Unterbrechung bereits im Monat September 2005 vorliegt, wird die Besitzstandszulage ab dem Zeitpunkt des Wiederauflebens der Kindergeldzahlung gewährt.

(2) [1]§ 24 Abs. 2 TVöD ist anzuwenden. [2]Die Besitzstandszulage nach Absatz 1 Satz 1 verändert sich bei allgemeinen Entgeltanpassungen um den von den Tarifvertragsparteien für die jeweilige Entgeltgruppe festgelegten Vomhundertsatz. [3]Ansprüche nach Absatz 1 können für Kinder ab dem vollendeten 16. Lebensjahr durch Vereinbarung mit der/dem Beschäftigten abgefunden werden.

(3) Die Absätze 1 und 2 gelten entsprechend für

a) zwischen dem 1. Oktober 2005 und dem 31. Dezember 2005 geborene Kinder der übergeleiteten Beschäftigten,

b) die Kinder von bis zum 31. Dezember 2005 in ein Arbeitsverhältnis übernommenen Auszubildenden, Schülerinnen/Schüler in der Gesundheits- und Krankenpflege, Gesundheits- und Kinderkrankenpflege und in der

Entbindungspflege sowie Praktikantinnen und Praktikanten aus tarifvertraglich geregelten Beschäftigungsverhältnissen, soweit diese Kinder vor dem 1. Januar 2006 geboren sind.

§ 12[1] **Strukturausgleich.** (1) [1] Aus dem Geltungsbereich des BAT/BAT-O übergeleitete Beschäftigte erhalten ausschließlich in den in Anlage 3 TVÜ-Bund aufgeführten Fällen zusätzlich zu ihrem monatlichen Entgelt einen nicht dynamischen Strukturausgleich. [2] Maßgeblicher Stichtag für die anspruchsbegründenden Voraussetzungen (Vergütungsgruppe, Lebensaltersstufe, Ortszuschlag, Aufstiegszeiten) ist der 1. Oktober 2005, sofern in Anlage 3 TVÜ-Bund nicht ausdrücklich etwas anderes geregelt ist.

(2) Die Zahlung des Strukturausgleichs beginnt im Oktober 2007, sofern in Anlage 3 TVÜ-Bund nicht etwas anderes bestimmt ist.

(3) Für Beschäftigte, für die nach dem TVöD die Regelungen des Tarifgebiets Ost Anwendung finden, gilt der jeweilige Bemessungssatz.

(4) Bei Teilzeitbeschäftigung steht der Strukturausgleich anteilig zu (§ 24 Abs. 2 TVöD). [2] § 5 Abs. 5 Satz 2 gilt entsprechend.

Protokollerklärung zu Absatz 4:

Bei späteren Veränderungen der individuellen regelmäßigen wöchentlichen Arbeitszeit der/des Beschäftigten ändert sich der Strukturausgleich entsprechend.

(5) Bei Höhergruppierungen wird der Unterschiedsbetrag zum bisherigen Entgelt auf den Strukturausgleich angerechnet.

(6) Einzelvertraglich kann der Strukturausgleich abgefunden werden.

§ 13 Entgeltfortzahlung im Krankheitsfall. (1) [1] Bei Beschäftigten, für die bis zum 30. September 2005 § 71 BAT gegolten hat, wird abweichend von § 22 Abs. 2 TVöD für die Dauer des über den 30. September 2005 hinaus ununterbrochen fortbestehenden Arbeitsverhältnisses der Krankengeldzuschuss in Höhe des Unterschiedsbetrages zwischen dem festgesetzten Nettokrankengeld oder der entsprechenden gesetzlichen Nettoleistung und dem Nettoentgelt (§ 22 Abs. 2 Satz 2 und 3 TVöD) gezahlt. [2] Nettokrankengeld ist das um die Arbeitnehmeranteile zur Sozialversicherung reduzierte Krankengeld. [3] Für Beschäftigte, die nicht der Versicherungspflicht in der gesetzlichen Krankenversicherung unterliegen, ist bei der Berechnung des Krankengeldzuschusses der Höchstsatz des Nettokrankengeldes, der bei Pflichtversicherung in der gesetzlichen Krankenversicherung zustünde, zugrunde zu legen.

(2) [1] Beschäftigte im Sinne des Absatzes 1 erhalten längstens bis zum Ende der 26. Woche seit dem Beginn ihrer über den 30. September 2005 hinaus ununterbrochen fortbestehenden Arbeitsunfähigkeit infolge derselben Krankheit oder Arbeitsverhinderung infolge einer Maßnahme der medizinischen Vorsorge oder Rehabilitation ihr Entgelt nach § 21 TVöD fortgezahlt. [2] Tritt nach dem 1. Oktober 2005 Arbeitsunfähigkeit infolge derselben Krankheit ein, werden die Zeiten der Entgeltfortzahlung nach Satz 1 auf die Fristen gemäß § 22 TVöD angerechnet.

---

[1] Siehe Niederschriftserklärung zu § 12 auf S. 124.

Protokollerklärung zu § 13:

[1] *Soweit Beschäftigte, deren Arbeitsverhältnis mit dem Bund vor dem 1. August 1998 begründet worden ist, Anspruch auf Beihilfe im Krankheitsfall haben, besteht dieser nach den bisher geltenden Regelungen des Bundes zur Gewährung von Beihilfen an Arbeitnehmerinnen und Arbeitnehmer fort.* [2] *Änderungen der Beihilfevorschriften für die Beamtinnen und Beamten des Bundes kommen zur Anwendung.*

§ 14 Beschäftigungszeit. (1) [1] Für die Dauer des über den 30. September 2005 hinaus fortbestehenden Arbeitsverhältnisses werden die vor dem 1. Oktober 2005 nach Maßgabe der jeweiligen tarifrechtlichen Vorschriften anerkannten Beschäftigungszeiten als Beschäftigungszeit im Sinne des § 34 Abs. 3 TVöD berücksichtigt. [2] Abweichend von Satz 1 bleiben bei § 34 Abs. 2 TVöD für Beschäftigte Zeiten, die vor dem 3. Oktober 1990 im Beitrittsgebiet (Art. 3 des Einigungsvertrages vom 31. August 1990) zurückgelegt worden sind, bei der Beschäftigungszeit unberücksichtigt.

(2) Für die Anwendung des § 23 Abs. 2 TVöD werden die bis zum 30. September 2005 zurückgelegten Zeiten, die nach Maßgabe
– des BAT anerkannte Dienstzeit,
– des BAT-O bzw. MTArb-O anerkannte Beschäftigungszeit,
– des MTArb anerkannte Jubiläumszeit
sind, als Beschäftigungszeit im Sinne des § 34 Abs. 3 TVöD berücksichtigt.

§ 15 Urlaub. (1) [1] Für die Dauer und die Bewilligung des Erholungsurlaubs bzw. von Zusatzurlaub für das Urlaubsjahr 2005 gelten die im September 2005 jeweils maßgebenden Vorschriften bis zum 31. Dezember 2005 fort. [2] Die Regelungen des TVöD gelten für die Bemessung des Urlaubsentgelts sowie für eine Übertragung von Urlaub auf das Kalenderjahr 2006.

(2) [1] Aus dem Geltungsbereich des BAT/BAT-O übergeleitete Beschäftigte der Vergütungsgruppen I und Ia, die für das Urlaubsjahr 2005 einen Anspruch auf 30 Arbeitstage Erholungsurlaub erworben haben, behalten bei einer Fünftagewoche diesen Anspruch für die Dauer des über den 30. September 2005 hinaus ununterbrochen fortbestehenden Arbeitsverhältnisses. [2] Die Urlaubsregelungen des TVöD bei abweichender Verteilung der Arbeitszeit gelten entsprechend.

(3) § 49 Abs. 1 und 2 MTArb/MTArb-O i.V.m. dem Tarifvertrag über Zusatzurlaub für gesundheitsgefährdende Arbeiten für Arbeiter des Bundes gelten bis zum In-Kraft-Treten eines entsprechenden Tarifvertrags des Bundes fort; im Übrigen gilt Absatz 1 entsprechend.

(4) [1] In den Fällen des § 48a BAT/BAT-O oder § 48a MTArb/MTArb-O wird der nach der Arbeitsleistung im Kalenderjahr 2005 zu bemessende Zusatzurlaub im Kalenderjahr 2006 gewährt. [2] Die nach Satz 1 zustehenden Urlaubstage werden auf den nach den Bestimmungen des TVöD im Kalenderjahr 2006 zustehenden Zusatzurlaub für Wechselschichtarbeit und Schichtarbeit angerechnet. [3] Absatz 1 Satz 2 gilt entsprechend.

§ 16 Abgeltung. [1] Durch Vereinbarung mit der/dem Beschäftigten können Entgeltbestandteile aus Besitzständen, ausgenommen für Vergütungsgruppenzulagen, pauschaliert bzw. abgefunden werden. [2] § 11 Abs. 2 Satz 3 und § 12 Abs. 6 bleiben unberührt.

Protokollerklärung zum 3. Abschnitt:

[1] *Einvernehmlich werden die Verhandlungen zur Überleitung der Entgeltsicherung bei Leistungsminderung zurückgestellt. Da damit die fristgerechte Überleitung bei Beschäftigten, die eine Zahlung nach §§ 25, 37 MTArb/MTArb-O bzw. § 56 BAT/BAT-O erhalten, nicht sichergestellt ist, erfolgt am 1. Oktober 2005 eine Fortzahlung der bisherigen Bezüge als zu verrechnender Abschlag auf das Entgelt, das diesen Beschäftigten nach dem noch zu erzielenden künftigen Verhandlungsergebnis zusteht. [2] Die in Satz 2 genannten Bestimmungen – einschließlich etwaiger Sonderregelungen – finden in ihrem jeweiligen Geltungsbereich bis zum In-Kraft-Treten einer Neuregelung weiterhin Anwendung, und zwar auch für Beschäftigte im Sinne des § 1 Abs. 2. [3] § 55 Abs. 2 Unterabs. 2 Satz 2 BAT bleibt in seinem bisherigen Geltungsbereich unberührt. [4] Sollte das künftige Verhandlungsergebnis geringer als bis dahin gewährte Leistungen ausfallen, ist eine Rückforderung ausgeschlossen.*

4. Abschnitt. Sonstige vom TVöD abweichende oder ihn ergänzende Bestimmungen

§ 17 Eingruppierung. (1) [1] Bis zum In-Kraft-Treten der Eingruppierungsvorschriften des TVöD (mit Entgeltordnung) gelten die §§ 22, 23 BAT/BAT-O einschließlich der Vergütungsordnung, die §§ 1, 2 Absätze 1 und 2 und § 5 des Tarifvertrages über das Lohngruppenverzeichnis des Bundes zum MTArb (TVLohngrV) einschließlich des Lohngruppenverzeichnisses mit Anlagen 1 und 2 sowie die entsprechenden Regelungen für das Tarifgebiet Ost über den 30. September 2005 hinaus fort. [2] Diese Regelungen finden auf übergeleitete und ab dem 1. Oktober 2005 neu eingestellte Beschäftigte im jeweiligen bisherigen Geltungsbereich nach Maßgabe dieses Tarifvertrages Anwendung. [3] An die Stelle der Begriffe Vergütung und Lohn tritt der Begriff Entgelt.

(2) Abweichend von Absatz 1
– gelten Vergütungsordnung und Lohngruppenverzeichnis nicht für ab dem 1. Oktober 2005 in Entgeltgruppe 1 TVöD neu eingestellte Beschäftigte,
– gilt die Vergütungsgruppe I der Vergütungsordnung zum BAT/BAT-O ab dem 1. Oktober 2005 nicht fort; die Ausgestaltung entsprechender Arbeitsverhältnisse erfolgt außertariflich.

(3) [1] Mit Ausnahme der Eingruppierung in die Entgeltgruppe 1 sind alle zwischen dem 1. Oktober 2005 und dem In-Kraft-Treten der neuen Entgeltordnung stattfindenden Eingruppierungs- bzw. Einreihungsvorgänge (Neueinstellungen und Umgruppierungen) vorläufig und begründen keinen Vertrauensschutz und keinen Besitzstand. [2] Dies gilt nicht für Aufstiege gemäß § 8 Abs. 1 Satz 1 und 2 und Abs. 3.

(4) [1] Anpassungen der Eingruppierung aufgrund des In-Kraft-Tretens der neuen Entgeltordnung erfolgen mit Wirkung für die Zukunft. [2] Bei Rückgruppierungen, die in diesem Zusammenhang erfolgen, sind finanzielle Nachteile im Wege einer nicht dynamischen Besitzstandszulage auszugleichen, solange die Tätigkeit ausgeübt wird. [3] Die Besitzstandszulage vermindert sich nach dem 30. September 2008 bei jedem Stufenaufstieg um die Hälfte des Unterschiedsbetrages zwischen der bisherigen und der neuen Stufe;

bei Neueinstellungen (§ 1 Abs. 2) vermindert sich die Besitzstandszulage jeweils um den vollen Unterschiedsbetrag. [4]Die Grundsätze korrigierender Rückgruppierung bleiben unberührt.

(5) [1]Bewährungs-, Fallgruppen- und Tätigkeitsaufstiege gibt es ab dem 1. Oktober 2005 nicht mehr; §§ 8 und 9 bleiben unberührt. [2]Satz 1 gilt auch für Vergütungsgruppenzulagen, es sei denn, dem Tätigkeitsmerkmal einer Vergütungsgruppe der Allgemeinen Vergütungsordnung (Anlage 1 a) ist eine Vergütungsgruppenzulage zugeordnet, die unmittelbar mit Übertragung der Tätigkeit zusteht; bei Übertragung einer entsprechenden Tätigkeit wird diese bis zum In-Kraft-Treten der neuen Entgeltordnung unter den Voraussetzungen des bisherigen Tarifrechts als Besitzstandszulage in der bisherigen Höhe gezahlt; § 9 Abs. 4 gilt entsprechend.

(6) In der Zeit zwischen dem 1. Oktober 2005 und dem In-Kraft-Treten der neuen Entgeltordnung erhalten Beschäftigte, denen ab dem 1. Oktober 2005 eine anspruchsbegründende Tätigkeit übertragen wird, eine persönliche Zulage, die sich betragsmäßig nach der entfallenen Techniker-, Meister- und Programmiererzulage bemisst, soweit die Anspruchsvoraussetzungen nach bisherigem Tarifrecht erfüllt sind.

(7) [1]Für Eingruppierungen bzw. Einreihungen zwischen dem 1. Oktober 2005 und dem In-Kraft-Treten der neuen Entgeltordnung werden die Vergütungsgruppen der Allgemeinen Vergütungsordnung (Anlage 1 a) und die Lohngruppen des Lohngruppenverzeichnisses gemäß Anlage 4 TVÜ-Bund den Entgeltgruppen des TVöD zugeordnet. [2]Absatz 1 Satz 2 bleibt unberührt.

(8)[1)] [1]Beschäftigte, die zwischen dem 1. Oktober 2005 und dem In-Kraft-Treten der neuen Entgeltordnung in Entgeltgruppe 13 eingruppiert werden und die nach der Allgemeinen Vergütungsordnung (Anlage 1 a) in Vergütungsgruppe II a BAT/BAT-O mit fünf- bzw. sechsjährigem Aufstieg nach Vergütungsgruppe I b BAT/BAT-O eingruppiert wären, erhalten bis zum In-Kraft-Treten der neuen Entgeltordnung eine persönliche Zulage in Höhe des Unterschiedsbetrages zwischen dem Entgelt ihrer Stufe nach Entgeltgruppe 13 und der entsprechenden Stufe der Entgeltgruppe 14. [2]Von Satz 1 werden auch Fallgruppen der Vergütungsgruppe I b BAT/BAT-O erfasst, deren Tätigkeitsmerkmale eine bestimmte Tätigkeitsdauer voraussetzen. [3]Die Sätze 1 und 2 gelten auch für Beschäftigte im Sinne des § 1 Abs. 2.

(9) [1]Bis zum In-Kraft-Treten der Eingruppierungsvorschriften des TVöD gelten die bisherigen Regelungen für Vorarbeiter/innen und für Vorhandwerker/innen im bisherigen Geltungsbereich fort; dies gilt auch für Beschäftigte im Sinne des § 1 Abs. 2. [2]Satz 1 gilt für Lehrgesellen entsprechend. [3]Ist anlässlich der vorübergehenden Übertragung einer höherwertigen Tätigkeit im Sinne des § 14 TVöD zusätzlich eine Tätigkeit auszuüben, für die nach bisherigem Recht ein Anspruch auf Zahlung einer Zulage für Vorarbeiter/innen, Vorhandwerker/innen oder Lehrgesellen besteht, erhält die/der Beschäftigte bis zum In-Kraft-Treten der neuen Entgeltordnung abweichend von den Sätzen 1 und 2 sowie von § 14 Abs. 3 TVöD anstelle der Zulage nach § 14 TVöD für die Dauer der Ausübung sowohl der höherwertigen als

---

[1)] Siehe Niederschriftserklärung zu § 17 Abs. 8 auf S. 124.

auch der zulagenberechtigenden Tätigkeit eine persönliche Zulage in Höhe von insgesamt 10 v. H. ihres/seines Tabellenentgelts.

(10) Die Absätze 1 bis 9 gelten für besondere tarifvertragliche Vorschriften über die Eingruppierungen entsprechend.

Protokollerklärung zu § 17:

Die Tarifvertragsparteien sind sich darin einig, dass in der noch zu verhandelnden Ent-geltordnung die bisherigen unterschiedlichen materiellen Wertigkeiten aus Fachhochschulab-schlüssen (einschließlich Sozialpädagogen/innen und Ingenieuren/innen) auf das Niveau der vereinbarten Entgeltwerte der Entgeltgruppe 9 ohne Mehrkosten (unter Berücksichtigung der Kosten für den Personenkreis, der nach der Übergangsphase nicht mehr in eine höhere bzw. niedrigere Entgeltgruppe eingruppiert ist) zusammengeführt werden; die Abbildung von He-raushebungsmerkmalen oberhalb der Entgeltgruppe 9 bleibt davon unberührt. Sollte hierüber bis zum 31. Dezember 2007 keine einvernehmliche Lösung vereinbart werden, so erfolgt ab dem 1. Januar 2008 bis zum In-Kraft-Treten der Entgeltordnung die einheitliche Eingrup-pierung aller ab dem 1. Januar 2008 neu einzugruppierenden Beschäftigten mit Fachhoch-schulabschluss nach den jeweiligen Regeln der Entgeltgruppe 9 zu „Vb BAT ohne Aufstieg nach IVb (mit und ohne FH-Abschluss)".

§ 18[1] Vorübergehende Übertragung einer höherwertigen Tätigkeit nach dem 30. September 2005. (1) [1]Wird aus dem Geltungsbereich des BAT/BAT-O übergeleiteten Beschäftigten in der Zeit zwischen dem 1. Oktober 2005 und dem 30. September 2007 erstmalig außerhalb von § 10 eine höherwertige Tätigkeit vorübergehend übertragen, findet der TVöD Anwendung. [2]Ist die/der Beschäftigte in eine individuelle Zwischenstufe übergeleitet worden, gilt für die Bemessung der persönlichen Zulage § 6 Abs. 2 Satz 1 und 2 entsprechend. [3]Bei Überleitung in eine individuelle Endstufe gilt § 6 Abs. 3 Satz 2 entsprechend. [4]In den Fällen des § 6 Abs. 4 be-stimmt sich die Höhe der Zulage nach den Vorschriften des TVöD über die vo-rübergehende Übertragung einer höherwertigen Tätigkeit.

(2) Wird aus dem Geltungsbereich des MTArb/MTArb-O übergeleiteten Beschäftigten nach dem 30. September 2005 erstmalig außerhalb von § 10 eine höherwertige Tätigkeit vorübergehend übertragen, gelten bis zum In-Kraft-Treten eines Tarifvertrages über eine persönliche Zulage die bisherigen Regelungen des MTArb/MTArb-O mit der Maßgabe entsprechend, dass sich die Höhe der Zulage nach dem TVöD richtet, soweit sich aus § 17 Abs. 9 Satz 3 nichts anderes ergibt.

(3) Bis zum In-Kraft-Treten der Eingruppierungsvorschriften des TVöD gilt – auch für Beschäftigte im Sinne des § 1 Abs. 2 – die Regelung des TVöD zur vorübergehenden Übertragung einer höherwertigen Tätigkeit mit der Maßgabe, dass sich die Voraussetzungen für die übertragene höherwertige Tätigkeit nach § 22 Abs. 2 BAT/BAT-O bzw. den entsprechenden Rege-lungen für Arbeiter bestimmen.

§ 19 Entgeltgruppen 2 Ü und 15 Ü. (1) Zwischen dem 1. Oktober 2005 und dem In-Kraft-Treten der neuen Entgeltordnung gelten für Be-

---

[1] Siehe Niederschriftserklärung zu § 18 auf S. 124.

schäftigte, die in die Entgeltgruppe 2 Ü übergeleitet oder in die Lohngruppen 1 mit Aufstieg nach 2 und 2a oder in die Lohngruppe 2 mit Aufstieg nach 2a eingestellt werden, folgende Tabellenwerte:

Stufe 1	Stufe 2	Stufe 3	Stufe 4	Stufe 5	Stufe 6
1503	1670	1730	1810	1865	1906

(2) [1] Übergeleitete Beschäftigte der Vergütungsgruppe I zum BAT/BAT-O unterliegen dem TVöD. Sie werden in die Entgeltgruppe 15 Ü mit folgenden Tabellenwerten übergeleitet:

Stufe 1	Stufe 2	Stufe 3	Stufe 4	Stufe 5
4275	4750	5200	5500	5570

[2] Die Verweildauer in den Stufen 1 bis 4 beträgt jeweils fünf Jahre. [3] § 6 Abs. 4 findet keine Anwendung.

(3) Die Regelungen des TVöD über die Bezahlung im Tarifgebiet Ost gelten entsprechend.

§ 20[1] **Jahressonderzahlung 2006.** Die mit dem Entgelt für den Monat November 2006 zu zahlende Jahressonderzahlung berechnet sich für Beschäftigte nach § 1 Abs. 1 und 2 nach den Bestimmungen des § 20 TVöD mit folgenden Maßgaben:

1. Der Bemessungssatz der Jahressonderzahlung beträgt in allen Entgeltgruppen
   a) bei Beschäftigten, für die nach dem TVöD die Regelungen des Tarifgebiets West Anwendung finden, 82,14 v. H.
   b) bei Beschäftigten, für die nach dem TVöD die Regelungen des Tarifgebiets Ost Anwendung finden, 61,60 v. H.
2. [1] Der sich nach Nr. 1 ergebende Betrag der Jahressonderzahlung erhöht sich um einen Betrag in Höhe von 255,65 Euro. [2] Bei Beschäftigten, für die nach dem TVöD die Regelungen des Tarifgebiets West Anwendung finden und denen am 1. Juli 2006 Entgelt nach einer der Entgeltgruppen 1 bis 8 zusteht, erhöht sich dieser Zusatzbetrag auf 332,34 Euro. [3] Satz 2 gilt entsprechend bei Beschäftigten – auch für Beschäftigte nach § 1 Abs. 2 – im Tarifgebiet West, denen bei Weitergeltung des BAT Grundvergütung nach der Vergütungsgruppe Kr VI zugestanden hätte. Teilzeitbeschäftigte erhalten von dem Zusatzbetrag nach Satz 1 oder 2 den Teil, der dem Anteil ihrer Arbeitszeit an der Arbeitszeit vergleichbarer Vollzeitbeschäftigter entspricht. [4] Der Zusatzbetrag nach den Sätzen 1 bis 3 ist kein zusatzversorgungspflichtiges Entgelt.
3. Der sich nach Nr. 1 ergebende Betrag der Jahressonderzahlung erhöht sich für jedes Kind, für das Beschäftigte im September 2006 kinderbezogene Entgeltbestandteile gemäß § 11 erhalten, um 25,56 Euro.

Protokollerklärung zu § 20:
   Diese Regelung ersetzt die nachwirkenden Tarifverträge über ein Urlaubsgeld sowie über eine Zuwendung mit Wirkung ab 1. Januar 2006.

---

[1] Siehe Niederschriftserklärung zu § 20 auf S. 124.

§ 21 Abrechnung unständiger Bezügebestandteile. Bezüge im Sinne des § 36 Abs. 1 Unterabs. 2 BAT/BAT-O, § 31 Abs. 2 Unterabs. 2 MTArb/ MTArb-O für Arbeitsleistungen bis zum 30. September 2005 werden nach den bis dahin jeweils geltenden Regelungen abgerechnet, als ob das Arbeitsverhältnis mit Ablauf des 30. September 2005 beendet worden wäre.

§ 22 Bereitschaftszeiten. [1]Nr. 3 SR 2r BAT/BAT-O für Hausmeister und entsprechende Tarifregelungen für Beschäftigtengruppen mit Bereitschaftszeiten innerhalb ihrer regelmäßigen Arbeitszeit gelten fort. [2]Dem Anhang zu § 9 TVöD widersprechende Regelungen zur Arbeitszeit sind bis zum 31. Dezember 2005 entsprechend anzupassen.

§ 23 Sonderregelungen für besondere Berufsgruppen. Die Überleitungs-, Übergangs- und Besitzstandsregelungen für besondere Berufsgruppen im Bereich des Bundes ergeben sich aus der Anlage 5 TVÜ-Bund.

5. Abschnitt. Übergangs- und Schlussvorschrift

§ 24[1) In-Kraft-Treten, Laufzeit. (1) Dieser Tarifvertrag tritt am 1. Oktober 2005 in Kraft.

(2) [1]Der Tarifvertrag kann ohne Einhaltung einer Frist jederzeit schriftlich gekündigt werden, frühestens zum 31. Dezember 2007. [2]Die §§ 17 bis 19 einschließlich Anlagen können ohne Einhaltung einer Frist, jedoch nur insgesamt, schriftlich gekündigt werden, frühestens zum 31. Dezember 2007; die Nachwirkung dieser Vorschriften wird ausgeschlossen.

Niederschriftserklärungen:

1. zu § 2 Abs. 1:

Die Tarifvertragsparteien gehen davon aus, dass der TVöD und der diesen ergänzende TVÜ-Bund das bisherige Tarifrecht auch dann ersetzen, wenn arbeitsvertragliche Bezugnahmen nicht ausdrücklich den Fall der ersetzenden Regelung beinhalten.

2. zu § 2 Abs. 2:

Mit Abschluss der Verhandlungen über die Anlage 1 TVÜ-Bund Teil B heben die Tarifvertragsparteien § 2 Absatz 2 auf.

3. zu § 8 Abs. 2:

Die Neuberechnung des Vergleichsentgelts führt nicht zu einem Wechsel der Entgeltgruppe.

4. zu § 8 Abs. 1 Satz 3 und Abs. 2 Satz 2 sowie § 9 Abs. 2 bis 4:

Eine missbräuchliche Entziehung der Tätigkeit mit dem ausschließlichen Ziel, eine Höhergruppierung bzw. eine Besitzstandszulage zu verhindern, ist nicht zulässig.

5. zu § 10:

Die Tarifvertragsparteien stellen klar, dass die vertretungsweise Übertragung einer höherwertigen Tätigkeit ein Unterfall der vorübergehenden Übertragung einer höherwertigen Tätigkeit ist.

[1) Siehe Niederschriftserklärung zu § 24 Abs. 1 auf S. 124.

6. zu § 12:

1. [1] *Die Tarifvertragsparteien sind sich angesichts der Fülle der denkbaren Fallgestaltungen bewusst, dass die Festlegung der Strukturausgleiche je nach individueller Fallgestaltung in Einzelfällen sowohl zu überproportional positiven Folgen als auch zu Härten führen kann.* [2] *Sie nehmen diese Verwerfungen im Interesse einer für eine Vielzahl von Fallgestaltungen angestrebten Abmilderung von Exspektanzverlusten hin.*
2. [1] *Die Tarifvertragsparteien erkennen unbeschadet der Niederschriftserklärung Nr. 1 an, dass die Strukturausgleiche in einem Zusammenhang mit der zukünftigen Entgeltordnung stehen.* [2] *Die Tarifvertragsparteien werden nach einer Vereinbarung der Entgeltordnung zum TVöD, rechtzeitig vor Ablauf des 30. September 2007 prüfen, ob und in welchem Umfang sie neben den bereits verbindlich vereinbarten Fällen, in denen Strukturausgleichsbeträge festgelegt sind, für einen Zeitraum bis längstens Ende 2014 in weiteren Fällen Regelungen, die auch in der Begrenzung der Zuwächse aus Strukturausgleichen bestehen können, vornehmen müssen.* [3] *Sollten zusätzliche Strukturausgleiche vereinbart werden, sind die sich daraus ergebenden Kostenwirkungen in der Entgeltrunde 2008 zu berücksichtigen.*

7. zu § 17 Abs. 8:

Mit dieser Regelung ist keine Entscheidung über Zuordnung und Fortbestand/Besitzstand der Zulage im Rahmen der neuen Entgeltordnung verbunden.

8. zu § 18:

1. *Abweichend von der Grundsatzregelung des TVöD über eine persönliche Zulage bei vorübergehender Übertragung einer höherwertigen Tätigkeit ist durch einen Tarifvertrag für den Bund im Rahmen eines Katalogs, der die hierfür in Frage kommenden Tätigkeiten aufführt, zu bestimmen, dass die Voraussetzung für die Zahlung einer persönlichen Zulage bereits erfüllt ist, wenn die vorübergehend übertragene Tätigkeit mindestens drei Arbeitstage angedauert hat und die/der Beschäftigte ab dem ersten Tag der Vertretung in Anspruch genommen ist. Der Tarifvertrag soll spätestens am 1. Juli 2007 in Kraft treten.*
2. *Die Niederschriftserklärung zu § 10 gilt entsprechend.*

9. zu § 20:

Die Tarifvertragsparteien sind sich einig:

1. *Beschäftigte, deren Arbeitsverhältnis mit dem Bund nach dem 31. Juli 2003 begründet worden ist, erhalten im Jahr 2005 mit den Bezügen für den Monat November 2005 eine Zuwendung in gleicher Weise (Anspruchsgrund und Anspruchshöhe) wie im Jahr 2004.*
2. *Beschäftigte, deren Arbeitsverhältnis mit dem Bund vor dem 1. August 2003 begründet worden ist, erhalten im Jahr 2005 eine Jahressonderzahlung, bestehend aus Urlaubsgeld und Zuwendung nach Maßgabe der nachwirkenden Tarifverträge über ein Urlaubsgeld sowie über eine Zuwendung.*

10. zu § 24 Abs. 1:

[1] *Im Hinblick auf die notwendigen personalwirtschaftlichen, organisatorischen und technischen Vorarbeiten für die Überleitung der vorhandenen Beschäftigten in den TVöD sehen die Tarifvertragsparteien die Problematik einer fristgerechten Umsetzung der neuen Tarifregelungen zum 1. Oktober 2005.* [2] *Sie bitten die personalverwaltenden und bezügezahlenden Stellen, im Interesse der Beschäftigten gleichwohl eine terminnahe Überleitung zu ermöglichen und die Zwischenzeit mit zu verrechnenden Abschlagszahlungen zu überbrücken.*

Anlage 1 TVÜ-Bund Teil A

1. Bundes-Angestelltentarifvertrag (BAT) vom 23. Februar 1961, zuletzt geändert durch den 78. Tarifvertrag zur Änderung des Bundes-Angestelltentarifvertrages vom 31. Januar 2003
2. Tarifvertrag zur Anpassung des Tarifrechts – Manteltarifliche Vorschriften – (BAT-O) vom 10. Dezember 1990, zuletzt geändert durch den Änderungstarifvertrag Nr. 13 vom 31. Januar 2003 zum Tarifvertrag zur Anpassung des Tarifrechts – Manteltarifliche Vorschriften – (BAT-O)
3. Manteltarifvertrag für Arbeiterinnen und Arbeiter des Bundes und der Länder (MTArb) vom 6. Dezember 1995, zuletzt geändert durch den Änderungstarifvertrag Nr. 4 vom 31. Januar 2003 zum Manteltarifvertrag für Arbeiterinnen und Arbeiter des Bundes und der Länder (MTArb)
4. Tarifvertrag zur Anpassung des Tarifrechts für Arbeiter an den MTArb – (MTArb-O) vom 10. Dezember 1990, zuletzt geändert durch den Änderungstarifvertrag Nr. 11 vom 31. Januar 2003 zum Tarifvertrag zur Anpassung des Tarifrechts für Arbeiter an den MTArb – (MTArb-O)

Anlage 1 TVÜ-Bund Teil B

Vorbemerkungen:

1. Die nachfolgende Liste ist noch nicht abschließend. Sobald die Verhandlungen der Tarifvertragsparteien zu Anlage 1 TVÜ-Bund Teil B abgeschlossen sind, ersetzt die Neufassung diese Anlage.
2. Soweit einzelne Tarifvertragsregelungen vorübergehend fortgelten, erstreckt sich die Fortgeltung auch auf Beschäftigte i. S. d. § 1 Abs. 2 TVÜ-Bund.

1.	Tarifvertrag zu § 71 BAT betreffend Besitzstandswahrung vom 23. Februar 1961
2.	Tarifvertrag über die Regelung der Arbeitsbedingungen der Kapitäne und der Besatzungsmitglieder der Fischereischutzboote und der Fischereiforschungsschiffe des Bundes vom 11. Januar 1972
3.	Tarifvertrag über eine Zuwendung für Kapitäne und Besatzungsmitglieder der Fischereischutzboote und Fischereiforschungsschiffe des Bundes vom 31. Januar 1974
4.	Tarifvertrag für die Angestellten der Wasser- und Schifffahrtsverwaltung des Bundes auf Laderaumsaugbaggern vom 22. März 1978
5.	Tarifvertrag für die Arbeiter der Wasser- und Schifffahrtsverwaltung des Bundes auf Laderaumsaugbaggern vom 22. März 1978
6.	Festlegung des Gerichtsstandes bei Arbeitsrechtsstreitigkeiten zwischen dem Bund und den Angestellten des Deutschen Wetterdienstes, Tarifvertrag vom 2. September 1964

(Fortsetzung nächste Seite)

7.	Vergütungstarifvertrag Nr. 35 zum BAT für den Bereich des Bundes vom 31. Januar 2003
8.	Vergütungstarifvertrag Nr. 7 zum BAT-O für den Bereich des Bundes vom 31. Januar 2003, mit Ausnahme des § 3 Abs. 1 der für die Tabellenentgelte der Anlage B – Bund nach § 15 Abs. 2 Satz 2 TVöD i. V. m. der Anlage 2 zu § 4 Abs. 1 und der Anlage 4 zu § 17 Abs. 7 TVÜ-Bund fortgilt
9.	Monatslohntarifvertrag Nr. 5 zum MTArb vom 31. Januar 2003
10	Monatslohntarifvertrag Nr. 7 zum MTArb-O vom 31. Januar 2003, mit Ausnahme des § 3 Abs. 1, der für die Tabellenentgelte der Anlage B – Bund nach § 15 Abs. 2 Satz 2 TVöD i. V. m. der Anlage 2 zu § 4 Abs. 1 und der Anlage 4 zu § 17 Abs. 7 TVÜ-Bund fortgilt
11.	Tarifvertrag über das Lohngruppenverzeichnis des Bundes zum MTArb (TV LohngrV) vom 11. Juli 1966
12.	Tarifvertrag über das Lohngruppenverzeichnis des Bundes zum MTArb-O (TV Lohngruppen-O-Bund) vom 8. Mai 1991
13.	Tarifvertrag über die Ausführung von Arbeiten im Leistungslohnverfahren im Bereich der SR 2g des Abschnitts A der Anlage 2 MTArb vom 16. November 1971
14.	Tarifvertrag zur Überleitung der Arbeiter der Zoll- und Verbrauchssteuerverwaltung und der Bundesvermögensverwaltung der Oberfinanzdirektion Berlin sowie der Bundesmonopolverwaltung für Branntwein in das Tarifrecht des Bundes vom 18. September 1991
15.	Tarifvertrag über die Eingruppierung der Angestellten in den Warenfachabteilungen und bei den Außenstellen der Einfuhr- und Vorratsstellen, der Einfuhrstelle für Zucker und der Mühlenstelle vom 8. Dezember 1966
16.	Tarifvertrag über Zusatzurlaub für gesundheitsgefährdende Arbeiten für Arbeiter des Bundes vom 26. Juli 1960
17.	Tarifvertrag über Zulagen an Angestellte (Bund) vom 17. Mai 1982, mit Ausnahme der §§ 5 bis 10, die bis zum Inkrafttreten der Entgeltordnung fortgelten
18.	Tarifvertrag über Zulagen an Angestellte (TV Zulagen Ang-O) (Bund) vom 8. Mai 1991, mit Ausnahme – des Eingangssatzes des § 1 Abs. 1, – des § 1 Abs. 1 Nr. 1, 1. Halbsatz entsprechend Nr. 20, – des § 1 Abs. 1 Nr. 2 entsprechend Nr. 17 und – des § 1 Abs. 1 Nr. 4, 5 und 7

(Fortsetzung nächste Seite)

19.	Tarifvertrag über die Gewährung von Zulagen gemäß § 33 Abs. 1 Buchst. c BAT vom 11. Januar 1962 – Fortgeltung bis zum Inkrafttreten einer tariflichen Neuregelung der Erschwerniszuschläge gemäß § 19 TVöD
20.	Tarifvertrag über die Gewährung von Zulagen gemäß § 33 Abs. 1 Buchst. c BAT-O (TV Zulagen zu § 33 BAT-O) vom 8. Mai 1991 – Fortgeltung bis zum Inkrafttreten einer tariflichen Neureglung der Erschwerniszuschläge gemäß § 19 TVöD
21.	Tarifvertrag über Lohnzuschläge gemäß § 29 MTArb für Arbeiter des Bundes (LohnzuschlagsTV) vom 9. Mai 1969 – Fortgeltung bis zum Inkrafttreten einer tariflichen Neuregelung der Erschwerniszuschläge gemäß § 19 TVöD
22.	Tarifvertrag über Taucherzuschläge für Arbeiter des Bundes vom 13. September 1973 – Fortgeltung bis zum Inkrafttreten einer tariflichen Neuregelung der Erschwerniszuschläge gemäß § 19 TVöD
23.	Tarifvertrag über Lohnzuschläge gemäß § 29 MTArb-O und über Taucherzuschläge für Arbeiter des Bundes im Geltungsbereich des MTArb-O (TV Lohnzuschläge-O-Bund) vom 8. Mai 1991 – Fortgeltung bis zum Inkrafttreten einer tariflichen Neuregelung der Erschwerniszuschläge gemäß § 19 TVöD
24.	Tarifvertrag über vermögenswirksame Leistungen an Angestellte vom 17. Dezember 1970
25.	Tarifvertrag über vermögenswirksame Leistungen an Angestellte (TV VL Ang-O) vom 8. Mai 1991
26.	Tarifvertrag über vermögenswirksame Leistungen an Arbeiter (Bund) vom 17. Dezember 1970
27.	Tarifvertrag über vermögenswirksame Leistungen an Arbeiter (TV VL Arb-O) vom 8. Mai 1991
28.	Tarifvertrag über eine Zuwendung für Angestellte vom 12. Oktober 1973
29.	Tarifvertrag über eine Zuwendung für Angestellte (TV Zuwendung Ang-O) vom 10. Dezember 1990
30.	Tarifvertrag über eine Zuwendung für Arbeiter des Bundes und der Länder vom 12. Oktober 1973
31.	Tarifvertrag über eine Zuwendung für Arbeiter (TV Zuwendung Arb-O) vom 10. Dezember 1990
32.	Tarifvertrag über ein Urlaubsgeld für Angestellte vom 16. März 1977
33.	Tarifvertrag über ein Urlaubsgeld für Angestellte (TV Urlaubsgeld Ang-O) vom 10. Dezember 1990

(Fortsetzung nächste Seite)

34.	Tarifvertrag über ein Urlaubsgeld für Arbeiter vom 16. März 1977
35.	Tarifvertrag über ein Urlaubsgeld für Arbeiter (TV Urlaubsgeld Arb-O) vom 10. Dezember 1990
36.	Beihilfetarifvertrag, TV vom 15. Juni 1959
37.	Tarifvertrag über die Gewährung von Beihilfen an Arbeiter, Lehrlinge und Anlernlinge des Bundes vom 15. Juni 1959
38.	Tarifvertrag zur Regelung der Rechtsverhältnisse der Ärzte/Ärztinnen im Praktikum vom 10. April 1987
39.	Tarifvertrag zur Regelung der Rechtsverhältnisse der Ärzte/Ärztinnen im Praktikum (Mantel-TV AiP-O) vom 5. März 1991
40.	Entgelttarifvertrag Nr. 12 für Ärzte/Ärztinnen im Praktikum vom 31. Januar 2003
41.	Entgelttarifvertrag Nr. 7 für Ärzte/Ärztinnen im Praktikum (Ost) vom 31. Januar 2003
42.	Tarifvertrag über vermögenswirksame Leistungen an Ärzte/Ärztinnen im Praktikum vom 10. April 1987
43.	Tarifvertrag über eine Zuwendung für Ärzte/Ärztinnen im Praktikum vom 10. April 1987
44.	Tarifvertrag über eine Zuwendung für Ärzte/Ärztinnen im Praktikum (TV Zuwendung AiP-O) vom 5. März 1991
45.	Tarifvertrag über ein Urlaubsgeld für Ärzte/Ärztinnen im Praktikum vom 10. April 1987
46.	Tarifvertrag über ein Urlaubsgeld für Ärzte/Ärztinnen im Praktikum (TV Urlaubsgeld AiP-O) vom 5. März 1991
47.	Tarifvertrag über die Erhöhung der Löhne und Gehälter für Beschäftigte im öffentlichen Dienst vom 4. September 1990
48.	Tarifvertrag über die Eingruppierung der Angestellten des Bundesverbandes für den Selbstschutz vom 15. November 1978
49.	Tarifvertrag über eine Zulage an Arbeiter bei der Bundesanstalt für Flugsicherung vom 20. September 1990
50.	Tarifvertrag über eine Zulage an Arbeiter beim Bundesausfuhramt vom 15. April 1992
51.	Tarifvertrag über eine Zulage für Angestellte mit Aufgaben nach dem Asylverfahrensgesetz (TV Zulage Asyl Ang-O) vom 3. Mai 1993
52.	Tarifvertrag über eine Zulage an Auszubildende (TV-Zulage Azubi-O) vom 5. März 1991

(Fortsetzung nächste Seite)

53.	Vereinbarung über die Schaffung zusätzlicher Ausbildungsplätze im öffentlichen Dienst vom 17. Juli 1996
54.	Tarifvertrag über die Versorgung der Arbeitnehmer des Bundes und der Länder sowie von Arbeitnehmern kommunaler Verwaltungen und Betriebe (Versorgungs-TV) vom 4. November 1966

Anlage 1 TVÜ-Bund Teil C

Vorbemerkung:

Die in dieser Anlage aufgeführten Tarifverträge sind in der jeweils geltenden Fassung zitiert.

1.	Tarifvertrag für Arbeitnehmer des Bundes über die Arbeitsbedingungen bei besonderen Verwendungen im Ausland (AuslandsV-TV) vom 9. November 1993
2.	Tarifvertrag zur Regelung der Arbeitsbedingungen der bei Auslandsvertretungen der Bundesrepublik Deutschland beschäftigten nicht entsandten Arbeitnehmer – Tarifvertrag Arbeitnehmer Ausland (TV AN Ausland) vom 30. November 2001
3.	Tarifvertrag zur Regelung der Arbeitsbedingungen der bei Auslandsvertretungen der Bundesrepublik Deutschland beschäftigten deutschen nicht entsandten Angestellten (TV Ang Ausland) vom 28. September 1973
4.	Tarifvertrag zur Regelung der Arbeitsbedingungen der bei Auslandsvertretungen der Bundesrepublik Deutschland beschäftigten deutschen nicht entsandten Arbeiter (TV Arb Ausland) vom 28. 9. 1973
5.	Tarifvertrag über den Rationalisierungsschutz für Angestellte (RatSchTV Ang) vom 9. Januar 1987
6.	Tarifvertrag über den Rationalisierungsschutz für Arbeiter des Bundes und der Länder (RatSchTV Arb) vom 9. Januar 1987
7.	Tarifvertrag zur Ergänzung der Lohn- und Vergütungssicherung in bestimmten Bereichen des Bundes vom 9. Januar 1987
8.	Tarifvertrag zur sozialen Absicherung vom 6. Juli 1992
9.	Tarifvertrag über sozialverträgliche Begleitmaßnahmen im Zusammenhang mit der Umgestaltung der Bundeswehr vom 18. Juli 2001
10.	Tarifvertrag über die Geltung des Tarifvertrages über einen sozialverträglichen Personalabbau im Bereich des Bundesministers der Verteidigung vom 30. November 1991 für die Fernleitungs-Betriebsgesellschaft m. b. H. vom 24. Februar 1994

(Fortsetzung nächste Seite)

11.	Tarifvertrag über Begleitmaßnahmen im Zusammenhang mit dem Beschluss des deutschen Bundestages vom 20. Juni 1991 zur Vollendung der Einheit Deutschlands (UmzugsTV) vom 24. Juni 1996
12.	Tarifvertrag zur Regelung der Altersteilzeitarbeit (TV ATZ) vom 5. Mai 1998
13.	Tarifvertrag über die betriebliche Altersversorgung der Beschäftigten des öffentlichen Dienstes (Tarifvertrag Altersversorgung – ATV) vom 1. März 2002
14.	Tarifvertrag über den Geltungsbereich der für den öffentlichen Dienst in der Bundesrepublik Deutschland bestehenden Tarifverträge vom 1. August 1990
15.	Tarifvertrag zur Übernahme von Tarifverträgen vom 12. Mai 1975
16.	Tarifvertrag über Zulagen an Angestellte bei obersten Bundesbehörden vom 4. November 1971
17.	Tarifvertrag über Zulagen an Arbeiter bei obersten Bundesbehörden oder bei obersten Landesbehörden vom 4. November 1971
18.	Tarifvertrag über Zulagen an Angestellte bei den Sicherheitsdiensten des Bundes vom 21. Juni 1977
19.	Tarifvertrag über eine Zulage für Angestellte beim Bundesamt für Sicherheit in der Informationstechnik vom 14. Dezember 1990
20.	Tarifvertrag über Zulagen an Arbeiter bei den Sicherheitsdiensten des Bundes vom 21. Juni 1977
21.	Tarifvertrag über eine Zulage für Arbeiter beim Bundesamt für Sicherheit in der Informationstechnik vom 14. Dezember 1990
22.	Tarifvertrag über Zulagen an Arbeiter des Bundes im Geltungsbereich des MTArb-O (TV Zulagen Arb-O-Bund) vom 8. Mai 1991; gilt bis zum Inkrafttreten einer neuen Entgeltordnung fort.
23.	Tarifvertrag über die Ausführung von Arbeiten im Leistungslohnverfahren im Bereich der SR 2a des Abschnitts A der Anlage 2 MTArb (Gedingerichtlinien) vom 1. April 1964
24.	Tarifvertrag über die Eingruppierung der im Kontrolldienst und Prüfdienst beschäftigten Angestellten des Bundesamtes für Güterverkehr vom 18. Januar 2005, mit den Maßgaben der Anlage 5 zu § 23 TVÜ-Bund.

Ferner gelten bis zum Inkrafttreten einer neuen Entgeltordnung diejenigen Tarifregelungen fort, die Eingruppierungsregelungen enthalten.

Anlage 2 TVÜ-Bund

Zuordnung der Vergütungs- und Lohngruppen zu den Entgeltgruppen für am 30. September/1. Oktober 2005 vorhandene Beschäftigte für die Überleitung (Bund)

Entgelt-gruppe	Vergütungsgruppe	Lohngruppe
15 Ü	I	Keine
15	Keine Stufe 6 I a I a nach Aufstieg aus I b I b mit ausstehendem Aufstieg nach I a	Keine
14	Keine Stufe 6 I b ohne Aufstieg nach I a I b nach Aufstieg aus II a II a mit ausstehendem Aufstieg nach I b	Keine
13	Keine Stufe 6 II a ohne Aufstieg nach I b	Keine
12	Keine Stufe 6 II a nach Aufstieg aus III III mit ausstehendem Aufstieg nach II a	Keine
11	Keine Stufe 6 III ohne Aufstieg nach II a III nach Aufstieg aus IV a IV a mit ausstehendem Aufstieg nach III	Keine
10	Keine Stufe 6 IV a ohne Aufstieg nach III IV a nach Aufstieg aus IV b IV b mit ausstehendem Aufstieg nach IV a V a in den ersten sechs Monaten der Berufsausübung, wenn danach IV b mit Aufstieg nach IV a (Zuordnung zu Stufe 1)	Keine
9	IV b ohne Aufstieg nach IV a (keine Stufe 6) IV b nach Aufstieg aus V a ohne weiteren Aufstieg nach IV a (keine Stufe 6) IV b nach Aufstieg aus V b (keine Stufe 6) V a mit ausstehendem Aufstieg nach IV b ohne weiteren Aufstieg nach IV a (keine Stufe 6) V a ohne Aufstieg nach IV b (Stufe 3 nach 5 Jahren in Stufe 2, Stufe 4 nach 9 Jahren in Stufe 3, keine Stufen 5 und 6) V b mit ausstehendem Aufstieg nach IV b (keine Stufe 6)	9 (Stufe 4 nach 7 Jahren in Stufe 3, keine Stufen 5 und 6)

(Fortsetzung nächste Seite)

Entgelt-gruppe	Vergütungsgruppe	Lohngruppe
	V b ohne Aufstieg nach IV b (Stufe 3 nach 5 Jahren in Stufe 2, Stufe 4 nach 9 Jahren in der Stufe 3, keine Stufen 5 und 6) V b nach Aufstieg aus V c (Stufe 3 nach 5 Jahren in Stufe 2, Stufe 4 nach 9 Jahren in Stufe 3, keine Stufen 5 und 6)	
8	V c mit ausstehendem Aufstieg nach V b V c ohne Aufstieg nach V b V c nach Aufstieg aus VI b	8 a 8 mit ausstehendem Aufstieg nach 8 a
7	Keine	7 a 7 mit ausstehendem Aufstieg nach 7 a 7 nach Aufstieg aus 6 6 mit ausstehendem Aufstieg nach 7 und 7 a
6	VI b mit ausstehendem Aufstieg nach V c VI b ohne Aufstieg nach V c VI b nach Aufstieg aus VII	6 a 6 mit ausstehendem Aufstieg nach 6 a 6 nach Aufstieg aus 5 5 mit ausstehendem Aufstieg nach 6 und 6 a
5	VII mit ausstehendem Aufstieg nach VI b VII ohne Aufstieg nach VI b VII nach Aufstieg aus VIII	5 a 5 mit ausstehendem Aufstieg nach 5 a 5 nach Aufstieg aus 4 4 mit ausstehendem Aufstieg nach 5 und 5 a
4	Keine	4 a 4 mit ausstehendem Aufstieg nach 4 a 4 nach Aufstieg aus 3 3 mit ausstehendem Aufstieg nach 4 und 4 a
3	Keine Stufe 6 VIII mit ausstehendem Aufstieg nach VII VIII ohne Aufstieg nach VII VIII nach Aufstieg aus IX b	3 a 3 mit ausstehendem Aufstieg nach 3 a 3 nach Aufstieg aus 2 und 2 a mit ausstehendem Aufstieg nach 3 a 3 nach Aufstieg aus 2 a mit ausstehendem Aufstieg nach 3 a 3 nach Aufstieg aus 2 und 2 a (keine Stufe 6) 2 a nach Aufstieg aus 2 mit ausstehendem Aufstieg nach 3 und 3 a 2 a mit ausstehendem Aufstieg nach 3 und 3 a 2 a nach Aufstieg aus 2 (keine Stufe 6) 2 mit ausstehendem Aufstieg nach 2 a, 3 und 3 a 2 mit ausstehendem Aufstieg nach 2 a und 3 (keine Stufe 6)

(Fortsetzung nächste Seite)

Entgelt-gruppe	Vergütungsgruppe	Lohngruppe
2 Ü	Keine	2 a 2 mit ausstehendem Aufstieg nach 2 a 2 nach Aufstieg aus 1 1 mit ausstehendem Aufstieg nach 2 und 2 a
2	IX a IX b mit ausstehendem Aufstieg nach VIII IX b mit ausstehendem Aufstieg nach IX a IX b nach Aufstieg aus X (keine Stufe 6) X (keine Stufe 6)	1 a (keine Stufe 6) 1 mit ausstehendem Aufstieg nach 1 a (keine Stufe 6)
1	Keine	Keine

Anlage 3 TVÜ-Bund

Strukturausgleiche für Angestellte (Bund)

Angestellte, deren Ortszuschlag sich nach § 29 Abschnitt B Abs. 5 BAT/BAT-O bemisst, erhalten den entsprechenden Anteil, in jedem Fall aber die Hälfte des Strukturausgleichs für Verheiratete.

Soweit nicht anders ausgewiesen, beginnt die Zahlung des Strukturausgleichs am 1. Oktober 2007. Die Angabe „nach … Jahren" bedeutet, dass die Zahlung nach den genannten Jahren ab dem In-Kraft-Treten des TVöD beginnt; so wird z.B. bei dem Merkmal „nach 4 Jahren" der Zahlungsbeginn auf den 1. Oktober 2009 festgelegt, wobei die Auszahlung eines Strukturausgleichs mit den jeweiligen Monatsbezügen erfolgt. Die Dauer der Zahlung ist ebenfalls angegeben; dabei bedeutet „dauerhaft" die Zahlung während der Zeit des Arbeitsverhältnisses.

Ist die Zahlung „für" eine bestimmte Zahl von Jahren angegeben, ist der Bezug auf diesen Zeitraum begrenzt (z.B. „für 5 Jahre" bedeutet Beginn der Zahlung im Oktober 2007 und Ende der Zahlung mit Ablauf September 2012). Eine Ausnahme besteht dann, wenn das Ende des Zahlungszeitraumes nicht mit einem Stufenaufstieg in der jeweiligen Entgeltgruppe zeitlich zusammenfällt; in diesen Fällen wird der Strukturausgleich bis zum nächsten Stufenaufstieg fortgezahlt. Diese Ausnahmeregelung gilt nicht, wenn der Stufenaufstieg in die Endstufe erfolgt; in diesen Fällen bleibt es bei der festgelegten Dauer.

Entgelt-gruppe	Vergütungs-gruppe bei In-Kraft-Treten TVÜ	Aufstieg	Orts-Zuschlag Stufe 1, 2	Lebens-altersstufe	Höhe Aus-gleichs-betrag	Dauer
			bei In-Kraft-Treten TVÜ			
2	X	IX b nach 2 Jahren	OZ 2	23	40 €	für 4 Jahre
2	X	IX b nach 2 Jahren	OZ 2	29	30 €	dauerhaft
2	X	IX b nach 2 Jahren	OZ 2	31	30 €	dauerhaft
2	X	IX b nach 2 Jahren	OZ 2	33	30 €	dauerhaft
2	X	IX b nach 2 Jahren	OZ 2	35	20 €	dauerhaft
3	VIII	ohne	OZ 2	25	35 €	nach 4 Jahren dauerhaft
3	VIII	ohne	OZ 2	27	35 €	dauerhaft
3	VIII	ohne	OZ 2	29	35 €	nach 4 Jahren dauerhaft
3	VIII	ohne	OZ 2	31	35 €	dauerhaft
3	VIII	ohne	OZ 2	33	35 €	dauerhaft
3	VIII	ohne	OZ 2	35	35 €	dauerhaft
3	VIII	ohne	OZ 2	37	20 €	dauerhaft
6	VI b	ohne	OZ 2	29	50 €	dauerhaft
6	VI b	ohne	OZ 2	31	50 €	dauerhaft
6	VI b	ohne	OZ 2	33	50 €	dauerhaft
6	VI b	ohne	OZ 2	35	50 €	dauerhaft
6	VI b	ohne	OZ 2	37	50 €	dauerhaft
6	VI b	ohne	OZ 2	39	50 €	dauerhaft
8	V c	ohne	OZ 2	37	40 €	dauerhaft
8	V c	ohne	OZ 2	39	40 €	dauerhaft
9	V b	ohne	OZ 1	29	60 €	für 12 Jahre
9	V b	ohne	OZ 1	31	60 €	nach 4 Jahren für 7 Jahre
9	V b	ohne	OZ 1	33	60 €	für 7 Jahre
9	V b	ohne	OZ 2	27	90 €	nach 4 Jahren für 7 Jahre
9	V b	ohne	OZ 2	29	90 €	für 7 Jahre
9	V b	ohne	OZ 2	35	20 €	nach 4 Jahren dauerhaft

(Fortsetzung nächste Seite)

Entgelt-gruppe	Vergütungs-gruppe bei In-Kraft-Treten TVÜ	Aufstieg	Orts-Zuschlag Stufe 1, 2	Lebens-altersstufe	Höhe Aus-gleichs-betrag	Dauer
			bei In-Kraft-Treten TVÜ			
9	V b	ohne	OZ 2	37	40 €	nach 4 Jahren dauerhaft
9	V b	ohne	OZ 2	39	40 €	dauerhaft
9	V b	ohne	OZ 2	41	40 €	dauerhaft
9	V b	IV b nach 6 Jahren	OZ 1	29	50 €	für 3 Jahre
9	V b	IV b nach 2, 3, 4, 6 Jahren	OZ 1	35	60 €	für 4 Jahre
9	V b	IV b nach 2, 3, 4, 6 Jahren	OZ 2	31	50 €	für 4 Jahre
9	V b	IV b nach 2, 3, 4, 6 Jahren	OZ 2	37	60 €	dauerhaft
9	V b	IV b nach 2, 3, 4, 6 Jahren	OZ 2	39	60 €	dauerhaft
9	V b	IV b nach 2, 3, 4, 6 Jahren	OZ 2	41	60 €	dauerhaft
9	IV b	ohne	OZ 1	35	60 €	für 4 Jahre
9	IV b	ohne	OZ 2	31	50 €	für 4 Jahre
9	IV b	ohne	OZ 2	37	60 €	dauerhaft
9	IV b	ohne	OZ 2	39	60 €	dauerhaft
9	IV b	ohne	OZ 2	41	60 €	dauerhaft
10	IV b	IV a nach 2, 4, 6 Jahren	OZ 1	35	40 €	für 4 Jahre
10	IV b	IV a nach 2, 4, 6 Jahren	OZ 1	41	30 €	dauerhaft
10	IV b	IV a nach 2, 4, 6 Jahren	OZ 1	43	30 €	dauerhaft
10	IV b	IV a n. 6. J.	OZ 2	29	70 €	für 7 Jahre
10	IV b	IV a nach 2, 4, 6 Jahren	OZ 2	37	60 €	nach 4 Jahren dauerhaft
10	IV b	IV a nach 2, 4, 6 Jahren	OZ 2	39	60 €	dauerhaft
10	IV b	IV a nach 2, 4, 6 Jahren	OZ 2	41	85 €	dauerhaft

(Fortsetzung nächste Seite)

Entgelt-gruppe	Vergütungs-gruppe bei In-Kraft-Treten TVÜ	Aufstieg	Orts-Zuschlag Stufe 1, 2	Lebens-altersstufe	Höhe Aus-gleichs-betrag	Dauer
			bei In-Kraft-Treten TVÜ			
10	IV b	IV a nach 2, 4, 6 Jahren	OZ 2	43	60 €	dauerhaft
10	IV a	ohne	OZ 1	35	40 €	für 4 Jahre
10	IV a	ohne	OZ 1	41	30 €	dauerhaft
10	IV a	ohne	OZ 1	43	30 €	dauerhaft
10	IV a	ohne	OZ 2	37	60 €	nach 4 Jahren dauerhaft
10	IV a	ohne	OZ 2	39	60 €	dauerhaft
10	IV a	ohne	OZ 2	41	85 €	dauerhaft
10	IV a	ohne	OZ 2	43	60 €	dauerhaft
11	IV a	III nach 4, 6, 8 Jahren	OZ 1	41	40 €	dauerhaft
11	IV a	III nach 4, 6, 8 Jahren	OZ 1	43	40 €	dauerhaft
11	IV a	III nach 4, 6, 8 Jahren	OZ 2	37	70 €	nach 4 Jahren dauerhaft
11	IV a	III nach 4, 6, 8 Jahren	OZ 2	39	70 €	dauerhaft
11	IV a	III nach 4, 6, 8 Jahren	OZ 2	41	85 €	dauerhaft
11	IV a	III nach 4, 6, 8 Jahren	OZ 2	43	70 €	dauerhaft
11	III	ohne	OZ 1	41	40 €	nach vier Jahren dauer-haft
11	III	ohne	OZ 1	43	40 €	dauerhaft
11	III	ohne	OZ 2	37	70 €	nach 4 Jahren dauerhaft
11	III	ohne	OZ 2	39	70 €	dauerhaft
11	III	ohne	OZ 2	41	85 €	dauerhaft
11	III	ohne	OZ 2	43	70 €	dauerhaft
12	III	II a nach 10 Jahren	OZ 1	33	95 €	für 5 Jahre
12	III	II a nach 10 Jahren	OZ 1	35	95 €	für 4 Jahre
12	III	II a nach 10 Jahren	OZ 1	39	50 €	nach 4 Jahren dauerhaft

(Fortsetzung nächste Seite)

Entgelt-gruppe	Vergütungs-gruppe bei In-Kraft-Treten TVÜ	Aufstieg	Orts-Zuschlag Stufe 1, 2	Lebens-altersstufe	Höhe Aus-gleichs-betrag	Dauer
			bei In-Kraft-Treten TVÜ			
12	III	II a nach 10 Jahren	OZ 1	41	50 €	dauerhaft
12	III	II a nach 10 Jahren	OZ 1	43	50 €	dauerhaft
12	III	II a nach 10 Jahren	OZ 2	33	100 €	für 4 Jahre
12	III	II a nach 10 Jahren	OZ 2	37	100 €	nach 4 Jahren dauerhaft
12	III	II a nach 10 Jahren	OZ 2	39	100 €	dauerhaft
12	III	II a nach 10 Jahren	OZ 2	41	100 €	dauerhaft
12	III	II a nach 10 Jahren	OZ 2	43	85 €	dauerhaft
12	III	II a nach 8 Jahren	OZ 1	35	95 €	für 4 Jahre
12	III	II a nach 8 Jahren	OZ 1	39	50 €	nach 4 Jahren dauerhaft
12	III	II a nach 8 Jahren	OZ 1	41	50 €	dauerhaft
12	III	II a nach 8 Jahren	OZ 1	43	50 €	dauerhaft
12	III	II a nach 8 Jahren	OZ 2	31	100 €	für 5 Jahre
12	III	II a nach 8 Jahren	OZ 2	33	100 €	für 4 Jahre
12	III	II a nach 8 Jahren	OZ 2	37	100 €	nach 4 Jahren dauerhaft
12	III	II a nach 8 Jahren	OZ 2	39	100 €	dauerhaft
12	III	II a nach 8 Jahren	OZ 2	41	100 €	dauerhaft
12	III	II a nach 8 Jahren	OZ 2	43	85 €	dauerhaft
12	III	II a nach 5 Jahren	OZ 1	29	100 €	für 3 Jahre
12	III	II a nach 5 u. 6 Jahren	OZ 1	35	95 €	für 4 Jahre
12	III	II a nach 5 u. 6 Jahren	OZ 1	39	50 €	nach 4 Jahren dauerhaft

(Fortsetzung nächste Seite)

Entgelt-gruppe	Vergütungs-gruppe bei In-Kraft-Treten TVÜ	Aufstieg	Orts-Zuschlag Stufe 1, 2	Lebens-altersstufe	Höhe Aus-gleichs-betrag	Dauer
			bei In-Kraft-Treten TVÜ			
12	III	II a nach 5 u. 6 Jahren	OZ 1	41	50 €	dauerhaft
12	III	II a nach 5 u. 6 Jahren	OZ 1	43	50 €	dauerhaft
12	III	II a nach 5 u. 6 Jahren	OZ 2	33	100 €	für 4 Jahre
12	III	II a nach 5 u. 6 Jahren	OZ 2	37	100 €	nach 4 Jahren dauerhaft
12	III	II a nach 5 u. 6 Jahren	OZ 2	39	100 €	dauerhaft
12	III	II a nach 5 u. 6 Jahren	OZ 2	41	100 €	dauerhaft
12	III	II a nach 5 u. 6 Jahren	OZ 2	43	85 €	dauerhaft
13	II a	ohne	OZ 2	39	60 €	nach 4 Jahren dauerhaft
13	II a	ohne	OZ 2	41	60 €	dauerhaft
13	II a	ohne	OZ 2	43	60 €	dauerhaft
14	II a	I b nach 15 Jahren	OZ 1	39	80 €	dauerhaft
14	II a	I b nach 15 Jahren	OZ 1	41	80 €	dauerhaft
14	II a	I b nach 15 Jahren	OZ 1	43	80 €	dauerhaft
14	II a	I b nach 15 Jahren	OZ 1	45	60 €	dauerhaft
14	II a	I b nach 15 Jahren	OZ 2	37	110 €	dauerhaft
14	II a	I b nach 15 Jahren	OZ 2	39	110 €	dauerhaft
14	II a	I b nach 15 Jahren	OZ 2	41	110 €	dauerhaft
14	II a	I b nach 15 Jahren	OZ 2	43	110 €	dauerhaft
14	II a	I b nach 15 Jahren	OZ 2	45	60 €	dauerhaft
14	II a	I b nach 5 u. 6 Jahren	OZ 1	31	100 €	für 3 Jahre
14	II a	I b nach 5 u. 6 Jahren	OZ 1	35	100 €	für 4 Jahre

(Fortsetzung nächste Seite)

Entgelt-gruppe	Vergütungs-gruppe bei In-Kraft-Treten TVÜ	Aufstieg	Orts-Zuschlag Stufe 1, 2	Lebens-altersstufe	Höhe Aus-gleichs-betrag	Dauer
			bei In-Kraft-Treten TVÜ			
14	II a	I b nach 5 u. 6 Jahren	OZ 1	41	80 €	nach 4 Jahren dauerhaft
14	II a	I b nach 5 u. 6 Jahren	OZ 1	43	80 €	dauerhaft
14	II a	I b nach 5 u. 6 Jahren	OZ 1	45	60 €	dauerhaft
14	II a	I b nach 5 u. 6 Jahren	OZ 2	31	110 €	für 7 Jahre
14	II a	I b nach 5 u. 6 Jahren	OZ 2	33	50 €	für 4 Jahre
14	II a	I b nach 5 u. 6 Jahren	OZ 2	39	110 €	nach 4 Jahren dauerhaft
14	II a	I b nach 5 u. 6 Jahren	OZ 2	41	110 €	dauerhaft
14	II a	I b nach 5 u. 6 Jahren	OZ 2	43	110 €	dauerhaft
14	II a	I b nach 5 u. 6 Jahren	OZ 2	45	60 €	dauerhaft
14	II a	I b nach 11 Jahren	OZ 1	33	50 €	nach 4 Jahren für 5 Jahre
14	II a	I b nach 11 Jahren	OZ 1	35	50 €	für 5 Jahre
14	II a	I b nach 11 Jahren	OZ 1	37	80 €	für 4 Jahre
14	II a	I b nach 11 Jahren	OZ 1	41	80 €	nach 4 Jahren dauerhaft
14	II a	I b nach 11 Jahren	OZ 1	43	80 €	dauerhaft
14	II a	I b nach 11 Jahren	OZ 1	45	60 €	dauerhaft
14	II a	I b nach 11 Jahren	OZ 2	35	110 €	nach 3 Jahren für 3 Jahre
14	II a	I b nach 11 Jahren	OZ 2	37	110 €	dauerhaft
14	II a	I b nach 11 Jahren	OZ 2	39	110 €	nach 4 Jahren dauerhaft
14	II a	I b nach 11 Jahren	OZ 2	41	110 €	dauerhaft
14	II a	I b nach 11 Jahren	OZ 2	43	110 €	dauerhaft

(Fortsetzung nächste Seite)

Entgelt-gruppe	Vergütungs-gruppe bei In-Kraft-Treten TVÜ	Aufstieg	Orts-Zuschlag Stufe 1, 2	Lebens-altersstufe	Höhe Aus-gleichs-betrag	Dauer
			bei In-Kraft-Treten TVÜ			
14	II a	I b nach 11 Jahren	OZ 2	45	60 €	dauerhaft
14	I b	ohne	OZ 1	35	100 €	für 4 Jahre
14	I b	ohne	OZ 1	41	80 €	nach 4 Jahren dauerhaft
14	I b	ohne	OZ 1	43	80 €	dauerhaft
14	I b	ohne	OZ 1	45	60 €	dauerhaft
14	I b	ohne	OZ 2	33	50 €	für 4 Jahre
14	I b	ohne	OZ 2	39	110 €	nach 4 Jahren dauerhaft
14	I b	ohne	OZ 2	41	110 €	dauerhaft
14	I b	ohne	OZ 2	43	110 €	dauerhaft
14	I b	ohne	OZ 2	45	60 €	dauerhaft
15	I a	ohne	OZ 1	39	110 €	für 4 Jahre
15	I a	ohne	OZ 1	43	50 €	dauerhaft
15	I a	ohne	OZ 1	45	50 €	dauerhaft
15	I a	ohne	OZ 2	37	110 €	für 4 Jahre
15	I a	ohne	OZ 2	41	50 €	dauerhaft
15	I a	ohne	OZ 2	43	50 €	dauerhaft
15	I a	ohne	OZ 2	45	50 €	dauerhaft
15	I b	I a nach 8 Jahren	OZ 1	39	110 €	für 4 Jahre
15	I b	I a nach 8 Jahren	OZ 1	43	50 €	dauerhaft
15	I b	I a nach 8 Jahren	OZ 1	45	50 €	dauerhaft
15	I b	I a nach 8 Jahren	OZ 2	37	110 €	für 4 Jahre
15	I b	I a nach 8 Jahren	OZ 2	41	50 €	dauerhaft
15	I b	I a nach 8 Jahren	OZ 2	43	50 €	dauerhaft
15	I b	I a nach 8 Jahren	OZ 2	45	50 €	dauerhaft
15	I b	I a nach 4 Jahren	OZ 1	39	110 €	für 4 Jahre

(Fortsetzung nächste Seite)

Entgelt-gruppe	Vergütungs-gruppe bei In-Kraft-Treten TVÜ	Aufstieg	Orts-Zuschlag Stufe 1, 2 bei In-Kraft-Treten TVÜ	Lebens-altersstufe	Höhe Aus-gleichs-betrag	Dauer
15	I b	I a nach 4 Jahren	OZ 1	43	50 €	dauerhaft
15	I b	I a nach 4 Jahren	OZ 1	45	50 €	dauerhaft
15	I b	I a nach 4 Jahren	OZ 2	37	110 €	für 4 Jahre
15	I b	I a nach 4 Jahren	OZ 2	41	50 €	dauerhaft
15	I b	I a nach 4 Jahren	OZ 2	43	50 €	dauerhaft
15	I b	I a nach 4 Jahren	OZ 2	45	50 €	dauerhaft
15 Ü	I	ohne	OZ 2	43	50 €	dauerhaft
15 Ü	I	ohne	OZ 2	45	50 €	dauerhaft

Anlage 4 TVÜ-Bund

Vorläufige Zuordnung der Vergütungs- und Lohngruppen zu den Entgeltgruppen für zwischen dem 1. Oktober 2005 und dem In-Kraft-Treten der neuen Entgeltordnung stattfindende Eingruppierungs- und Einreihungsvorgänge (Bund)

Entgelt-gruppe	Vergütungsgruppe	Lohngruppe
15	Zwingend Stufe 1, keine Stufe 6 I a I b mit Aufstieg nach I a	–
14	Zwingend Stufe 1, keine Stufe 6 I b ohne Aufstieg nach I a	–
13	Zwingend Stufe 1, keine Stufe 6 Beschäftigte mit Tätigkeiten, die eine abgeschlossene wissenschaftliche Hoch-schulausbildung voraussetzen (II a mit und ohne Aufstieg nach I b) [ggf. Zulage nach § 17 Abs. 8 TVÜ]	–
12	Zwingend Stufe 1, keine Stufe 6 III mit Aufstieg nach II a	–
11	Zwingend Stufe 1, keine Stufe 6 III ohne Aufstieg nach II a IV a mit Aufstieg nach III	–

(Fortsetzung nächste Seite)

Entgelt-gruppe	Vergütungsgruppe	Lohngruppe
10	Zwingend Stufe 1, keine Stufe 6 IV a ohne Aufstieg nach III IV b mit Aufstieg nach IV a V a in den ersten sechs Monaten der Berufsausübung, wenn danach IV b mit Aufstieg nach IV a	–
9	IV b ohne Aufstieg nach IV a (zwingend Stufe 1, keine Stufe 6) V a mit Aufstieg nach IV b ohne weiteren Aufstieg nach IV a (zwingend Stufe 1, keine Stufe 6) V a ohne Aufstieg nach IV b (zwingend Stufe 1, Stufe 3 nach 5 Jahren in Stufe 2, Stufe 4 nach 9 Jahren in Stufe 3, keine Stufen 5 und 6) V b mit Aufstieg nach IV b (zwingend Stufe 1, keine Stufe 6) V b ohne Aufstieg nach IV b (zwingend Stufe 1, Stufe 3 nach 5 Jahren in Stufe 2, Stufe 4 nach 9 Jahren in Stufe 3, keine Stufen 5 und 6)	9 (zwingend Stufe 1, Stufe 4 nach 7 Jahren in Stufe 3, keine Stufen 5 und 6)
8	V c mit Aufstieg nach V b V c ohne Aufstieg nach V b	8 mit Aufstieg nach 8 a
7	Keine	7 mit Aufstieg nach 7 a 6 mit Aufstieg nach 7 und 7 a
6	VI b mit Aufstieg nach V c VI b ohne Aufstieg nach V c	6 mit Aufstieg nach 6 a 5 mit Aufstieg nach 6 und 6 a
5	VII mit Aufstieg nach VI b VII ohne Aufstieg nach VI b	5 mit Aufstieg nach 5 a 4 mit Aufstieg nach 5 und 5 a
4	Keine	4 mit Aufstieg nach 4 a 3 mit Aufstieg nach 4 und 4 a
3	Keine Stufe 6 VIII mit Aufstieg nach VII VIII ohne Aufstieg nach VII	3 mit Aufstieg nach 3 a 2 a mit Aufstieg nach 3 und 3 a 2 mit Aufstieg nach 2 a, 3 und 3 a 2 mit Aufstieg nach 2 a und 3 (keine Stufe 6)
2 Ü	Keine	2 mit Aufstieg nach 2 a 1 mit Aufstieg nach 2 und 2 a
2	IX b mit Aufstieg nach VIII IX b mit Aufstieg nach IX a X mit Aufstieg nach IX b (keine Stufe 6)	1 mit Aufstieg nach 1 a (keine Stufe 6)

(Fortsetzung nächste Seite)

Entgelt-gruppe	Vergütungsgruppe	Lohngruppe
1	Beschäftigte mit einfachsten Tätigkeiten, zum Beispiel – Essens- und Getränkeausgeber/innen – Garderobenpersonal – Spülen und Gemüseputzen und sonstige Tätigkeiten im Haus- und Küchen-bereich – Reiniger/innen in Außenbereichen wie Höfe, Wege, Grünanlagen, Parks – Wärter/innen von Bedürfnisanstalten – Servierer/innen – Hausarbeiter/innen – Hausgehilfe/Hausgehilfin – Bote/Botin (ohne Aufsichtsfunktion) Ergänzungen können durch Tarifvertrag auf Bundesebene geregelt werden. Hinweis: Diese Zuordnung gilt unabhängig von bisherigen tariflichen Zuordnungen zu Vergütungs-/Lohngruppen.	

Anlage 5 zu § 23 TVÜ-Bund

1. Übergangsregelung zu § 45 Nr. 7 TVöD und TVAng Ausland/TV Arb Ausland:
   a) [1]Bis zum In-Kraft-Treten eines Tarifvertrags über eine persönliche Zulage nach § 14 gilt die in § 18 Abs. 2 i.V.m. § 9 Abs. 1 MTArb/MTArb-O genannte Frist von 30 Tagen nicht für zu einer Auslandsdienststelle entsandten Beschäftigte, die vor dem 1. Januar 2005 der Rentenversicherung der Arbeiter unterlegen hätten. Diese Beschäftigten sind verpflichtet,
   – während des Heimaturlaubs,
   – in anderen Fällen Beschäftigte oder Beamtinnen/Beamte bis zur Dauer von drei Monaten
   zu vertreten. [2]§ 18 Abs. 2 i.V.m. § 9 Abs. 2 MTArb/MTArb-O finden für diesen Zeitraum keine Anwendung.
   b) [1]Bei Änderungen infolge der Zuordnung zu den neuen Entgeltgruppen bei ins Ausland entsandten Beschäftigten, die unter
   – die Sonderregelungen für Beschäftigte die zu Auslandsdienstorten des Bundes entsandt sind oder
   – den TV Ang Ausland und TV Arb Ausland,
   bemisst sich die Höhe der Auslandsbezüge bis zur nächsten Versetzung nach der bis zum 30. September 2005 geltenden Rechtslage. [2]Ergeben sich nach altem Recht höhere Auslandsbezüge als nach neuem Recht, erhalten Beschäftigte eine abbaubare persönliche Zulage in Höhe des Unterschiedsbetrags zwischen den Auslandsbezügen, die sich nach dem bis zum 30. September 2005 geltenden Recht ergeben hätten, und dem ab 1. Oktober 2005 zu zahlenden Auslandsentgelt. [3]Die persönliche Zulage entfällt bei einer Höhergruppierung. Allgemeine Entgeltanpassungen werden auf die persönliche Zulage angerechnet.
2. Übergangsregelung für Personen, denen am 30. September 2005 nach den Sonderregelungen für die Angestellten im Bereich des Bundesministeriums der Verteidigung (SR 2e I BAT) sowie nach dem Tarifvertrag über einen sozialverträglichen Personalabbau im Bereich des Bundesministers der

Verteidigung vom 30. November 1991 (SOPA) eine Übergangsversorgung zugestanden hat:

Nr. 9 a der SR 2 e I BAT gilt weiter.

3. Übergangs- und Überleitungsregelung zu § 46 Sonderregelungen für die Beschäftigten im Bereich des Bundesministeriums der Verteidigung:

a) Die SR 2 b Nr. 10 Abs. 3 MTArb/MTArb-O und SR 2 e II Nr. 9 Abs. 1 und 3 BAT/BAT-O gelten bis zum In–Kraft–Treten einer ablösenden tarifvertraglichen Regelung fort.

b) Für die Überleitung vorhandener Beschäftigter im Sinne des § 1 Abs. 1 TVÜ-Bund, deren Eingruppierung sich am 30. September 2005 nach der Vergütungsordnung für Angestellte im Pflegedienst (Anlage 1 b) richtet, gelten ergänzend zu §§ 3 ff TVÜ-Bund die Sonderregelungen des TVÜ-VKA für diese Beschäftigtengruppe (Protokollerklärungen zu § 4 Abs. 1 und zu §§ 4 und 6 TVÜ-VKA einschließlich der dort in Bezug genommenen Anlagen 4 und 5 TVÜ-VKA); die Strukturausgleichsbeträge für diese Beschäftigten ergeben sich aus Anlage 2 Abschnitt II TVÜ-VKA; im übrigen gilt § 12 TVÜ-Bund.

c) Für Beschäftigte im Pflegedienst im Sinne von § 1 Abs. 1 und 2 TVÜ-Bund richten sich Eingruppierungsvorgänge im Sinne des § 17 Abs. 7 TVÜ-Bund, die zwischen dem 1. Oktober 2005 und dem In-Kraft-Treten der neuen Entgeltordnung stattfinden, nach der Zuordnung der Vergütungsgruppen der Vergütungsordnung für Angestellte im Pflegedienst (Anlage 1 b) gemäß Protokollerklärung zu § 4 Abs. 1 in Verbindung mit Anlagen 4 und 5 TVÜ-VKA.

4. Übergangsregelung für ehemalige Beschäftigte des Luftfahrtbundesamtes im Bereich des Bundesministeriums für Verkehr Bau und Wohnungswesen (SR 2 h BAT)

[1] Für Beschäftigte des Luftfahrt Bundesamtes, die auf Grund von § 1 des Gesetzes zur Übernahme der Beamten und Arbeitnehmer bei der Bundesanstalt für Flugsicherung (Artikel 7 des Zehnten Gesetzes zur Änderung des Luftverkehrsgesetzes vom 23. Juli 1992) Aufgaben der Flugsicherung wahrnehmen, gelten die Sonderregelungen 2 h BAT für den Bereich des Bundes in der bis zum 31. Dezember 2001 geltenden Fassung für die Dauer des fortbestehenden Arbeitsverhältnisses weiter. [2] Teil III Abschn. C der Anlage 1 a zum BAT gilt bis zum In-Kraft-Treten von Eingruppierungsvorschriften des TVöD nebst Entgeltordnung weiter. § 18 Abs. 3 gilt entsprechend.

5. Übergangsregelung für die Beschäftigten auf Fischereischutzbooten und Fischereiforschungsfahrzeugen einschließlich der Ärzte und Heilgehilfen im Bereich des Bundesministeriums für Verbraucherschutz, Ernährung und Landwirtschaft:

[1] Beschäftigte auf Fischereischutzbooten und Fischereiforschungsfahrzeugen einschließlich der Ärzte und Heilgehilfen, jedoch ohne die auf diesen Fahrzeugen eingesetzten Beschäftigten des Deutschen Wetterdienstes, werden vom Geltungsbereich des TVöD und TVÜ-Bund vorläufig ausgenommen. [2] Für die Beschäftigten, für die die Regelungen des Tarifgebiets West Anwendung finden, gelten der Tarifvertrag zur Regelung der Arbeitsbedingungen und der Besatzungsmitglieder der Fischereischutzboote und Fischereiforschungsfahrzeuge vom 11. Januar 1972 in der Fassung

vom 13. März 1987 und der Tarifvertrag über eine Zuwendung für Kapitäne und Besatzungsmitglieder der Fischereischutzboote und Fischereiforschungsschiffe des Bundes vom 31. Januar 1974 vorläufig weiter. [3]Die Tarifvertragsparteien stimmen darüber ein, dass die Beschäftigten nach Satz 1 in den TVöD übergeleitet werden sollen. [4]Die Tarifverhandlungen sollen spätestens nach In-Kraft-Treten der Entgeltordnung aufgenommen werden.

6. Übergangsregelung für Beschäftigte im Bereich des Bundesministeriums der Finanzen

a) Für Arbeiterinnen und Arbeiter des Bundes bei der Bundesmonopolverwaltung für Branntwein, deren dortiges Arbeitsverhältnis über den 30. September 2005 hinaus fortbesteht, und die zum 1. Oktober 2005 unter den Geltungsbereich des TVöD fallen, gelten für die Dauer des ununterbrochen fortbestehenden Arbeitsverhältnisses die tarifvertraglichen Bestimmungen der Nr. 5 und 7 der Sonderregelung 2g MTArb/MTArb-O sowie der Tarifvertrag über die Ausführung von Arbeiten im Leistungslohnverfahren im Bereich der SR 2g des Abschnitts A der Anlage 2 MTArb vom 16. November 1971 weiter.

b) Für Arbeiterinnen und Arbeiter des Bundes im Geltungsbereich des Tarifvertrags zur Überleitung der Arbeiter der Zoll- und Verbrauchsteuerverwaltung und der Bundesvermögensverwaltung der Oberfinanzdirektion Berlin sowie der Bundesmonopolverwaltung für Branntwein in das Tarifrecht des Bundes vom 18. September 1991, deren Arbeitsverhältnis zum Bund über den 30. September 2005 hinaus fortbesteht, und die zum 1. Oktober 2005 unter den Geltungsbereich des TVöD fallen, gelten für die Dauer des ununterbrochen fortbestehenden Arbeitsverhältnisses die tarifvertraglichen Bestimmungen des vorgenannten Überleitungstarifvertrags weiter.

7. Für im Kontroll- und Prüfdienst beschäftigte Angestellte des Bundesamtes für Güterverkehr erfolgt am 1. Oktober 2005 vorerst die Fortzahlung der bisherigen Bezüge als zu verrechnender Abschlag auf das Entgelt, das diesen Beschäftigten nach der Überleitung zusteht.

Niederschriftserklärung zu Nr. 7 der Anlage 5 TVÜ-Bund:

Es besteht Einvernehmen zwischen den Tarifvertragsparteien, baldmöglichst Verhandlungen über besondere Überleitungsregelungen für im Kontroll- und Prüfdienst beschäftigte Angestellte des Bundesamtes für Güterverkehr aufzunehmen.

8. Für Lehrkräfte des Bundes erfolgt am 1. Oktober 2005 vorerst die Fortzahlung der bisherigen Bezüge als zu verrechnender Abschlag auf das Entgelt, das diesen Beschäftigten nach der Überleitung zusteht.

Niederschriftserklärung zu Nr. 8 der Anlage 5 TVÜ-Bund:

Es besteht Einvernehmen zwischen den Tarifvertragsparteien, baldmöglichst Verhandlungen über besondere Überleitungsregelungen für Lehrkräfte des Bundes aufzunehmen.

4. Tarifvertrag zur Überleitung der Beschäftigten der kommunalen Arbeitgeber in den TVöD und zur Regelung des Übergangsrechts (TVÜ-VKA)

vom 13. September 2005

Zwischen der Vereinigung der kommunalen Arbeitgeberverbände, vertreten durch den Vorstand, einerseits und ver.di – Vereinigte Dienstleistungsgewerkschaft (ver.di) vertreten durch den Bundesvorstand, diese zugleich handelnd für
– Gewerkschaft der Polizei
– Industriegewerkschaft Bauen – Agrar – Umwelt,
– Gewerkschaft – Erziehung und Wissenschaft,
andererseits wird Folgendes vereinbart:[1]

1. Abschnitt. Allgemeine Vorschriften

§ 1 Geltungsbereich. (1) [1]Dieser Tarifvertrag gilt für Angestellte, Arbeiterinnen und Arbeiter, deren Arbeitsverhältnis zu einem tarifgebundenen Arbeitgeber, der Mitglied eines Mitgliedverbandes der Vereinigung der kommunalen Arbeitgeberverbände (VKA) ist, über den 30. September 2005 hinaus fortbesteht, und die am 1. Oktober 2005 unter den Geltungsbereich des Tarifvertrages für den öffentlichen Dienst (TVöD) fallen, für die Dauer des ununterbrochen fortbestehenden Arbeitsverhältnisses. [2]Dieser Tarifvertrag gilt ferner die unter § 19 Abs. 2 fallenden sowie für die von § 2 Abs. 6 erfassten Beschäftigten hinsichtlich § 21 Abs. 5.

Protokollerklärung zu Absatz 1 Satz 1:

In der Zeit bis zum 30. September 2007 sind Unterbrechungen von bis zu einem Monat unschädlich.

Protokollerklärung zu Absatz 1:

Tritt ein Arbeitgeber erst nach dem 30. September 2005 einem der Mitgliedverbände der VKA als ordentliches Mitglied bei und hat derselbe Arbeitgeber vor dem 1. September 2002 einem Mitgliedverband der VKA als ordentliches Mitglied angehört, so ist Absatz 1 mit der Maßgabe anzuwenden, dass an die Stelle des 30. September 2005 das Datum tritt, welches dem Tag der Wiederbegründung der Verbandsmitgliedschaft vorausgeht, während das Datum des Wirksamwerdens der Verbandsmitgliedschaft den 1. Oktober 2005 ersetzt.

(2) Nur soweit nachfolgend ausdrücklich bestimmt, gelten die Vorschriften dieses Tarifvertrages auch für Beschäftigte, deren Arbeitsverhältnis zu einem Arbeitgeber im Sinne des Absatzes 1 nach dem 30. September 2005 beginnt und die unter den Geltungsbereich des TVöD fallen.

---

[1] Ein inhaltsgleicher TV würde mit dbb tarifunion vereinbart.

(3) Für geringfügig Beschäftigte im Sinne des § 8 Abs. 1 Nr. 2 SGB IV, die am 30. September 2005 unter den Geltungsbereich des BAT/BAT-O/ BAT-Ostdeutsche Sparkassen/BMT-G/BMT-G-O fallen, finden die bisher jeweils einschlägigen tarifvertraglichen Regelungen für die Dauer ihres ununterbrochen fortbestehenden Arbeitsverhältnisses weiterhin Anwendung.

(4) Die Bestimmungen des TVöD gelten, soweit dieser Tarifvertrag keine abweichenden Regelungen trifft.

§ 2[1] **Ablösung bisheriger Tarifverträge durch den TVöD.** (1) [1]Der TVöD ersetzt in Verbindung mit diesem Tarifvertrag bei tarifgebundenen Arbeitgebern, die Mitglied eines Mitgliedverbandes der VKA sind, den
– Bundes-Angestelltentarifvertrag (BAT) vom 23. Februar 1961,
– Tarifvertrag zur Anpassung des Tarifrechts – Manteltarifliche Vorschriften – (BAT-O) vom 10. Dezember 1990,
– Tarifvertrag zur Anpassung des Tarifrechts – Manteltarifliche Vorschriften – (BAT-Ostdeutsche Sparkassen) vom 21. Januar 1991,
– Bundesmanteltarifvertrag für Arbeiter gemeindlicher Verwaltungen und Betriebe – BMT-G II – vom 31. Januar 1962,
– Tarifvertrag zur Anpassung des Tarifrechts – Manteltarifliche Vorschriften für Arbeiter gemeindlicher Verwaltungen und Betriebe – (BMT-G-O) vom 10. Dezember 1990,
– Tarifvertrag über die Anwendung von Tarifverträgen auf Arbeiter (TV Arbeiter-Ostdeutsche Sparkassen) vom 25. Oktober 1990
sowie die diese Tarifverträge ergänzenden Tarifverträge der VKA, soweit in diesem Tarifvertrag oder im TVöD nicht ausdrücklich etwas anderes bestimmt ist. [2]Die Ersetzung erfolgt mit Wirkung vom 1. Oktober 2005, soweit kein abweichender Termin bestimmt ist.

Protokollerklärung zu Absatz 1:

Von der ersetzenden Wirkung werden von der VKA abgeschlossene ergänzende Tarifverträge nicht erfasst, soweit diese anstelle landesbezirklicher Regelungen vereinbart sind.

(2) [1]Die von den Mitgliedverbänden der VKA abgeschlossenen Tarifverträge sind durch die landesbezirklichen Tarifvertragsparteien hinsichtlich ihrer Weitergeltung zu prüfen und bei Bedarf bis zum 31. Dezember 2006 an den TVöD anzupassen; die landesbezirklichen Tarifvertragsparteien können diese Frist verlängern. [2]Das Recht zur Kündigung der in Satz 1 genannten Tarifverträge bleibt unberührt.

Protokollerklärung zu Absatz 2:

Entsprechendes gilt hinsichtlich der von der VKA abgeschlossenen Tarifverträge, soweit diese anstelle landesbezirklicher Regelungen vereinbart sind.

(3) [1]Sind in Tarifverträgen nach Absatz 2 Satz 1 Vereinbarungen zur Beschäftigungssicherung/Sanierung und/oder Steigerung der Wettbewerbsfähigkeit getroffen, findet ab dem 1. Oktober 2005 der TVöD unter Berücksichtigung der materiellen Wirkungsgleichheit dieser Tarifverträge Anwendung. [2]In diesen Fällen ist durch die landesbezirklichen Tarifvertragsparteien

---

[1] Siehe Niederschriftserklärungen zu § 2 Abs. 1 sowie zu § 2 auf S. 172.

baldmöglichst die redaktionelle Anpassung der in Satz 1 genannten Tarifverträge vorzunehmen. ³Bis dahin wird auf der Grundlage der bis zum 30. September 2005 gültigen Tarifregelungen weiter gezahlt. ⁴Die Überleitung in
den TVöD erfolgt auf der Grundlage des Rechtsstandes vom 30. September
2005. ⁵Familienbezogene Entgeltbestandteile richten sich ab 1. Oktober 2005
nach diesem Tarifvertrag.

Protokollerklärung zu Absatz 3:

*¹Der Rahmentarifvertrag vom 13. Oktober 1998 zur Erhaltung der Wettbewerbsfähigkeit
der deutschen Verkehrsflughäfen und zur Sicherung der Arbeitsplätze (Fassung vom
28. November 2002) wird in seinen Wirkungen nicht verändert. ²Er bleibt mit gleichem
materiellen Inhalt und gleichen Laufzeiten als Rechtsgrundlage bestehen. ³Beschäftigte in
Unternehmen, für die Anwendungstarifverträge zum Rahmentarifvertrag nach Satz 1 vereinbart worden sind, werden zum 1. Oktober 2005 übergeleitet. ⁴Die tatsächliche personalwirt-
schaftliche Überleitung – einschließlich individueller Nachberechnungen – erfolgt zu dem Zeitpunkt, zu dem die Verständigung über den angepassten Anwendungstarifvertrag erzielt ist.*

(4) Unabhängig von den Absätzen 1 und 2 gelten Tarifverträge gemäß § 3
des Tarifvertrages zur sozialen Absicherung fort und sind bei Bedarf an den
TVöD anzupassen.

(5) Absatz 1 gilt nicht für Beschäftigte in Versorgungsbetrieben, Nahverkehrsbetrieben und für Beschäftigte in Wasserwirtschaftsverbänden in Nordrhein-Westfalen, die gemäß § 1 Abs. 2 Buchst. d und e TVöD vom Geltungsbereich des TVöD ausgenommen sind, es sei denn, Betriebe oder
Betriebsteile, die dem fachlichen Geltungsbereich des TV-V, eines TV-N
oder des TV-WW/NW entsprechen, werden in begründeten Einzelfällen
durch landesbezirklichen Tarifvertrag in den Geltungsbereich des TVöD und
dieses Tarifvertrages einbezogen.

Protokollerklärung zu Absatz 5:

*Die Möglichkeit, Betriebsteile, die dem Geltungsbereich eines TV-N entsprechen, in den
Geltungsbereich eines anderen Spartentarifvertrages (TV-V, TV-WW/NW) einzubeziehen, bleibt unberührt.*

(6) ¹Absatz 1 gilt längstens bis zum 31. Dezember 2007 nicht für Beschäftigte von Arbeitgebern, wenn die Anwendung des TV-V, eines TV-N oder
des TV-WW/NW auf diese Beschäftigten beabsichtigt ist und vor dem
1. Oktober 2005 Tarifverhandlungen zur Einführung eines dieser Tarifverträge aufgenommen worden sind. ²Dies gilt auch dann, wenn die Tarifverhandlungen erst nach dem 1. Oktober 2005, aber spätestens mit Ablauf des
31. Dezember 2007 zu der Überleitung in diese Tarifverträge führen.

Protokollerklärung zu Absatz 6:

*¹Tarifverhandlungen zur – ggf. teilbetrieblichen – Einführung der genannten Spartenta-
rifverträge sind auch dann aufgenommen, wenn auf landesbezirklicher Ebene die jeweils andere Tarifvertragspartei zum Abschluss eines Tarifvertrages zur Einbeziehung aufgefordert
worden ist. ²Kommt bis zum 31. Dezember 2007 eine Vereinbarung über die Anwendung
eines der genannten Spartentarifverträge nicht zustande, findet ab dem 1. Januar 2008 der
TVöD und dieser Tarifvertrag auf Beschäftigte Anwendung, die nicht im Geltungsbereich
des BAT/BAT-O/BMT-G/BMT-G-O verbleiben. ³Absatz 5 bleibt unberührt.*

2. Abschnitt. Überleitungsregelungen

§ 3 Überleitung in den TVöD. Die von § 1 Abs. 1 erfassten Beschäftigten werden am 1. Oktober 2005 gemäß den nachfolgenden Regelungen in den TVöD übergeleitet.

§ 4 Zuordnung der Vergütungs- und Lohngruppen. (1)[1] [1] Für die Überleitung der Beschäftigten wird ihre Vergütungs- bzw. Lohngruppe (§ 22 BAT/BAT-O/BAT-Ostdeutsche Sparkassen bzw. entsprechende Regelungen für Arbeiterinnen und Arbeiter bzw. besondere tarifvertragliche Vorschriften für bestimmte Berufsgruppen) nach der Anlage 1 den Entgeltgruppen des TVöD zugeordnet. [2] Abweichend von Satz 1 gilt für Ärztinnen und Ärzte die Entgeltordnung gemäß § 51 Besonderer Teil – Krankenhäuser (BT-K).

Protokollerklärung zu § 4 Abs. 1:

Bis zum In-Kraft-Treten der neuen Entgeltordnung verständigen sich die Tarifvertragsparteien zwecks besserer Übersichtlichkeit für die Zuordnung der neu eingestellten Beschäftigten gemäß Anlage 1 b zum BAT auf eine Anwendungstabelle gemäß Anlage 4 und – für Beschäftigte, für die die Regelungen des Tarifgebiets Ost Anwendung finden – gemäß Anlage 5. Die Tarifvertragsparteien sind sich einig, dass diese Anwendungstabelle – insbesondere die Bezeichnung der Entgeltgruppen – keinen Vorgriff auf die Verhandlungen zur neuen Entgeltordnung darstellt.

(2) Beschäftigte, die im Oktober 2005 bei Fortgeltung des bisherigen Tarifrechts die Voraussetzungen für einen Bewährungs-, Fallgruppen- oder Tätigkeitsaufstieg erfüllt hätten, werden für die Überleitung so behandelt, als wären sie bereits im September 2005 höhergruppiert worden.

(3) Beschäftigte, die im Oktober 2005 bei Fortgeltung des bisherigen Tarifrechts in eine niedrigere Vergütungs- bzw. Lohngruppe eingruppiert worden wären, werden für die Überleitung so behandelt, als wären sie bereits im September 2005 herabgruppiert worden.

§ 5 Vergleichsentgelt. (1) Für die Zuordnung zu den Stufen der Entgelttabelle des TVöD wird für die Beschäftigten nach § 4 ein Vergleichsentgelt auf der Grundlage der im September 2005 erhaltenen Bezüge gemäß den Absätzen 2 bis 7 gebildet.

(2) [1] Bei Beschäftigten aus dem Geltungsbereich des BAT/BAT-O/ BAT-Ostdeutsche Sparkassen setzt sich das Vergleichsentgelt aus der Grundvergütung, der allgemeinen Zulage und dem Ortszuschlag der Stufe 1 oder 2 zusammen. [2] Ist auch eine andere Person im Sinne von § 29 Abschn. B Abs. 5 BAT/BAT-O/BAT-Ostdeutsche Sparkassen ortszuschlagsberechtigt oder nach beamtenrechtlichen Grundsätzen familienzuschlagsberechtigt, wird nur die Stufe 1 zugrunde gelegt; findet der TVöD am 1. Oktober 2005 auch auf die andere Person Anwendung, geht der jeweils individuell zustehende Teil des Unterschiedsbetrages zwischen den Stufen 1 und 2 des Ortszuschlages in das Vergleichsentgelt ein. [3] Ferner fließen im September 2005 tarifvertraglich zustehende Funktionszulagen insoweit in das Vergleichsentgelt ein, als sie

---

[1] Siehe Niederschriftserklärung zu § 4 Abs. 1 auf S. 172.

nach dem TVöD nicht mehr vorgesehen sind. [4]Erhalten Beschäftigte eine Gesamtvergütung (§ 30 BAT/BAT-O/BAT-Ostdeutsche Sparkassen), bildet diese das Vergleichsentgelt. [5]Bei Lehrkräften, die die Zulage nach Abschnitt A Unterabschnitt II der Lehrer-Richtlinien der VKA erhalten, wird diese Zulage und bei Lehrkräften, die am 30. September 2005 einen arbeitsvertraglichen Anspruch auf Zahlung einer allgemeinen Zulage wie die unter die Anlage 1 a zum BAT/BAT-O fallenden Angestellten haben, wird dieser Betrag in das Vergleichsentgelt eingerechnet.

Protokollerklärung zu Absatz 2 Satz 3:

Vorhandene Beschäftigte erhalten bis zum In-Kraft-Treten der neuen Entgeltordnung ihre Techniker-, Meister- und Programmiererzulage unter den bisherigen Voraussetzungen als persönliche Besitzstandszulage.

(3) [1]Bei Beschäftigten aus dem Geltungsbereich des BMT-G/BMT-G-O/TV Arbeiter-Ostdeutsche Sparkassen wird der Monatstabellenlohn als Vergleichsentgelt zugrunde gelegt. [2]Absatz 2 Satz 3 gilt entsprechend. [3]Erhalten Beschäftigte nicht den Volllohn (§ 21 Abs. 1 Buchst. a BMT-G/BMT-G-O), gilt Absatz 2 Satz 4 entsprechend.

(4) [1]Beschäftigte, die im Oktober 2005 bei Fortgeltung des bisherigen Rechts die Grundvergütung bzw. den Monatstabellenlohn der nächsthöheren Stufe erhalten hätten, werden für die Bemessung des Vergleichsentgelts so behandelt, als wäre der Stufenaufstieg bereits im September 2005 erfolgt. [2]§ 4 Abs. 2 und 3 gilt bei der Bemessung des Vergleichsentgelts entsprechend.

Protokollerklärung zu Absatz 4:

Fällt bei Beschäftigten aus dem Geltungsbereich des BAT/BAT-O/BAT-Ostdeutsche Sparkassen, bei denen sich bisher die Grundvergütung nach § 27 Abschn. A BAT/BAT-O/BAT-Ostdeutsche Sparkassen bestimmt, im Oktober 2005 eine Stufensteigerung mit einer Höhergruppierung zusammen, ist zunächst die Stufensteigerung in der bisherigen Vergütungsgruppe und danach die Höhergruppierung durchzuführen.

(5) [1]Bei Teilzeitbeschäftigten wird das Vergleichsentgelt auf der Grundlage eines vergleichbaren Vollzeitbeschäftigten bestimmt. [2]Satz 1 gilt für Beschäftigte, deren Arbeitszeit nach § 3 des Tarifvertrages zur sozialen Absicherung vom 6. Juli 1992 herabgesetzt ist, entsprechend.

Protokollerklärung zu Absatz 5:

[1]Lediglich das Vergleichsentgelt wird auf der Grundlage eines entsprechenden Vollzeitbeschäftigten ermittelt; sodann wird nach der Stufenzuordnung das zustehende Entgelt zeitratierlich berechnet. [2]Diese zeitratierliche Kürzung des auf den Ehegattenanteil im Ortszuschlag entfallenden Betrag unterbleibt nach Maßgabe des § 29 Abschn. B Abs. 5 Satz 2 BAT/BAT-O. [3]Neue Ansprüche entstehen hierdurch nicht.

(6) Für Beschäftigte, die nicht für alle Tage im September 2005 oder für keinen Tag dieses Monats Bezüge erhalten, wird das Vergleichsentgelt so bestimmt, als hätten sie für alle Tage dieses Monats Bezüge erhalten; in den Fällen des § 27 Abschn. A Abs. 3 Unterabs. 6 und Abschn. B Abs. 3 Unterabs. 4 BAT/BAT-O/BAT-Ostdeutsche Sparkassen bzw. der entsprechenden Regelungen für Arbeiterinnen und Arbeiter werden die Beschäftigten für das

Vergleichsentgelt so gestellt, als hätten sie am 1. September 2005 die Arbeit wieder aufgenommen.

(7) Abweichend von den Absätzen 2 bis 6 wird bei Beschäftigten, die gemäß § 27 Abschn. A Abs. 6 oder Abschn. B Abs. 7 BAT/BAT-O/BAT-Ostdeutsche Sparkassen bzw. den entsprechenden Regelungen für Arbeiterinnen und Arbeiter den Unterschiedsbetrag zwischen der Grundvergütung bzw. dem Monatstabellenlohn ihrer bisherigen zur nächsthöheren Stufe im September 2005 nur zur Hälfte erhalten, für die Bestimmung des Vergleichsentgelts die volle Grundvergütung bzw. der volle Monatstabellenlohn aus der nächsthöheren Stufe zugrunde gelegt.

§ 6 Stufenzuordnung der Angestellten. (1) ¹Beschäftigte aus dem Geltungsbereich des BAT/BAT-O/BAT-Ostdeutsche Sparkassen werden einer ihrem Vergleichsentgelt entsprechenden individuellen Zwischenstufe der gemäß § 4 bestimmten Entgeltgruppe zugeordnet. ²Zum 1. Oktober 2007 steigen diese Beschäftigten in die dem Betrag nach nächsthöhere reguläre Stufe ihrer Entgeltgruppe auf. ³Der weitere Stufenaufstieg richtet sich nach den Regelungen des TVöD. ⁴Das Entgelt der individuellen Zwischenstufe nach Satz 1 wird für Beschäftigte, auf die die Regelungen des Tarifgebiets Ost Anwendung finden, am 1. Juli 2006 um den Faktor 1,01596 und am 1. Juli 2007 nochmals um den Faktor 1,01571 erhöht.

(2) ¹Werden Beschäftigte vor dem 1. Oktober 2007 höhergruppiert (nach § 8 Abs. 1 und 3 1. Alt., § 9 Abs. 3 Buchst. a oder aufgrund Übertragung einer mit einer höheren Entgeltgruppe bewerteten Tätigkeit), so erhalten sie in der höheren Entgeltgruppe Entgelt nach der regulären Stufe, deren Betrag mindestens der individuellen Zwischenstufe entspricht, jedoch nicht weniger als das Entgelt der Stufe 2; der weitere Stufenaufstieg richtet sich nach den Regelungen des TVöD. ²In den Fällen des Satzes 1 gilt § 17 Abs. 4 Satz 2 TVöD entsprechend. ³Werden Beschäftigte vor dem 1. Oktober 2007 herabgruppiert, werden sie in der niedrigeren Entgeltgruppe derjenigen individuellen Zwischenstufe zugeordnet, die sich bei Herabgruppierung im September 2005 ergeben hätte; der weitere Stufenaufstieg richtet sich nach Absatz 1 Satz 2 und 3.

(3) ¹Ist bei Beschäftigten, deren Eingruppierung sich nach der Vergütungsordnung für Angestellte im Pflegedienst (Anlage 1b zum BAT) richtet, das Vergleichsentgelt niedriger als das Entgelt der Stufe 3, entspricht es aber mindestens dem Mittelwert aus den Beträgen der Stufen 2 und 3 und ist die/der Beschäftigte am Stichtag mindestens drei Jahre in einem Arbeitsverhältnis bei dem selben Arbeitgeber beschäftigt, wird sie/er abweichend von Absatz 1 bereits zum 1. Oktober 2005 in die Stufe 3 übergeleitet. ²Der weitere Stufenaufstieg richtet sich nach den Regelungen des TVöD.

(4) ¹Liegt das Vergleichsentgelt über der höchsten Stufe der gemäß § 4 bestimmten Entgeltgruppe, werden Beschäftigte abweichend von Absatz 1 einer dem Vergleichsentgelt entsprechenden individuellen Endstufe zugeordnet. ²Werden Beschäftigte aus einer individuellen Endstufe höhergruppiert, so erhalten sie in der höheren Entgeltgruppe mindestens den Betrag, der ihrer bisherigen individuellen Endstufe entspricht. ³Im Übrigen gilt Absatz 2 entsprechend. ⁴Die individuelle Endstufe verändert sich um denselben Vomhun-

dertsatz bzw. in demselben Umfang wie die höchste Stufe der jeweiligen Entgeltgruppe. [5] Absatz 1 Satz 4 gilt entsprechend.

(5) [1] Beschäftigte, deren Vergleichsentgelt niedriger ist als das Entgelt in der Stufe 2, werden abweichend von Absatz 1 der Stufe 2 zugeordnet. [2] Der weitere Stufenaufstieg richtet sich nach den Regelungen des TVöD. [3] Abweichend von Satz 1 werden Beschäftigte, denen am 30. September 2005 eine in der Vergütungsordnung (Anlage 1a zum BAT) durch die Eingruppierung in Vergütungsgruppe Vb BAT/BAT-O/BAT-Ostdeutsche Sparkassen mit Aufstieg nach IVb und IVa abgebildete Tätigkeit übertragen ist, der Stufe 1 der Entgeltgruppe 10 zugeordnet.

(6) [1] Für Ärztinnen und Ärzte gelten die Absätze 1 bis 5, soweit nicht im Folgenden etwas Abweichendes geregelt ist.

[2] Ärztinnen und Ärzte ohne Facharztanerkennung, die in der Entgeltgruppe 14 einer individuellen Zwischenstufe zwischen Stufe 1 und Stufe 2 zugeordnet werden, steigen nach einem Jahr in die Stufe 2 auf.

[3] Ärztinnen und Ärzte ohne Facharztanerkennung, die in der Entgeltgruppe 14 einer individuellen Zwischenstufe zwischen Stufe 2 und Stufe 3 zugeordnet werden, steigen mit der Facharztanerkennung in die Stufe 3 auf.

[4] Ärztinnen und Ärzte mit Facharztanerkennung am 30. September 2005 steigen zum 1. Oktober 2006 in die Stufe 3 auf, wenn sie in eine individuelle Zwischenstufe unterhalb der Stufe 3 übergeleitet worden sind.

[5] Ärztinnen und Ärzte mit Facharztanerkennung am 30. September 2005, die in eine individuelle Zwischenstufe oberhalb der Stufe 3 übergeleitet worden sind, steigen in die nächsthöhere Stufe nach den Regelungen des § 51 BT-K auf, frühestens zum 1. Oktober 2006.

[6] Die weiteren Stufenaufstiege richten sich jeweils nach dem § 51 BT-K.

[7] Zeiten als Fachärztin oder Facharzt mit entsprechender Tätigkeit bei anderen Arbeitgebern werden abweichend von § 51 BT-K i.V.m. § 16 Abs. 3 Satz 1 TVöD auf den weiteren Stufenverlauf angerechnet.

Protokollerklärung zu Absatz 6:

[1] *Die Überleitungsregelungen für Ärztinnen und Ärzte folgen den Regelungen in § 51 BT-K, wonach Ärztinnen und Ärzte bis zur Facharztanerkennung und der Übertragung entsprechender Tätigkeiten in der Stufe 2 verbleiben.* [2] *Übergeleitete Ärztinnen und Ärzte ohne Facharztanerkennung und mit einem Vergleichsentgelt oberhalb der Stufe 2 verbleiben in ihrer individuellen Zwischenstufe bis zur Facharztanerkennung und der Übertragung entsprechender Tätigkeiten.*

(7) Bei ständigen Vertreterinnen/Vertretern der/des leitenden Ärztin/ Arztes, die in die Entgeltgruppe 15Ü übergeleitet werden und deren Vergleichsentgelt die Summe aus dem jeweiligen Tabellenwert der Entgeltgruppe 15 Stufe 6 und der Zulage nach § 51 Absatz 2 BT-K übersteigt, werden auf den Differenzbetrag zukünftige allgemeine Entgelterhöhungen jeweils zur Hälfte angerechnet.

Protokollerklärungen zu §§ 4 und 6:

Für die Überleitung in die Entgeltgruppe 8a gemäß Anlage 4 TVÜ-VKA gilt für übergeleitete Beschäftigte

– der Vergütungsgruppe Kr. V vier Jahre, Kr. Va zwei Jahre Kr. VI

– *der Vergütungsgruppe Kr. V a drei Jahre Kr. VI*
– *der Vergütungsgruppe Kr. V a fünf Jahre Kr. VI*
– *der Vergütungsgruppe Kr. V sechs Jahre Kr. VI*
mit Ortszuschlag der Stufe 2 folgendes:
1. *Zunächst erfolgt die Überleitung nach den allgemeinen Grundsätzen.*
2. *Die Verweildauer in Stufe 3 wird von drei Jahren auf zwei Jahre verkürzt.*
3. *Der Tabellenwert der Stufe 4 wird nach der Überleitung um 100 Euro erhöht.*

§ 7 Stufenzuordnung der Arbeiterinnen und Arbeiter. (1) [1]Beschäftigte aus dem Geltungsbereich des BMT-G/BMT-G-O/TV Arbeiter-Ost-deutsche Sparkassen werden entsprechend ihrer Beschäftigungszeit nach § 6 BMT-G/BMT-G-O der Stufe der gemäß § 4 bestimmten Entgeltgruppe zugeordnet, die sie erreicht hätten, wenn die Entgelttabelle des TVöD bereits seit Beginn ihrer Beschäftigungszeit gegolten hätte; Stufe 1 ist hierbei ausnahmslos mit einem Jahr zu berücksichtigen. [2]Der weitere Stufenaufstieg richtet sich nach den Regelungen des TVöD.

(2) § 6 Abs. 4 und Abs. 5 Satz 1 und 2 gilt für Beschäftigte gemäß Absatz 1 entsprechend.

(3) [1]Ist das Entgelt nach Absatz 1 Satz 1 niedriger als das Vergleichsentgelt, werden Beschäftigte einer dem Vergleichsentgelt entsprechenden individuellen Zwischenstufe zugeordnet. [2]Der Aufstieg aus der individuellen Zwischenstufe in die dem Betrag nach nächsthöhere reguläre Stufe ihrer Entgeltgruppe findet zu dem Zeitpunkt statt, zu dem sie gemäß Absatz 1 Satz 1 die Voraussetzungen für diesen Stufenaufstieg aufgrund der Beschäftigungszeit erfüllt haben.

(4) [1]Werden Beschäftigte während ihrer Verweildauer in der individuellen Zwischenstufe höhergruppiert, erhalten sie in der höheren Entgeltgruppe Entgelt nach der regulären Stufe, deren Betrag mindestens der individuellen Zwischenstufe entspricht, jedoch nicht weniger als das Entgelt der Stufe 2; der weitere Stufenaufstieg richtet sich nach den Regelungen des TVöD. [2]§ 17 Abs. 4 Satz 2 TVöD gilt entsprechend. [3]Werden Beschäftigte während ihrer Verweildauer in der individuellen Zwischenstufe herabgruppiert, erfolgt die Stufenzuordnung in der niedrigeren Entgeltgruppe, als sei die niedrigere Eingruppierung bereits im September 2005 erfolgt; der weitere Stufenaufstieg richtet sich bei Zuordnung zu einer individuellen Zwischenstufe nach Absatz 3 Satz 2, ansonsten nach Absatz 1 Satz 2.

Protokollerklärung zu den Absätzen 2 bis 4:

Das Entgelt der individuellen Zwischenstufe wird für Beschäftigte, auf die die Regelungen des Tarifgebiets Ost Anwendung finden, am 1. Juli 2006 um den Faktor 1,01596 und am 1. Juli 2007 nochmals um den Faktor 1,01571 erhöht.

3. Abschnitt. Besitzstandsregelungen

§ 8[1) Bewährungs- und Fallgruppenaufstiege. (1) [1]Aus dem Geltungsbereich des BAT/BAT-O/BAT-Ostdeutsche Sparkassen in eine der Entgeltgruppen 3, 5, 6 oder 8 übergeleitete Beschäftigte, die am 1. Oktober 2005 bei

---

[1)] Siehe Niederschriftserklärung zu § 8 Abs. 2 sowie Niederschriftserklärung zu § 8 Abs. 1 Satz 3 und Abs. 2 Satz 2 und § 9 Abs. 2 bis 4 auf S. 172.

Fortgeltung des bisherigen Tarifrechts die für eine Höhergruppierung erforderliche Zeit der Bewährung oder Tätigkeit zur Hälfte erfüllt haben, sind zu dem Zeitpunkt, zu dem sie nach bisherigem Recht höhergruppiert wären, in die nächsthöhere Entgeltgruppe des TVöD eingruppiert. [2] Abweichend von Satz 1 erfolgt die Höhergruppierung in die Entgeltgruppe 5, wenn die Beschäftigten aus der Vergütungsgruppe VIII BAT/BAT-O/BAT-Ostdeutsche Sparkassen mit ausstehendem Aufstieg nach Vergütungsgruppe VII BAT/ BAT-O/BAT-Ostdeutsche Sparkassen übergeleitet worden sind; sie erfolgt in die Entgeltgruppe 8, wenn die Beschäftigten aus der Vergütungsgruppe VI b BAT/BAT-O/BAT-Ostdeutsche Sparkassen mit ausstehendem Aufstieg nach Vergütungsgruppe V c BAT/BAT-O/BAT-Ostdeutsche Sparkassen übergeleitet worden sind. [3] Voraussetzung für die Höhergruppierung nach Satz 1 und 2 ist, dass
– zum individuellen Aufstiegszeitpunkt keine Anhaltspunkte vorliegen, die bei Fortgeltung des bisherigen Rechts einer Höhergruppierung entgegengestanden hätten, und
– bis zum individuellen Aufstiegszeitpunkt nach Satz 1 weiterhin eine Tätigkeit auszuüben ist, die diesen Aufstieg ermöglicht hätte.
[4] Die Sätze 1 bis 3 gelten nicht in den Fällen des § 4 Abs. 2. [5] Erfolgt die Höhergruppierung vor dem 1. Oktober 2007, gilt – gegebenenfalls unter Berücksichtigung des Satzes 2   § 6 Abs. 2 Satz 1 und 2 entsprechend.

(2) [1] Aus dem Geltungsbereich des BAT/BAT-O/BAT-Ostdeutsche Sparkassen in eine der Entgeltgruppen 2 sowie 9 bis 15 übergeleitete Beschäftigte, die am 1. Oktober 2005 bei Fortgeltung des bisherigen Tarifrechts die für eine Höhergruppierung erforderliche Zeit der Bewährung oder Tätigkeit zur Hälfte erfüllt haben und in der Zeit zwischen dem 1. November 2005 und dem 30. September 2007 höhergruppiert wären, erhalten ab dem Zeitpunkt, zu dem sie nach bisherigem Recht höhergruppiert wären, in ihrer bisherigen Entgeltgruppe Entgelt nach derjenigen individuellen Zwischen- bzw. Endstufe, die sich ergeben hätte, wenn sich ihr Vergleichsentgelt (§ 5) nach der Vergütung aufgrund der Höhergruppierung bestimmt hätte. [2] Voraussetzung für diesen Stufenaufstieg ist, dass
– zum individuellen Aufstiegszeitpunkt keine Anhaltspunkte vorliegen, die bei Fortgeltung des bisherigen Rechts einer Höhergruppierung entgegengestanden hätten, und
– bis zum individuellen Aufstiegszeitpunkt nach Satz 1 weiterhin eine Tätigkeit auszuüben ist, die diesen Aufstieg ermöglicht hätte.
[3] Ein etwaiger Strukturausgleich wird ab dem individuellen Aufstiegszeitpunkt nicht mehr gezahlt. [4] Der weitere Stufenaufstieg richtet sich bei Zuordnung zu einer individuellen Zwischenstufe nach § 6 Abs. 1. [5] § 4 Abs. 2 bleibt unberührt. [6] Zur Ermittlung einer neuen individuellen Zwischenstufe gemäß Satz 1 ist für Beschäftigte, für die die Regelungen des Tarifgebiets Ost Anwendung finden, das auf den Rechtsstand vom 30. September 2005 festgestellte neue Vergleichsentgelt um den Faktor 1,01596 zu erhöhen, wenn die Neuberechnung des Vergleichsentgelts in der Zeit vom 1. Juli 2006 bis 30. Juni 2007, und um den Faktor 1,03191, wenn die Neuberechnung des Vergleichsentgelts nach dem 30. Juni 2007 zu erfolgen hat.

Protokollerklärung zu Absatz 2:

Erfolgt die Neuberechnung des Vergleichsentgelts nach dem 30. Juni 2006, aber vor dem 1. Juli 2007, ist das Vergleichsentgelt gemäß § 6 Abs. 1 Satz 4 am 1. Juli 2007 um den Faktor 1,01 571 zu erhöhen.

(3) Abweichend von Absatz 1 Satz 1 und Absatz 2 Satz 1 gelten die Absätze 1 bzw. 2 entsprechend für übergeleitete Beschäftigte, die bei Fortgeltung des BAT/BAT-O/BAT-Ostdeutsche Sparkassen bis spätestens zum 30. September 2007 wegen Erfüllung der erforderlichen Zeit der Bewährung oder Tätigkeit höhergruppiert worden wären; dies gilt unabhängig davon, ob die Hälfte der erforderlichen Bewährungs- oder Tätigkeitszeit am Stichtag erfüllt ist.

(4) Die Absätze 1 bis 3 finden auf übergeleitete Beschäftigte, deren Eingruppierung sich nach der Vergütungsordnung für Angestellte im Pflegedienst (Anlage 1 b zum BAT) richtet, keine Anwendung.

(5) [1] Ist bei einer Lehrkraft, die gemäß Nr. 5 der Bemerkung zu allen Vergütungsgruppen nicht unter die Anlage 1 a zum BAT fällt, eine Höhergruppierung nur vom Ablauf einer Bewährungszeit und von der Bewährung abhängig und ist am Stichtag die Hälfte der Mindestzeitdauer für einen solchen Aufstieg erfüllt, erfolgt in den Fällen des Absatzes 1 unter den weiteren dort genannten Voraussetzungen zum individuellen Aufstiegszeitpunkt der Aufstieg in die nächsthöhere Entgeltgruppe. [2] Absatz 1 Satz 2 und Höhergruppierungsmöglichkeiten durch entsprechende Anwendung beamtenrechtlicher Regelungen bleiben unberührt. [3] Im Fall des Absatzes 2 gilt Satz 1 mit der Maßgabe, dass anstelle der Höhergruppierung eine Neuberechnung des Vergleichsentgelts nach Absatz 2 erfolgt.

§ 9[1) Vergütungsgruppenzulagen. (1) Aus dem Geltungsbereich des BAT/BAT-O/BAT-Ostdeutsche Sparkassen übergeleitete Beschäftigte, denen am 30. September 2005 nach der Vergütungsordnung zum BAT eine Vergütungsgruppenzulage zusteht, erhalten in der Entgeltgruppe, in die sie übergeleitet werden, eine Besitzstandszulage in Höhe ihrer bisherigen Vergütungsgruppenzulage.

(2) [1] Aus dem Geltungsbereich des BAT/BAT-O/BAT-Ostdeutsche Sparkassen übergeleitete Beschäftigte, die bei Fortgeltung des bisherigen Rechts nach dem 30. September 2005 eine Vergütungsgruppenzulage ohne vorausgehenden Bewährungs- oder Fallgruppenaufstieg erreicht hätten, erhalten ab dem Zeitpunkt, zu dem ihnen die Zulage nach bisherigem Recht zugestanden hätte, eine Besitzstandszulage. [2] Die Höhe der Besitzstandszulage bemisst sich nach dem Betrag, der als Vergütungsgruppenzulage zu zahlen gewesen wäre, wenn diese bereits am 30. September 2005 zugestanden hätte. [3] Voraussetzung ist, dass
– am 1. Oktober 2005 die für die Vergütungsgruppenzulage erforderliche Zeit der Bewährung oder Tätigkeit nach Maßgabe des § 23 b Abschn. B BAT/BAT-O/BAT-Ostdeutsche Sparkassen zur Hälfte erfüllt ist,
– zu diesem Zeitpunkt keine Anhaltspunkte vorliegen, die bei Fortgeltung des bisherigen Rechts der Vergütungsgruppenzulage entgegengestanden hätten und

---

[1) Siehe Niederschriftserklärung zu § 8 Abs. 1 Satz 3 und Abs. 2 Satz 2 sowie § 9 Abs. 2 bis 4 auf S. 172.

– bis zum individuellen Zeitpunkt nach Satz 1 weiterhin eine Tätigkeit auszuüben ist, die zu der Vergütungsgruppenzulage geführt hätte.

(3) ¹Für aus dem Geltungsbereich des BAT/BAT-O/BAT-Ostdeutsche Sparkassen übergeleitete Beschäftigte, die bei Fortgeltung des bisherigen Rechts nach dem 30. September 2005 im Anschluss an einen Fallgruppenaufstieg eine Vergütungsgruppenzulage erreicht hätten, gilt Folgendes:

a) ¹In eine der Entgeltgruppen 3, 5, 6 oder 8 übergeleitete Beschäftigte, die den Fallgruppenaufstieg am 30. September 2005 noch nicht erreicht haben, sind zu dem Zeitpunkt, zu dem sie nach bisherigem Recht höhergruppiert worden wären, in die nächsthöhere Entgeltgruppe des TVöD eingruppiert; § 8 Abs. 1 Satz 2 bis 5 gilt entsprechend. ²Eine Besitzstandszulage für eine Vergütungsgruppenzulage steht nicht zu.

b) Ist die Vergütungsgruppenzulage vorausgehender Fallgruppenaufstieg am 30. September 2005 bereits erfolgt, gilt Absatz 2 mit der Maßgabe, dass am 1. Oktober 2005 die Hälfte der Gesamtzeit für den Anspruch auf die Vergütungsgruppenzulage einschließlich der Zeit für den vorausgehenden Aufstieg zurückgelegt sein muss.

(4) ¹Die Besitzstandszulage nach den Absätzen 1, 2 und 3 Buchst. b wird so lange gezahlt, wie die anspruchsbegründende Tätigkeit ununterbrochen ausgeübt wird und die sonstigen Voraussetzungen für die Vergütungsgruppenzulage nach bisherigem Recht weiterhin bestehen. ²Sie verändert sich bei allgemeinen Entgeltanpassungen um den von den Tarifvertragsparteien für die jeweilige Entgeltgruppe festgelegten Vomhundertsatz.

§ 10¹⁾ Fortführung vorübergehend übertragener höherwertiger Tätigkeit. (1) ¹Beschäftigte, denen am 30. September 2005 eine Zulage nach § 24 BAT/BAT-O/BAT-Ostdeutsche Sparkassen zusteht, erhalten nach Überleitung in den TVöD eine Besitzstandszulage in Höhe ihrer bisherigen Zulage, solange sie die anspruchsbegründende Tätigkeit weiterhin ausüben und die Zulage nach bisherigem Recht zu zahlen wäre. ²Wird die anspruchsbegründende Tätigkeit über den 30. September 2007 hinaus beibehalten, finden mit Wirkung ab dem 1. Oktober 2007 die Regelungen des TVöD über die vorübergehende Übertragung einer höherwertigen Tätigkeit Anwendung. ³Für eine vor dem 1. Oktober 2005 vorübergehend übertragene höherwertige Tätigkeit, für die am 30. September 2005 wegen der zeitlichen Voraussetzungen des § 24 Abs. 1 bzw. 2 BAT/BAT-O/BAT-Ostdeutsche Sparkassen noch keine Zulage gezahlt wird, gilt Satz 1 und 2 ab dem Zeitpunkt entsprechend, zu dem nach bisherigem Recht die Zulage zu zahlen gewesen wäre. ⁴Sätze 1 bis 3 gelten für landesbezirkliche Regelungen gemäß § 9 Abs. 3 BMT-G und nach Abschnitt I. der Anlage 3 des Tarifvertrages zu § 20 Abs. 1 BMT-G-O (Lohngruppenverzeichnis) entsprechend. ⁵Sätze 1 bis 4 gelten bei besonderen tarifvertraglichen Vorschriften über die vorübergehende Übertragung höherwertiger Tätigkeiten entsprechend.

(2) ¹Absatz 1 gilt in Fällen des § 2 der Anlage 3 zum BAT entsprechend. ²An die Stelle der Begriffe Vergütung und Vergütungsgruppe treten die Begriffe Entgelt und Entgeltgruppe.

---

¹⁾ Siehe Niederschriftserklärung zu § 10 Abs. 1 und 2 auf S. 172.

§ 11 Kinderbezogene Entgeltbestandteile. (1) ¹Für im September 2005 zu berücksichtigende Kinder werden die kinderbezogenen Entgeltbestandteile des BAT/BAT-O oder MTArb/MTArb-O in der für September 2005 zustehenden Höhe als Besitzstandszulage fortgezahlt, solange für diese Kinder Kindergeld nach dem Einkommensteuergesetz (EStG) oder nach dem Bundeskindergeldgesetz (BKGG) ununterbrochen gezahlt wird oder ohne Berücksichtigung des § 64 oder § 65 EStG oder des § 3 oder § 4 BKGG gezahlt würde. ²Die Besitzstandszulage entfällt ab dem Zeitpunkt, zu dem einer anderen Person, die im öffentlichen Dienst steht oder auf Grund einer Tätigkeit im öffentlichen Dienst nach beamtenrechtlichen Grundsätzen oder nach einer Ruhelohnordnung versorgungsberechtigt ist, für ein Kind, für welches die Besitzstandszulage gewährt wird, das Kindergeld gezahlt wird; die Änderung der Kindergeldberechtigung hat die/der Beschäftigte dem Arbeitgeber unverzüglich schriftlich anzuzeigen. ³Unterbrechungen wegen der Ableistung von Grundwehrdienst, Zivildienst oder Wehrübungen sowie die Ableistung eines freiwilligen sozialen oder ökologischen Jahres sind unschädlich; soweit die unschädliche Unterbrechung bereits im Monat September 2005 vorliegt, wird die Besitzstandszulage ab dem Zeitpunkt des Wiederauflebens der Kindergeldzahlung gewährt.

(2) ¹§ 24 Abs. 2 TVöD ist anzuwenden. ²Die Besitzstandszulage nach Absatz 1 Satz 1 verändert sich bei allgemeinen Entgeltanpassungen um den von den Tarifvertragsparteien für die jeweilige Entgeltgruppe festgelegten Vomhundertsatz. ³Ansprüche nach Absatz 1 können für Kinder ab dem vollendeten 16. Lebensjahr durch Vereinbarung mit der/dem Beschäftigten abgefunden werden.

(3) Die Absätze 1 und 2 gelten entsprechend für

a) zwischen dem 1. Oktober 2005 und dem 31. Dezember 2005 geborene Kinder der übergeleiteten Beschäftigten,

b) die Kinder von bis zum 31. Dezember 2005 in ein Arbeitsverhältnis übernommenen Auszubildenden, Schülerinnen/Schüler in der Gesundheits- und Krankenpflege, Gesundheits- und Kinderkrankenpflege und in der Entbindungspflege sowie Praktikantinnen und Praktikanten aus tarifvertraglich geregelten Beschäftigungsverhältnissen, soweit diese Kinder vor dem 1. Januar 2006 geboren sind.

§ 12¹⁾ Strukturausgleich. (1) ¹Aus dem Geltungsbereich des BAT/BAT-O/ BAT-Ostdeutsche Sparkassen übergeleitete Beschäftigte erhalten ausschließlich in den in Anlage 2 aufgeführten Fällen zusätzlich zu ihrem monatlichen Entgelt einen nicht dynamischen Strukturausgleich. ²Maßgeblicher Stichtag für die anspruchsbegründenden Voraussetzungen (Vergütungsgruppe, Stufe, Ortszuschlag, Aufstiegszeiten) ist der 1. Oktober 2005, sofern in Anlage 2 nicht ausdrücklich etwas anderes geregelt ist.

(2) Die Zahlung des Strukturausgleichs beginnt im Oktober 2007, sofern in Anlage 2 nicht etwas anderes bestimmt ist.

(3) ¹Bei Teilzeitbeschäftigung steht der Strukturausgleich anteilig zu (§ 24 Abs. 2 TVöD). ²§ 5 Abs. 5 Satz 2 gilt entsprechend.

---

¹⁾ Siehe Niederschriftserklärung zu § 12 auf S. 173.

Protokollerklärung zu Absatz 3:

Bei späteren Veränderungen der individuellen regelmäßigen Arbeitszeit der/des Beschäftigten ändert sich der Strukturausgleich entsprechend.

(4) Bei Höhergruppierungen wird der Unterschiedsbetrag zum bisherigen Entgelt auf den Strukturausgleich angerechnet.

(5) Einzelvertraglich kann der Strukturausgleich abgefunden werden.

(6) Die Absätze 1 bis 5 finden auf Ärztinnen und Ärzte, die unter § 51 BT-K fallen, keine Anwendung.

§ 13 Entgeltfortzahlung im Krankheitsfall. (1) [1] Bei Beschäftigten, für die bis zum 30. September 2005 § 71 BAT gegolten hat, wird abweichend von § 22 Abs. 2 TVöD für die Dauer des über den 30. September 2005 hinaus ununterbrochen fortbestehenden Arbeitsverhältnisses der Krankengeldzuschuss in Höhe des Unterschiedsbetrages zwischen dem festgesetzten Nettokrankengeld oder der entsprechenden gesetzlichen Nettoleistung und dem Nettoentgelt (§ 22 Abs. 2 Satz 2 und 3 TVöD) gezahlt. [2] Nettokrankengeld ist das um die Arbeitnehmeranteile zur Sozialversicherung reduzierte Krankengeld. [3] Für Beschäftigte, die nicht der Versicherungspflicht in der gesetzlichen Krankenversicherung unterliegen, ist bei der Berechnung des Krankengeldzuschusses der Höchstsatz des Nettokrankengeldes, der bei Pflichtversicherung in der gesetzlichen Krankenversicherung zustünde, zugrunde zu legen.

(2) [1] Beschäftigte im Sinne des Absatzes 1 erhalten längstens bis zum Ende der 26. Woche seit dem Beginn ihrer über den 30. September 2005 hinaus ununterbrochen fortbestehenden Arbeitsunfähigkeit infolge derselben Krankheit oder Arbeitsverhinderung infolge einer Maßnahme der medizinischen Vorsorge oder Rehabilitation ihr Entgelt nach § 21 TVöD fortgezahlt. [2] Tritt nach dem 1. Oktober 2005 Arbeitsunfähigkeit infolge derselben Krankheit ein, werden die Zeiten der Entgeltfortzahlung nach Satz 1 auf die Fristen gemäß § 22 TVöD angerechnet.

Protokollerklärung zu § 13:

Ansprüche aufgrund von beim Arbeitgeber am 30. September 2005 geltenden Regelungen für die Gewährung von Beihilfen an Arbeitnehmerinnen und Arbeitnehmer im Krankheitsfall bleiben für die von § 1 Abs. 1 erfassten Beschäftigten unberührt. Änderungen von Beihilfevorschriften für Beamte kommen zur Anwendung, soweit auf Landes- bzw. Bundesvorschriften Bezug genommen wird.

§ 14 Beschäftigungszeit. (1) Für die Dauer des über den 30. September 2005 hinaus fortbestehenden Arbeitsverhältnisses werden die vor dem 1. Oktober 2005 nach Maßgabe der jeweiligen tarifrechtlichen Vorschriften anerkannten Beschäftigungszeiten als Beschäftigungszeit im Sinne des § 34 Abs. 3 TVöD berücksichtigt.

(2) Für die Anwendung des § 23 Abs. 2 TVöD werden die bis zum 30. September 2005 zurückgelegten Zeiten, die nach Maßgabe

– des BAT anerkannte Dienstzeit,

– des BAT-O/BAT-Ostdeutsche Sparkassen, BMT-G/BMT-G-O anerkannte Beschäftigungszeit
sind, als Beschäftigungszeit im Sinne des § 34 Abs. 3 TVöD berücksichtigt.

(3) Aus dem Geltungsbereich des BMT-G übergeleitete Beschäftigte, die
am 30. September 2005 eine Beschäftigungszeit (§ 6 BMT-G ohne die nach
§ 68a BMT-G berücksichtigten Zeiten) von mindestens zehn Jahren zurückgelegt haben, erwerben abweichend von § 34 Abs. 2 Satz 1 TVöD den besonderen Kündigungsschutz nach Maßgabe des § 52 Abs. 1 BMT-G.

§ 15 Urlaub. (1) [1] Für die Dauer und die Bewilligung des Erholungsurlaubs
bzw. von Zusatzurlaub für das Urlaubsjahr 2005 gelten die im September
2005 jeweils maßgebenden Vorschriften bis zum 31. Dezember 2005 fort.
[2] Die Regelungen des TVöD gelten für die Bemessung des Urlaubsentgelts
sowie für eine Übertragung von Urlaub auf das Kalenderjahr 2006.

(2) [1] Aus dem Geltungsbereich des BAT/BAT-O/BAT-Ostdeutsche Sparkassen übergeleitete Beschäftigte der Vergütungsgruppen I und Ia, die für das
Urlaubsjahr 2005 einen Anspruch auf 30 Arbeitstage Erholungsurlaub erworben haben, behalten bei einer Fünftagewoche diesen Anspruch für die Dauer
des über den 30. September 2005 hinaus ununterbrochen fortbestehenden
Arbeitsverhältnisses. [2] Die Urlaubsregelungen des TVöD bei abweichender
Verteilung der Arbeitszeit gelten entsprechend.

(3) § 42 Abs. 1 BMT-G/BMT-G-O i.V.m. bezirklichen Tarifverträgen zu
§ 42 Abs. 2 BMT-G und der Tarifvertrag zu § 42 Abs. 2 BMT-G-O
(Zusatzurlaub für Arbeiter) gelten bis zum In-Kraft-Treten entsprechender landesbezirklicher Tarifverträge fort; im Übrigen gilt Absatz 1 entsprechend.

(4) [1] In den Fällen des § 48a BAT/BAT-O/BAT-Ostdeutsche Sparkassen
oder § 41a BMT-G/BMT-G-O wird der nach der Arbeitsleistung im Kalenderjahr 2005 zu bemessende Zusatzurlaub im Kalenderjahr 2006 gewährt.
[2] Die nach Satz 1 zustehenden Urlaubstage werden auf den nach den Bestimmungen des TVöD im Kalenderjahr 2006 zustehenden Zusatzurlaub
für Wechselschichtarbeit und Schichtarbeit angerechnet. [3] Absatz 1 Satz 2 gilt
entsprechend.

§ 16 Abgeltung. [1] Durch Vereinbarungen mit der/dem Beschäftigten können Entgeltbestandteile aus Besitzständen, ausgenommen für Vergütungsgruppenzulagen, pauschaliert bzw. abgefunden werden. [2] § 11 Abs. 2 Satz 3
und § 12 Abs. 5 bleiben unberührt.

Protokollerklärung zum 3. Abschnitt:

[1] *Einvernehmlich werden die Verhandlungen zur Überleitung der Entgeltsicherung bei
Leistungsminderung zurückgestellt.* [2] *Da damit die fristgerechte Überleitung bei Beschäftigten, die eine Zahlung nach §§ 25 Abs. 4, 28 Abs. 1 und 2, 28a BMT-G/BMT-G-O
bzw. § 56 BAT/BAT-O erhalten, nicht sichergestellt ist, erfolgt am 1. Oktober 2005
eine Fortzahlung der bisherigen Bezüge als zu verrechnender Abschlag auf das Entgelt, das
diesen Beschäftigten nach dem noch zu erzielenden künftigen Verhandlungsergebnis zusteht.*
[3] *Die in Satz 2 genannten Bestimmungen finden in ihrem jeweiligen Geltungsbereich bis*

zum In-Kraft-Treten einer Neuregelung weiterhin Anwendung, und zwar auch für Be-
schäftigte im Sinne des § 1 Abs. 2. § 55 Abs. 2 Unterabs. 2 Satz 2 BAT, Nrn. 7 und
10 SR 2o BAT bleiben in ihrem bisherigen Geltungsbereich unberührt. [4]Sollte das künfti-
ge Verhandlungsergebnis geringer als bis dahin gewährte Leistungen ausfallen, ist eine
Rückforderung ausgeschlossen.

4. Abschnitt. Sonstige vom TVöD abweichende oder ihn ergänzende Bestimmungen

§ 17 Eingruppierung. (1) [1]Bis zum In-Kraft-Treten der Eingruppierungsvorschriften des TVöD (mit Entgeltordnung) gelten die §§ 22, 23, 25 BAT
und Anlage 3 zum BAT, §§ 22, 23 BAT-O/BAT-Ostdeutsche Sparkassen
einschließlich der Vergütungsordnung sowie die landesbezirklichen Lohngruppenverzeichnisse gemäß Rahmentarifvertrag zu § 20 BMT-G und des
Tarifvertrages zu § 20 Abs. 1 BMT-G-O (Lohngruppenverzeichnis) über den
30. September 2005 hinaus fort. [2]In gleicher Weise gilt Nr. 2a SR 2x i.V.m.
§ 11 Satz 2 BAT/BAT-O fort. [3]Diese Regelungen finden auf übergeleitete
und ab dem 1. Oktober 2005 neu eingestellte Beschäftigte im jeweiligen bisherigen Geltungsbereich nach Maßgabe dieses Tarifvertrages Anwendung. [4]An die Stelle der Begriffe Vergütung und Lohn tritt der Begriff Entgelt.

(2) Abweichend von Absatz 1
– gelten Vergütungsordnungen und Lohngruppenverzeichnisse nicht für ab
 dem 1. Oktober 2005 in Entgeltgruppe 1 TVöD neu eingestellte Beschäftigte,
– gilt die Vergütungsgruppe I der Vergütungsordnung zum BAT/BAT-O/
 BAT-Ostdeutsche Sparkassen ab dem 1. Oktober 2005 nicht fort; die Ausgestaltung entsprechender Arbeitsverhältnisse erfolgt außertariflich,
– gilt die Entgeltordnung für Ärztinnen und Ärzte gemäß § 51 BT-K.

(3) [1]Mit Ausnahme der Eingruppierung in die Entgeltgruppe 1 und der
Eingruppierung der Ärztinnen und Ärzte sind alle zwischen dem 1. Oktober 2005 und dem In-Kraft-Treten der neuen Entgeltordnung stattfindenden Eingruppierungsvorgänge (Neueinstellungen und Umgruppierungen)
vorläufig und begründen keinen Vertrauensschutz und keinen Besitzstand.
[2]Dies gilt nicht für Aufstiege gemäß § 8 Abs. 1 Satz 1 und 2 und Abs. 3
1. Alt.

(4) [1]Anpassungen der Eingruppierung aufgrund des Inkrafttretens der neu-
en Entgeltordnung erfolgen mit Wirkung für die Zukunft. [2]Bei Rückgruppierungen, die in diesem Zusammenhang erfolgen, sind finanzielle Nachteile
im Wege einer nicht dynamischen Besitzstandszulage auszugleichen, solange
die Tätigkeit ausgeübt wird. [3]Die Besitzstandszulage vermindert sich nach
dem 30. September 2008 bei jedem Stufenaufstieg um die Hälfte des Unterschiedsbetrages zwischen der bisherigen und der neuen Stufe; bei Neueinstellungen (§ 1 Abs. 2) vermindert sich die Besitzstandszulage jeweils um den
vollen Unterschiedsbetrag. [4]Die Grundsätze korrigierender Rückgruppierung
bleiben unberührt.

Protokollerklärung zu Absatz 4:

Dies gilt auch im Hinblick auf die Problematik des § 2 Abs. 4 des Rahmentarifvertrages zu § 20 Abs. 1 BMT-G (Eckeingruppierung in Lohngruppe 5 Fallgruppe 1 im Bereich des Kommunalen Arbeitgeberverbandes Nordrhein-Westfalen) mit folgenden Maßgaben:

– *Neueinstellungen werden anstelle der Entgeltgruppe 5 zunächst der Entgeltgruppe 6 zugeordnet.*

– *Über deren endgültige Zuordnung werden im Rahmen der Verhandlungen über die neue Entgeltordnung entschieden, die insoweit zunächst auf landesbezirklicher Ebene geführt werden.*

(5) [1] Bewährungs-, Fallgruppen- und Tätigkeitsaufstiege gibt es ab dem 1. Oktober 2005 nicht mehr; §§ 8 und 9 bleiben unberührt. [2] Satz 1 gilt auch für Vergütungsgruppenzulagen, es sei denn, dem Tätigkeitsmerkmal einer Vergütungsgruppe der Vergütungsordnung (Anlage 1a zum BAT) ist eine Vergütungsgruppenzulage zugeordnet, die unmittelbar mit Übertragung der Tätigkeit zusteht; bei Übertragung einer entsprechenden Tätigkeit wird diese bis zum In-Kraft-Treten der neuen Entgeltordnung unter den Voraussetzungen des bisherigen Tarifrechts als Besitzstandszulage in der bisherigen Höhe gezahlt; § 9 Abs. 4 gilt entsprechend.

(6) In der Zeit zwischen dem 1. Oktober 2005 und dem In-Kraft-Treten der neuen Entgeltordnung erhalten Beschäftigte, denen ab dem 1. Oktober 2005 eine anspruchsbegründende Tätigkeit übertragen wird, eine persönliche Zulage, die sich betragsmäßig nach der entfallenen Techniker-, Meister- und Programmiererzulage bemisst, soweit die Anspruchsvoraussetzungen nach bisherigem Tarifrecht erfüllt sind.

(7) [1] Für Eingruppierungen zwischen dem 1. Oktober 2005 und dem Inkrafttreten der neuen Entgeltordnung werden die Vergütungsgruppen der Vergütungsordnung (Anlagen 1a)und die Lohngruppen der Lohngruppenverzeichnisse gemäß Anlage 3 den Entgeltgruppen des TVöD zugeordnet. [2] Absatz 1 Satz 2 bleibt unberührt.

Protokollerklärung zu Absatz 7:

Die Protokollerklärung zu § 4 Abs. 1 gilt entsprechend.

(8)[1] [1] Beschäftigte, die zwischen dem 1. Oktober 2005 und dem Inkrafttreten der neuen Entgeltordnung in Entgeltgruppe 13 eingruppiert werden und die nach der Vergütungsordnung (Anlage 1a) in Vergütungsgruppe II BAT/BAT-O/BAT-Ostdeutsche Sparkassen mit fünf- bzw. sechsjährigem Aufstieg nach Vergütungsgruppe Ib BAT/BAT-O/BAT-Ostdeutsche Sparkassen eingruppiert wären, erhalten bis zum In-Kraft-Treten der neuen Entgeltordnung eine persönliche Zulage in Höhe des Unterschiedsbetrages zwischen dem Entgelt ihrer Stufe nach Entgeltgruppe 13 und der entsprechenden Stufe der Entgeltgruppe 14. [2] Von Satz 1 werden auch Fallgruppen der Vergütungsgruppe Ib BAT/BAT-O/BAT-Ostdeutsche Sparkassen erfasst, deren Tätigkeitsmerkmale eine bestimmte Tätigkeitsdauer voraussetzen. [3] Die Sätze 1 und 2 gelten auch für Beschäftigte im Sinne des § 1 Abs. 2.

(9) [1] Bis zum In-Kraft-Treten der Eingruppierungsvorschriften des TVöD gelten für Vorarbeiter/innen und Vorhandwerker/innen, Fachvorarbeiter/

---

[1] Siehe Niederschriftserklärung zu § 17 Abs. 8 auf S. 173.

innen und vergleichbare Beschäftigte die bisherigen landesbezirklichen Regelungen und die Regelungen in Anlage 3 Teil I. des Tarifvertrages zu § 20 Abs. 1 BMT-G-O (Lohngruppenverzeichnis) im bisherigen Geltungsbereich fort; dies gilt auch für Beschäftigte im Sinne des § 1 Abs. 2. ²Satz 1 gilt für Lehrgesellen/innen entsprechend, soweit hierfür besondere tarifliche Regelungen vereinbart sind. ³Ist anlässlich der vorübergehenden Übertragung einer höherwertigen Tätigkeit im Sinne des § 14 TVöD zusätzlich eine Tätigkeit auszuüben, für die nach bisherigem Recht ein Anspruch auf Zahlung einer Zulage für Vorarbeiter/innen und Vorhandwerker/innen, Fachvorarbeiter/innen und vergleichbare Beschäftigte oder Lehrgesellen/innen besteht, erhält die/der Beschäftigte abweichend von den Sätzen 1 und 2 sowie von § 14 Abs. 3 TVöD anstelle der Zulage nach § 14 TVöD für die Dauer der Ausübung sowohl der höherwertigen als auch der zulagenberechtigenden Tätigkeit eine persönliche Zulage in Höhe von 10 v. H. ihres/seines Tabellenentgelts.

(10) Die Absätze 1 bis 9 gelten für besondere tarifvertragliche Vorschriften über die Eingruppierungen entsprechend.

Protokollerklärung zu § 17:

¹ Die Tarifvertragsparteien sind sich darin einig, dass in der noch zu verhandelnden Entgeltordnung die bisherigen unterschiedlichen materiellen Wertigkeiten aus Fachhochschulabschlüssen (einschließlich Sozialpädagogen/innen und Ingenieuren/innen) auf das Niveau der vereinbarten Entgeltwerte der Entgeltgruppe 9 ohne Mehrkosten (unter Berücksichtigung der Kosten für den Personenkreis, der nach der Übergangsphase nicht mehr in eine höhere bzw. niedrigere Entgeltgruppe eingruppiert ist) zusammengeführt werden; die Abbildung von Heraushebungsmerkmalen oberhalb der Entgeltgruppe 9 bleibt davon unberührt. ² Sollte hierüber bis zum 31. Dezember 2007 keine einvernehmliche Lösung vereinbart werden, so erfolgt ab dem 1. Januar 2008 bis zum In-Kraft-Treten der Entgeltordnung die einheitliche Eingruppierung aller ab dem 1. Januar 2008 neu einzugruppierenden Beschäftigten mit Fachhochschulabschluss nach den jeweiligen Regeln der Entgeltgruppe 9 zu „V b BAT ohne Aufstieg nach IV b (mit und ohne FH-Abschluss)".

§ 18¹⁾ Vorübergehende Übertragung einer höherwertigen Tätigkeit nach dem 30. September 2005.

(1) ¹Wird aus dem Geltungsbereich des BAT/BAT-O/BAT-Ostdeutsche Sparkassen übergeleiteten Beschäftigten in der Zeit zwischen dem 1. Oktober 2005 und dem 30. September 2007 erstmalig außerhalb von § 10 eine höherwertige Tätigkeit vorübergehend übertragen, findet der TVöD Anwendung. ²Ist die/der Beschäftigte in eine individuelle Zwischenstufe übergeleitet worden, gilt für die Bemessung der persönlichen Zulage § 6 Abs. 2 Satz 1 und 2 entsprechend. ³Bei Überleitung in eine individuelle Endstufe gilt § 6 Abs. 4 Satz 2 entsprechend. ⁴In den Fällen des § 6 Abs. 5 bestimmt sich die Höhe der Zulage nach § 14 TVöD.

(2) Wird aus dem Geltungsbereich des BMT-G/BMT-G-O übergeleiteten Beschäftigten nach dem 30. September 2005 erstmalig außerhalb von § 10 eine höherwertige Tätigkeit vorübergehend übertragen, gelten bis zum In-Kraft-Treten eines Tarifvertrages über eine persönliche Zulage die bisherigen bezirklichen Regelungen gemäß § 9 Abs. 3 BMT-G und nach Anlage 3

---

¹⁾ Siehe Niederschriftserklärung zu § 18 auf S. 173.

Teil I. des Tarifvertrages zu § 20 Abs. 1 BMT-G-O (Lohngruppenver-zeichnis) im bisherigen Geltungsbereich mit der Maßgabe entsprechend, dass sich die Höhe der Zulage nach dem TVöD richtet, soweit sich aus § 17 Abs. 9 Satz 3 nichts anderes ergibt.

(3) Bis zum In-Kraft-Treten der Eingruppierungsvorschriften des TVöD gilt – auch für Beschäftigte im Sinne des § 1 Abs. 2 – § 14 TVöD mit der Maßgabe, dass sich die Voraussetzungen für die übertragene höherwertige Tätigkeit nach § 22 Abs. 2 BAT/BAT-O bzw. den entsprechenden Rege-lungen für Arbeiter bestimmen.

(4) Die Absätze 1 und 3 gelten in Fällen des § 2 der Anlage 3 zum BAT entsprechend. An die Stelle der Begriffe Grundvergütung, Vergütungsgruppe und Vergütung treten die Begriffe Entgelt und Entgeltgruppe.

§ 19 Entgeltgruppen 2 Ü und 15 Ü. (1) Zwischen dem 1. Oktober 2005 und dem In-Kraft-Treten der neuen Entgeltordnung gelten für Be-schäftigte, die in die Entgeltgruppe 2 Ü übergeleitet oder in die Lohngruppen 1 mit Aufstieg nach 2 und 2a oder in die Lohngruppe 2 mit Aufstieg nach 2a eingestellt werden, folgende Tabellenwerte:

Stufe 1	Stufe 2	Stufe 3	Stufe 4	Stufe 5	Stufe 6
1503	1670	1730	1810	1865	1906

(2) [1]Übergeleitete Beschäftigte der Vergütungsgruppe I BAT/BAT-O/BAT-Ostdeutsche Sparkassen unterliegen dem TVöD. [2]Sie werden in die Entgeltgruppe 15 Ü mit folgenden Tabellenwerten übergeleitet:

Stufe 2	Stufe 3	Stufe 4	Stufe 5	Stufe 6
4330	4805	5255	5555	5625

[3]Die Verweildauer in den Stufen 2 bis 5 beträgt jeweils fünf Jahre.

(3)[1]) [1]Für übergeleitete und für ab 1. Oktober 2005 neu eingestellte Lehr-kräfte, die gemäß Nr. 5 der Bemerkung zu allen Vergütungsgruppen nicht unter die Anlage 1a zum BAT fallen, gilt die Entgelttabelle zum TVöD mit der Maßgabe, dass die Tabellenwerte
– der Entgeltgruppen 5 bis 8 um 64,00 Euro und
– der Entgeltgruppen 9 bis 14 um 72,00 Euro
vermindert werden. [2]Satz 1 gilt nicht für Lehrkräfte nach § 1 Abs. 1 und 2, die die fachlichen und pädagogischen Voraussetzungen für die Einstellung als Studienrat nach der Besoldungsgruppe A 13 BBesG erfüllen, und für überge-leitete Lehrkräfte, die einen arbeitsvertraglichen Anspruch auf eine allgemeine Zulage wie die unter die Anlage 1a zum BAT fallenden Angestellten haben.

(4) Die Regelungen des TVöD über die Bezahlung im Tarifgebiet Ost gelten entsprechend.

§ 20 Jahressonderzahlung für die Jahre 2005 und 2006. (1) [1]Im Zeit-raum vom 1. Oktober bis 31. Dezember 2005 gelten für Beschäftigte nach § 1

---

[1]) Siehe Niederschriftserklärung zu § 19 Abs. 3 auf S. 173.

Abs. 1 und 2 im jeweiligen Geltungsbereich folgende Tarifverträge bzw. Tarifregelungen als den TVöD ergänzende Tarifverträge bzw. Tarifregelungen:

a) Tarifvertrag über eine Zuwendung für Angestellte vom 12. Oktober 1973,

b) Tarifvertrag über eine Zuwendung für Angestellte (TV Zuwendung Ang-O) vom 10. Dezember 1990,

c) Tarifvertrag über eine Zuwendung für Angestellte (TV Zuwendung Ang-Ostdeutsche Sparkassen) vom 25. Oktober 1990,

d) Tarifvertrag über eine Zuwendung für Arbeiter vom 12. Oktober 1973,

e) Tarifvertrag über eine Zuwendung für Arbeiter (TV Zuwendung Arb-O) vom 10. Dezember 1990,

f) Nr. 7 des Tarifvertrages über die Anwendung von Tarifverträgen auf Arbeiter (TV Arbeiter-Ostdeutsche Sparkassen) vom 25. Oktober 1990.

²Die unter Buchst. a bis f aufgezählten Tarifverträge bzw. Tarifregelungen finden auf Beschäftigte, die unter den Geltungsbereich des TVöD fallen, nach dem 31. Dezember 2005 keine Anwendung mehr.

(2) Im Zeitraum vom 1. Oktober bis 31. Dezember 2005 gelten für Beschäftigte nach § 1 Abs. 1 und 2 im bisherigen Geltungsbereich Nr. 5 SR 2 s BAT und Nr. 5 SR 2 s BAT-Ostdeutsche Sparkassen als den TVöD ergänzende Regelung mit der Maßgabe, dass Bemessungsgrundlage für die Überstundenpauschvergütung das Vergleichsentgelt (§ 5) zuzüglich einer etwaigen Besitzstandszulage nach § 9 und der kinderbezogenen Entgeltbestandteile gemäß § 11 ist.

(3) Die mit dem Entgelt für den Monat November 2006 zu gewährende Jahressonderzahlung berechnet sich für Beschäftigte nach § 1 Abs. 1 und 2 nach den Bestimmungen des § 20 TVöD mit folgenden Maßgaben:

1. Der Bemessungssatz der Jahressonderzahlung beträgt in allen Entgeltgruppen
   a) bei Beschäftigten, für die nach dem TVöD die Regelungen des Tarifgebiets West Anwendung finden, 82,14 v. H.
   b) bei Beschäftigten, für die nach dem TVöD die Regelungen des Tarifgebiets Ost Anwendung finden, 61,60 v. H.

2. ¹Der sich nach Nr. 1 ergebende Betrag der Jahressonderzahlung erhöht sich um einen Betrag in Höhe von 255,65 Euro. ²Bei Beschäftigten, für die nach dem TVöD die Regelungen des Tarifgebiets West Anwendung finden und denen am 1. Juli 2006 Entgelt nach einer der Entgeltgruppen 1 bis 8 zusteht, erhöht sich dieser Zusatzbetrag auf 332,34 Euro. ³Satz 2 gilt entsprechend bei Beschäftigten – auch für Beschäftigte nach § 1 Abs. 2 – im Tarifgebiet West, denen bei Weitergeltung des BAT Grundvergütung nach der Vergütungsgruppen Kr. VI zugestanden hätte. ⁴Teilzeitbeschäftigte erhalten von dem Zusatzbetrag nach Satz 1 oder 2 den Teil, der dem Anteil ihrer Arbeitszeit an der Arbeitszeit vergleichbarer Vollzeitbeschäftigter entspricht. ⁴Der Zusatzbetrag nach den Sätzen 1 bis 3 ist kein zusatzversorgungspflichtiges Entgelt.

3. Der sich nach Nr. 1 ergebende Betrag der Jahressonderzahlung erhöht sich für jedes Kind, für das Beschäftigte im September 2006 kinderbezogene Entgeltbestandteile gemäß § 11 erhalten, um 25,56 Euro.

(4) Absatz 3 gilt nicht für Sparkassen.

§ 21 Einmalzahlungen für 2006 und 2007. (1) Die von § 1 Abs. 1 und 2 erfassten Beschäftigten im Tarifgebiet West erhalten für die Jahre 2006 und 2007 jeweils eine Einmalzahlung in Höhe von 300 Euro, die in zwei Teilbeträgen in Höhe von jeweils 150 Euro mit den Bezügen für die Monate April und Juli der Jahre 2006 und 2007 ausgezahlt wird.

(2) ¹Der Anspruch auf die Teilbeträge nach Absatz 1 besteht, wenn die/der Beschäftigte an mindestens einem Tag des jeweiligen Fälligkeitsmonats Anspruch auf Bezüge (Entgelt, Urlaubsentgelt oder Entgelt im Krankheitsfall) gegen einen Arbeitgeber im Sinne des § 1 Abs. 1 hat; dies gilt auch für Kalendermonate, in denen nur wegen der Höhe der Barleistungen des Sozialversicherungsträgers Krankengeldzuschuss nicht gezahlt wird. ²Die jeweiligen Teilbeträge werden auch gezahlt, wenn eine Beschäftigte wegen der Beschäftigungsverbote nach § 3 Abs. 2 und § 6 Abs. 1 des Mutterschutzgesetzes in dem jeweiligen Fälligkeitsmonat keine Bezüge erhalten hat.

(3) ¹Nichtvollbeschäftigte erhalten den jeweiligen Teilbetrag der Einmalzahlung, der dem Verhältnis der mit ihnen vereinbarten durchschnittlichen Arbeitszeit zu der regelmäßigen wöchentlichen Arbeitszeit eines entsprechenden Vollbeschäftigten entspricht. ²Maßgebend sind die jeweiligen Verhältnisse am 1. April bzw. 1. Juli.

(4) Die Einmalzahlungen sind bei der Bemessung sonstiger Leistungen nicht zu berücksichtigen.

(5) ¹Absätze 1 bis 4 gelten für das Jahr 2006 auch für Beschäftigte im Tarifgebiet West, die gemäß § 2 Abs. 1 Buchst. d und e TVöD (Ausschluss von Versorgungsbetrieben, in Nahverkehrsbetrieben und in der Wasserwirtschaft in Nordrhein-Westfalen) vom Geltungsbereich des TVöD ausgenommen sind und wenn auf sie nicht der TV-V, TV-WW/NW oder ein TV-N Anwendung findet. ²Gleiches gilt für das Jahr 2007 nur dann, wenn der Arbeitgeber die Anwendung des TV-V, TV-WW/NW bzw. TV-N ablehnt.

§ 22 Sonderregelungen für Beschäftigte im bisherigen Geltungsbereich der SR 2 a, SR 2 b und SR 2 c zum BAT/BAT-O. (1) Im bisherigen Geltungsbereich der SR 2 a, 2 b und 2 c BAT/BAT-O gilt für Beschäftigte gemäß § 1 Abs. 1 und 2 folgendes:

1. ¹Die Regelungen der §§ 45 bis 47 BT-K treten am 1. Januar 2006 in Kraft. Bis zum In-Kraft-Treten dieser Regelungen gelten die für Bereitschaftsdienst und Rufbereitschaft einschlägigen tarifvertraglichen Regelungen des BAT/BAT-O abweichend von § 2 fort.
2. Aufgrund einer Betriebs- oder Dienstvereinbarung können bereits vor dem 1. Januar 2006 die Regelungen der §§ 45 bis 47 BT-K angewendet werden.
3. Abweichend von Absatz 1 tritt § 45 Abs. 7 BT-K für die von § 1 Abs. 1 erfassten Beschäftigten erst zum 1. Juli 2006 in Kraft, sofern dessen Anwendung zu Veränderungen führt.

(2) Nr. 7 SR 2 a BAT/BAT-O gilt im bisherigen Geltungsbereich bis zum In-Kraft-Treten einer Neuregelung fort.

(3) Nr. 5 SR 2c BAT/BAT-O gilt für übergeleitete Ärztinnen und Ärzte bis zu einer arbeitsvertraglichen Neuregelung deren Nebentätigkeit fort.

(4) Bestehende Regelungen zur Anrechnung von Wege- und Umkleidezeiten auf die Arbeitszeit bleiben durch das In-Kraft-Treten des TVöD unberührt.

§ 23 Erschwerniszuschläge. [1] Bis zur Regelung in einem landesbezirklichen Tarifvertrag gelten für die von § 1 Abs. 1 und 2 erfassten Beschäftigten im jeweiligen bisherigen Geltungsbereich
– die jeweils geltenden bezirklichen Regelungen zu Erschwerniszuschlägen gemäß § 23 Abs. 3 BMT-G,
– der Tarifvertrag zu § 23 Abs. 3 BMT-G-O vom 14. Mai 1991,
– der Tarifvertrag über die Gewährung von Zulagen gemäß § 33 Abs. 1 Buchst. c BAT vom 11. Januar 1962 und
– § 1 Abs. 1 Nr. 1 des Tarifvertrages über Zulagen an Angestellte (TV Zulagen Ang-O) vom 8. Mai 1991
fort. [2] Sind die Tarifverhandlungen nach Satz 1 nicht bis zum 31. Dezember 2007 abgeschlossen, gelten die landesbezirklichen Tarifverträge ab 1. Januar 2008 mit der Maßgabe fort, dass die Grenzen und die Bemessungsgrundlagen des § 19 Abs. 4 TVöD zu beachten sind.

§ 24 Bereitschaftszeiten. [1] Die landesbezirklich für Hausmeister und Beschäftigtengruppen mit Bereitschaftszeiten innerhalb ihrer regelmäßigen Arbeitszeit getroffenen Tarifverträge und Tarifregelungen sowie Nr. 3 SR 2r BAT-O gelten fort. [2] Dem Anhang zu § 9 TVöD widersprechende Regelungen zur Arbeitszeit sind bis zum 31. Dezember 2005 entsprechend anzupassen.

§ 25 Übergangsregelung zur Zusatzversorgungspflicht der Feuerwehrzulage. [1] Abweichend von der allgemeinen Regelung, dass die Feuerwehrzulage für Beschäftigte im feuerwehrtechnischen Dienst nicht zusatzversorgungspflichtig ist, ist diese Zulage bei Beschäftigten, die eine Zulage nach Nr. 2 Abs. 2 SR 2x BAT/BAT-O bereits vor dem 1. Januar 1999 erhalten haben und bis zum 30. September 2005 nach Vergütungsgruppen X bis V a/b eingruppiert waren (§ 4 Abs. 1 Anlage 1), zusatzversorgungspflichtig nach Ablauf des Kalendermonats, in dem sie sieben Jahre lang bezogen worden ist, längstens jedoch bis zum 31. Dezember 2007. [2] Auf die Mindestzeit werden auch solche Zeiträume angerechnet, während derer die Feuerwehrzulage nur wegen Ablaufs der Krankenbezugsfristen nicht zugestanden hat. [3] Sätze 1 und 2 gelten nicht, wenn der Beschäftigte bis zum 31. Dezember 2007 bei Fortgeltung des BAT/BAT-O oberhalb der Vergütungsgruppe V a/b eingruppiert wäre.

§ 26 Angestellte als Lehrkräfte an Musikschulen. Für die bis zum 30. September 2005 unter den Geltungsbereich der Nr. 1 SR 2 I II BAT fallenden Angestellten, die am 28. Februar 1987 in einem Arbeitsverhältnis standen, das am 1. März 1987 zu demselben Arbeitgeber bis zum 30. September 2005 fortbestanden hat, wird eine günstigere einzelarbeitsvertragliche Regelung zur Arbeitszeit durch das In-Kraft-Treten des TVöD nicht berührt.

§ 27 Angestellte im Bibliotheksdienst. Regelungen gem. Nr. 2 SR 2m BAT/BAT-O bleiben durch das In-Kraft-Treten des TVöD unberührt.

§ 28 Abrechnung unständiger Bezügebestandteile. Bezüge im Sinne des § 36 Abs. 1 Unterabs. 2 BAT/BAT-O/BAT-Ostdeutsche Sparkassen, § 26a Abs. 1 Unterabs. 2 BMT-G/BMG-O für Arbeitsleistungen bis zum 30. September 2005 werden nach den bis dahin jeweils geltenden Regelungen abgerechnet, als ob das Arbeitsverhältnis mit Ablauf des 30. September 2005 beendet worden wäre.

5. Abschnitt. Besondere Regelungen für einzelne Mitgliedverbände der VKA

§ 29 Tarifgebiet Ost. Mit In-Kraft-Treten dieses Tarifvertrages bleiben
- § 3 Abs. 1 Satz 2 des Vergütungstarifvertrages Nr. 7 zum BAT-O für den Bereich der VKA,
- § 3 Abs. 1 Satz 2 des Vergütungstarifvertrages Nr. 7 zum BAT-Ostdeutsche Sparkassen
- § 3 Abs. 1 Satz 2 des Monatslohntarifvertrages zum BMT-G-O
- § 3 Abs. 1 Satz 2 des Monatslohntarifvertrages für die Arbeiter der ostdeutschen Sparkassen

unberührt.

§ 30[1) KAV Berlin. (1) Auf Beschäftigte, die unter den Geltungsbereich des § 2 Abs. 1 bis 6 und 8 des Tarifvertrages über die Geltung des VKA-Tarifrechts für die Angestellten und angestelltenversicherungspflichtigen Auszubildenden der Mitglieder des Kommunalen Arbeitgeberverbandes Berlin (KAV Berlin) – Überleitungs-TV KAV Berlin – vom 9. Dezember 1999 in der jeweils geltenden Fassung fallen und auf deren Arbeitsverhältnis § 27 Abschnitt A BAT/BAT-O in der für den Bund und die Tarifgemeinschaft deutscher Länder geltenden Fassung sowie der Vergütungstarifvertrag für den Bereich des Bundes und der Länder Anwendung findet, findet der TVöD und dieser Tarifvertrag Anwendung, soweit nachfolgend nichts Besonderes bestimmt ist.

(2) [1]Auf überzuleitende Beschäftigte aus dem Geltungsbereich des BAT/BAT-O finden anstelle der §§ 4 bis 6, §§ 12, 17 und 19 Abs. 2 und 3 sowie die Anlagen 1 bis 3 dieses Tarifvertrages die §§ 4 bis 6, §§ 12, 17 und 19 Abs. 2 und 3 sowie die Anlagen 2 bis 4 des Tarifvertrag zur Überleitung der Beschäftigten des Bundes in den TVöD und zur Regelung des Übergangsrechts (TVÜ-Bund) vom 1. Juni 2005 Anwendung. [2]Aweichend von Anlage 2 TVÜ-Bund und von § 16 (VKA) TVöD wird ab Entgeltgruppe 9 die Stufe 6 wie folgt erreicht:

a) Stufe 5a nach fünf Jahren in Stufe 5,
b) Stufe 6 nach fünf Jahren in Stufe 5a, frühestens ab 1. Oktober 2015.

[1)] Siehe Niederschriftserklärungen zu § 30 Abs. 2, § 30 Abs. 3 Satz 4, § 30 Abs. 3, § 30 Abs. 5 und § 30 auf S. 173 f.

[3]Die Entgeltgruppe 15 Ü wird um die Stufe 6 mit einem Tabellenwert in Höhe von 5625 Euro erweitert. [4]Die Entgeltstufe 5 a entspricht dem Tabellenwert der Stufe 5 zuzüglich des halben Differenzbetrages zwischen den Stufen 5 und 6, kaufmännisch auf volle Eurobeträge gerundet. [5]Mit Erreichen der Stufe 5 a entfällt ein etwaiger Strukturausgleich. [6]Mit Erreichen der Stufe 6 findet uneingeschränkt das VKA-Tarifrecht Anwendung.

(3) [1]Beschäftigte gem. § 38 Abs. 5 TVöD, für die die Tarifregelungen des Tarifgebiets West Anwendung finden, erhalten für das Kalenderjahr 2005 eine Einmalzahlung in Höhe von 100 €, zahlbar mit dem Oktoberentgelt (31. Oktober 2005). [2]Der Tarifvertrag über eine Einmalzahlung im Jahr 2005 für den Bereich der VKA – Tarifbereich West – vom 9. Februar 2005 gilt entsprechend. [3]Für die Jahre 2006 und 2007 gilt § 22 dieses Tarifvertrages. [4]Beschäftigte, auf die die Tarifregelungen des Tarifgebiets Ost Anwendung finden, erhalten keine Einmalzahlung.

(4) Für Beschäftigte der Gemeinnützige Siedlungs- und Wohnungsbaugesellschaft Berlin mbH gilt bis zum 31. Dezember 2007 das bis zum 30. September 2005 geltende Tarifrecht weiter, wenn nicht vorher ein neuer Tarifvertrag zu Stande kommt.

(5) Der Tarifvertrag über die Fortgeltung des TdL-Tarifrechts für die Angestellten und angestelltenrentenversicherungspflichtigen Auszubildenden der NET-GE Kliniken Berlin GmbH (jetzt Vivantes Netzwerk für Gesundheit GmbH) vom 17. Januar 2001 gilt uneingeschränkt fort; die vorstehenden Absätze 1 bis 4 gelten nicht.

§ 31 KAV Bremen.

§ 31 KAV Bremen. (1) Der Tarifvertrag über die Geltung des VKA-Tarifrechts für die Beschäftigten der Mitglieder des KAV Bremen vom 17. Februar 1995 bleibt durch das In-Kraft-Treten des TVöD und dieses Tarifvertrages unberührt und gilt uneingeschränkt fort.

(2) Der Tarifvertrag über die Geltung des VKA-Tarifrechts für die Arbeiter und die arbeiterrentenversicherungspflichtigen Auszubildenden des Landes und der Stadtgemeinde Bremen sowie der Stadt Bremerhaven (Überleitungs-TV Bremen) vom 17. Februar 1995 in der Fassung des Änderungstarifvertrages Nr. 8 vom 31. Januar 2003 gilt mit folgenden Maßgaben weiter:

1. Der TVöD und dieser Tarifvertrag treten an die Stelle der in § 2 Abs. 2 vereinbarten Geltung des BMT-G II.
2. § 2 Abs. 3 und 8 treten mit Wirkung vom 1. Oktober 2005 außer Kraft.
3. In § 2 Abs. 4 bis 7 und 9 wird die Bezugnahme auf den BMT-G II ersetzt durch die Bezugnahme auf den TVöD.
4. In den Anlagen 3 bis 6 wird die Bezugnahme auf den BMT-G II ersetzt durch die inhaltliche Bezugnahme auf die entsprechenden Regelungen des TVöD. Diese Anlagen sind bis zum 31. Dezember 2006 an den TVöD und diesen Tarifvertrag anzupassen.

(3) In Ergänzung der Anlagen 1 und 3 dieses Tarifvertrages werden der Entgeltgruppe 3 ferner folgende für den Bereich des KAV Bremen nach dem Rahmentarifvertrag zu § 20 Abs. 1 BMT-G II vorgesehene und im bremi-

schen Lohngruppenverzeichnis vom 17. Februar 1995 vereinbarte Lohngruppen zugeordnet:
- Lgr. 2 mit Aufstieg nach 2 a und 3
- Lgr. 2 a mit Aufstieg nach 3 und 3 a
- Lgr. 2 a mit Aufstieg nach 3

(4) Der Tarifvertrag über die Geltung des VKA-Tarifrechts für die Angestellten und Arbeiter und die angestellten- und arbeiterrentenversicherungspflichtigen Auszubildenden der Entsorgung Nord GmbH Bremen, der Abfallbehandlung Nord GmbH Bremen, der Schadstoffentsorgung Nord GmbH Bremen, der Kompostierung Nord GmbH Bremen sowie der Abwasser Bremen GmbH vom 5. Juni 1998 gilt mit folgender Maßgabe fort:

Der TVöD und dieser Tarifvertrag treten mit folgenden Maßgaben an die Stelle der in § 2 Abs. 2 und 3 vereinbarten Geltung des BAT und BMT-G II:

1. Zu § 17 dieses Tarifvertrages: § 25 BAT findet keine Anwendung.
2. Eine nach § 2 Abs. 2 Nr. 3 Buchst. a bzw. Buchst. b des Tarifvertrages vom 5. Juni 1998 im September 2005 gezahlte Besitzstandszulage fließt in das Vergleichsentgelt gemäß § 5 Abs. 2 dieses Tarifvertrages ein.
3. Übergeleitete Beschäftigte, die am 1. Oktober 2005 bei Fortgeltung des bisherigen Tarifrechts gemäß § 2 Abs. 2 Nr. 3 Buchst. b des Tarifvertrages vom 5. Juni 1998 die für die Zahlung einer persönlichen Zulage erforderliche Zeit der Bewährung zur Hälfte erfüllt haben, erhalten zum Zeitpunkt, zu dem sie nach bisherigem Recht die persönliche Zulage erhalten würden, in ihrer Entgeltgruppe Entgelt nach derjenigen individuellen Zwischenstufe, Stufe bzw. Endstufe, die sich ergeben hätte, wenn in das Vergleichsentgelt (§ 5 Abs. 2) die persönliche Zulage eingerechnet worden wäre. § 8 Abs. 2 Sätze 2 bis 5 gelten entsprechend.
4. Gegenüber den zum Zeitpunkt der Rechtsformänderung (Betriebsübergang) der Bremer Entsorgungsbetriebe auf die Gesellschaften übergegangenen und unbefristet beschäftigten kündbaren Beschäftigten sind betriebsbedingte Kündigungen ausgeschlossen.

§ 32 AV Hamburg. (1) Der als Protokollerklärung bezeichnete Tarifvertrag aus Anlass des Beitritts der Arbeitsrechtlichen Vereinigung Hamburg e. V. (AV Hamburg) zur Vereinigung der kommunalen Arbeitgeberverbände (VKA) am 1. Juli 1955 vom 5. August 1955 bleibt durch das In-Kraft-Treten des TVöD und dieses Tarifvertrages unberührt und gilt uneingeschränkt fort.

(2)[1] [1] Auf überzuleitende Beschäftigte aus dem Geltungsbereich des BAT finden anstelle der §§ 4 bis 6, §§ 12, 17 und 19 Abs. 2 und 3 sowie die Anlagen 1 bis 3 dieses Tarifvertrages die §§ 4 bis 6, §§ 12, 17 und 19 Abs. 2 und 3 sowie die Anlagen 2 bis 4 des Tarifvertrag zur Überleitung der Beschäftigten des Bundes in den TVöD und zur Regelung des Übergangsrechts (TVÜ-Bund) vom 1. Juni 2005 Anwendung. [2] Abweichend von Anlage 2 TVÜ-Bund und von § 16 (VKA) TVöD wird ab Entgeltgruppe 9 die Stufe 6 wie folgt erreicht:

a) Stufe 5 a nach 5 Jahren in Stufe 5,
b) Stufe 6 nach 5 Jahren in Stufen 5 a, frühestens ab 1. Oktober 2015.

---

[1] Siehe Niederschriftserklärung zu § 32 Abs. 2 auf S. 174.

³Die Entgeltgruppe 15 Ü wird um die Stufe 6 mit einem Tabellenwert in Höhe von 5625 Euro erweitert. ⁴Die Entgeltstufe 5 a entspricht dem Tabellenwert der Stufe 5 zuzüglich des halben Differenzbetrages zwischen den Stufen 5 und 6, kaufmännisch auf volle Eurobeträge gerundet. ⁵Mit Erreichen der Stufe 5 a entfällt ein etwaiger Strukturausgleich. ⁶Mit Erreichen der Stufe 6 findet uneingeschränkt das VKA-Tarifrecht Anwendung.

(3) In Ergänzung der Anlagen 1 und 3 dieses Tarifvertrages werden der Entgeltgruppe 3 ferner folgende für die Flughafen Hamburg GmbH nach dem Tarifvertrag über die Einreihung der Arbeiter der Flughafen Hamburg GmbH in die Lohngruppen und über die Gewährung von Erschwerniszuschlägen (§ 23 BMT-G) vereinbarte Lohngruppen zugeordnet:
– Lgr. 2 mit Aufstieg nach 2 a und 3
– Lgr. 2 a mit Aufstieg nach 3 und 3 a
– Lgr. 2 a mit Aufstieg nach 3

§ 33 Gemeinsame Regelung. (1) ¹Soweit in (landes-)bezirklichen Lohngruppenverzeichnissen bei den Aufstiegen andere Verweildauern als drei Jahre bzw. – für die Eingruppierung in eine a-Gruppe – als vier Jahre vereinbart sind, haben die landesbezirklichen Tarifvertragsparteien die Zuordnung der Lohngruppen zu den Entgeltgruppen gemäß Anlage 1 nach den zu Grunde liegenden Grundsätzen bis zum 31. Dezember 2005 vorzunehmen. ²Für Beschäftigte, die dem Gehaltstarifvertrag für Angestellte in Versorgungs- und Verkehrsbetrieben im Lande Hessen (HGTAV) unterfallen, werden die landesbezirklichen Tarifvertragsparteien über die Fortgeltung des HGTAV bzw. dessen Anpassung an den TVöD spätestens bis zum 30. Juni 2006 eine Regelung vereinbaren. ³Soweit besondere Lohngruppen vereinbart sind, hat eine entsprechende Zuordnung zu den Entgeltgruppen landesbezirklich zu erfolgen. ⁴Am 1. Oktober 2005 erfolgt die Fortzahlung der bisherigen Bezüge als zu verrechnender Abschlag auf das Entgelt, das den Beschäftigten nach der Überleitung zusteht.

(2) ¹Soweit auf das Arbeitsverhältnis von aus dem Geltungsbereich des BAT/BAT-O/BAT-Ostdeutsche Sparkassen überzuleitende Beschäftigten bei sonstigen Arbeitgebern von Mitgliedern der Mitgliedverbände der VKA nach § 27 Abschn. A BAT/BAT-O in der für den Bund und die Tarifgemeinschaft deutscher Länder geltenden Fassung sowie der Vergütungstarifvertrag für den Bereich des Bundes und der Länder Anwendung findet, haben die landesbezirklichen Tarifvertragsparteien die für die Überleitung notwendigen Regelungen zu vereinbaren. ²Am 1. Oktober 2005 erfolgt die Fortzahlung der bisherigen Bezüge als zu verrechnender Abschlag auf das Entgelt, das diesen Beschäftigten nach der Überleitung zusteht. ³Kommt auf landesbezirklicher Ebene bis zum 31. Dezember 2005 – ggf. nach einer einvernehmlichen Verlängerung – keine tarifliche Regelung zustande, treffen die Tarifvertragsparteien dieses Tarifvertrages die notwendigen Regelungen.

4 TVÜ-VKA § 34 TV zur Überleitung

6. Abschnitt. Übergangs- und Schlussvorschriften

§ 34[1)]   **In-Kraft-Treten, Laufzeit.**   (1) Dieser Tarifvertrag tritt am 1. Oktober 2005 in Kraft.

(2) ¹Der Tarifvertrag kann ohne Einhaltung einer Frist jederzeit schriftlich gekündigt werden, frühestens zum 31. Dezember 2007. ²Die §§ 17 bis 19 einschließlich Anlagen können ohne Einhaltung einer Frist, jedoch nur insgesamt, schriftlich gekündigt werden, frühestens zum 31. Dezember 2007; die Nachwirkung dieser Vorschriften wird ausgeschlossen.

Liste der Niederschriftserklärungen zu dem TVÜ-VKA:

Niederschriftserklärung zur Protokollerklärung zu § 2 Abs. 1:

> *Landesbezirkliche Regelungen sind auch Regelungen, die von der dbb tarifunion und ihren Mitgliedsgewerkschaften im Tarifrecht als bezirkliche Regelungen bezeichnet sind.*

Niederschriftserklärung zu § 2:

> ¹*Die Tarifvertragsparteien gehen davon aus, dass der TVöD und dieser Tarifvertrag bei tarifgebundenen Arbeitgebern das bisherige Tarifrecht auch dann ersetzen, wenn arbeitsvertragliche Bezugnahmen nicht ausdrücklich den Fall der ersetzenden Regelung beinhalten.* ²*Die Geltungsbereichsregelungen des TV–V, der TV-N und des TV-WW/NW bleiben hiervon unberührt.*

Niederschriftserklärungen zu § 4 Abs. 1:

> *1. Die Tarifvertragsparteien stimmen darin überein, dass die Ergebnisse der unterschiedlichen Überleitung (ohne bzw. mit vollzogenem Aufstieg) der Lehrkräfte im Rahmen der Tarifverhandlungen zu einer neuen Entgeltordnung einer Lösung nach den Grundsätzen der neuen Entgeltordnung zuzuführen sind. Die Vertreter der VKA erklären, dass damit keine Verhandlungszusage zur Einbeziehung der Lehrkräfte in die neue Entgeltordnung verbunden ist.*

> *2. Lehrkräfte, die ihre Lehrbefähigung nach dem Recht der DDR erworben haben und zur Anerkennung als Lehrkräfte nach Abschnitt A der Lehrer-Richtlinien der VKA auf Grund beamtenrechtlicher Regelungen unterschiedlich lange Bewährungszeiten durchlaufen mussten bzw. müssen, gehören nicht zur Gruppe der Lehrkräfte nach Abschnitt B der Lehrer-Richtlinien der VKA.*

Niederschriftserklärung zu § 8 Abs. 2:

> *Die Neuberechnung des Vergleichsentgelts führt nicht zu einem Wechsel der Entgeltgruppe.*

Niederschriftserklärung zu § 8 Abs. 1 Satz 3 und Abs. 2 Satz 2 sowie § 9 Abs. 2 bis 4:

> *Eine missbräuchliche Entziehung der Tätigkeit mit dem ausschließlichen Ziel, eine Höhergruppierung bzw. eine Besitzstandszulage zu verhindern, ist nicht zulässig.*

Niederschriftserklärung zu § 10 Abs. 1 und 2:

> *Die Tarifvertragsparteien stellen klar, dass die vertretungsweise Übertragung einer höherwertigen Tätigkeit ein Unterfall der vorübergehenden Übertragung einer höherwertigen Tätigkeit ist. Gleiches gilt für die Zulage nach § 2 der Anlage 3 zum BAT.*

[1)] Siehe Niederschriftserklärung zu § 34 Abs. 1 auf S. 174.

Niederschriftserklärungen zu § 12:

1. [1] *Die Tarifvertragsparteien sind sich angesichts der Fülle der denkbaren Fallgestaltungen bewusst, dass die Festlegung der Strukturausgleiche je nach individueller Fallgestaltung in Einzelfällen sowohl zu überproportional positiven Wirkungen als auch zu Härten führen kann.* [2] *Sie nehmen diese Verwerfungen im Interesse einer für eine Vielzahl von Fallgestaltungen angestrebten Abmilderung von Exspektanzverlusten hin.*

2. [1] *Die Tarifvertragsparteien erkennen unbeschadet der Niederschriftserklärung Nr. 1 zu § 12 an, dass die Strukturausgleiche in einem Zusammenhang mit der zukünftigen Entgeltordnung stehen.* [2] *Die Tarifvertragsparteien werden nach einer Vereinbarung der Entgeltordnung zum TVöD, rechtzeitig vor Ablauf des 30. September 2007, prüfen, ob und in welchem Umfang sie neben den bereits verbindlich vereinbarten Fällen, in denen Strukturausgleichsbeträge festgelegt sind, für einen Zeitraum bis längstens Ende 2014 in weiteren Fällen Regelungen, die auch in der Begrenzung der Zuwächse aus Strukturausgleichen bestehen können, vornehmen müssen.* [3] *Sollten zusätzliche Strukturausgleiche vereinbart werden, sind die sich daraus ergebenden Kostenwirkungen in der Entgeltrunde 2008 zu berücksichtigen.*

Niederschriftserklärung zu § 17 Abs. 8:

Mit dieser Regelung ist keine Entscheidung über die Zuordnung und Fortbestand/Besitzstand der Zulage im Rahmen der neuen Entgeltordnung verbunden.

Niederschriftserklärungen zu § 18:

1. [1] *Abweichend von der Grundsatzregelung des TVöD über eine persönliche Zulage bei vorübergehender Übertragung einer höherwertigen Tätigkeit ist durch einen landesbezirklichen Tarifvertrag im Rahmen eines Katalogs, der die hierfür in Frage kommenden Tätigkeiten aufführt, zu bestimmen, dass die Voraussetzung für die Zahlung einer persönlichen Zulage bereits erfüllt ist, wenn die vorübergehende übertragene Tätigkeit mindestens drei Arbeitstage angedauert hat und die/der Beschäftigte ab dem ersten Tag der Vertretung in Anspruch genommen ist.* [2] *Die landesbezirklichen Tarifverträge sollen spätestens am 1. Juli 2007 in Kraft treten.*

2. *Die Niederschriftserklärung zu § 10 Abs. 1 und 2 gilt entsprechend.*

Niederschriftserklärung zu § 19 Abs. 3

Die Tarifvertragsparteien streben für die Zeit nach dem 31. Dezember 2007 eine Harmonisierung mit den Tabellenwerten für die übrigen Beschäftigten an.

Niederschriftserklärung zu § 30 Abs. 2

Der Tabellenwert von 5625 Euro verändert sich zu demselben Zeitpunkt und in derselben Höhe wie der Tabellenwert der Stufe 6 der Entgeltgruppe 15 Ü gemäß § 19 Abs. 2.

Niederschriftserklärung zu § 30 Abs. 3 Satz 4

[1] *Der KAV Berlin erhebt keine Einwendungen, wenn eine Einmalzahlung in dem vereinbarten Umfang gewährt wird.* [2] *Dies gilt auch hinsichtlich der Mitglieder, die auf die Angestellten die Vergütungstabelle der VKA anwenden.*

Niederschriftserklärung zu § 30 Abs. 3

[1] *Die Tarifvertragsparteien gehen davon aus, dass die Einmalzahlungen 2005 bis 2007 im Rahmen der ZTV-Verhandlungen für die Berliner Stadtreinigungsbetriebe auf landesbezirklicher Ebene geregelt werden.* [2] *Kommt eine Einigung mindestens für 2005 nicht bis*

173

zum 30. November 2005 zustande, wird die Zahlung des Einmalbetrages durch die Tarif-
vertragsparteien auf Bundesebene verhandelt.

Niederschriftserklärung zu § 30 Abs. 5

   Die Entscheidung, ob und in welcher Höhe Arbeitern, auf die die Tarifregelungen des
Tarifgebiets Ost Anwendung finden, eine Einmalzahlung erhalten, bleibt den Tarifvertrags-
parteien auf landesbezirklicher Ebene vorbehalten.

Niederschriftserklärung zu § 30

   Von den Tarifvertragsparteien auf der landesbezirklichen Ebene ist in Tarifverhandlungen
über Hilfestellungen einzutreten, wenn die Überführung der Beschäftigten in die VKA-
Entgelttabelle bei einzelnen Mitgliedern des KAV Berlin ab 1. Oktober 2010 zu finan-
ziellen Problemen führt.

Niederschriftserklärung zu § 32 Abs. 2

   Der Tabellenwert von 5625 Euro verändert sich zu demselben Zeitpunkt und in dersel-
ben Höhe wie der Tabellenwert der Stufe 6 der Entgeltgruppe 15 Ü gemäß § 19 Abs. 2.

Niederschriftserklärung zu § 34 Abs. 1

   Im Hinblick auf die notwendigen personalwirtschaftlichen, organisatorischen und tech-
nischen Vorarbeiten für die Überleitung der vorhandenen Beschäftigten in den TVöD
sehen die Tarifvertragsparteien die Problematik einer fristgerechten Umsetzung der neuen
Tarifregelungen zum 1. Oktober 2005. Sie bitten die Personal verwaltenden und Bezüge
zahlenden Stellen, im Interesse der Beschäftigten gleichwohl eine zeitnahe Überleitung
zu ermöglichen und die Zwischenzeit mit zu verrechnenden Abschlagszahlungen zu über-
brücken.

Anlage 1

Zuordnung der Vergütungs- und Lohngruppen zu den Entgeltgruppen für am 30. September/1. Oktober 2005 vorhandene Beschäftigte für die Überleitung(VKA)

Entgelt-gruppe	Vergütungsgruppe	Lohngruppe
15 Ü	I	–
15	I a I a nach Aufstieg aus I b I b mit ausstehendem Aufstieg nach I a (keine Stufe 6)	–
14	I b ohne Aufstieg nach I a I b nach Aufstieg aus II II mit ausstehendem Aufstieg nach I b	–
13	II ohne Aufstieg nach I b	–
12	II nach Aufstieg aus III III mit ausstehendem Aufstieg nach II	–
11	III ohne Aufstieg nach II III nach Aufstieg aus IV a IV a mit ausstehendem Aufstieg nach III	–
10	IV a ohne Aufstieg nach III IV a nach Aufstieg aus IV b IV b mit ausstehendem Aufstieg nach IV a V b in den ersten sechs Monaten der Berufsausübung, wenn danach IV b mit Aufstieg nach IV a (Zuordnung zur Stufe 1)	–
9	IV b ohne Aufstieg nach IV a IV b nach Aufstieg V b V b mit ausstehendem Aufstieg nach IV b V b ohne Aufstieg nach IV b (Stufe 5 nach 9 Jahren in Stufe 4, keine Stufe 6) V b nach Aufstieg V c (Stufe 5 nach 9 Jahren in Stufe 4, keine Stufe 6 V b nach Aufstieg aus VI b (nur Lehrkräfte) (Stufe 5 nach 9 Jahren in Stufe 4, keine Stufe 6)	9 (Stufe 4 nach 7 Jahren in Stufe 3, keine Stufen 5 und 6)
8	V c mit ausstehendem Aufstieg nach V b V c ohne Aufstieg nach V b V c nach Aufstieg aus VI b	8 a 8 mit ausstehendem Aufstieg nach 8 a 8 nach Aufstieg aus 7 7 mit ausstehendem Aufstieg nach 8 und 8 a

(Fortsetzung nächste Seite)

Entgelt-gruppe	Vergütungsgruppe	Lohngruppe
7	–	7 a 7 mit ausstehendem Aufstieg nach 7 a
		7 nach Aufstieg aus 6 6 mit ausstehendem Aufstieg nach 7 und 7 a
6	VI b mit ausstehendem Aufstieg nach V b (nur Lehrkräfte) VI b mit ausstehendem Aufstieg nach V c VI b ohne Aufstieg nach V c VI b nach Aufstieg aus VII	6 a 6 mit ausstehendem Aufstieg nach 6 a 6 nach Aufstieg aus 5 5 mit ausstehendem Aufstieg nach 6 und 6 a
5	VII mit ausstehendem Aufstieg nach VI b VII ohne Aufstieg nach VI b VII nach Aufstieg aus VIII	5 a 5 mit ausstehendem Aufstieg nach 5 a 5 nach Aufstieg aus 4 4 mit ausstehendem Aufstieg nach 5 und 5 a
4	–	4 a 4 mit ausstehendem Aufstieg nach 4 a 4 nach Aufstieg aus 3 3 mit ausstehendem Aufstieg nach 4 und 4 a
3	VIII nach Aufstieg aus IX a VIII mit ausstehendem Aufstieg nach VII VIII ohne Aufstieg nach VII	3 a 3 mit ausstehendem Aufstieg nach 3 a 3 nach Aufstieg aus 2 2 mit ausstehendem Aufstieg nach 3 und 3 a
2 Ü	–	2 a 2 mit ausstehendem Aufstieg nach 2 a 2 nach Aufstieg aus 1 1 mit ausstehendem Aufstieg nach 2 und 2 a
2	IX a IX mit ausstehendem Aufstieg nach IX a oder VIII IX nach Aufstieg aus X (keine Stufe 6) X (keine Stufe 6)	1 a (keine Stufe 6) 1 mit ausstehendem Aufstieg nach 1 a (keine Stufe 6)
1	–	–

Anlage 2

Strukturausgleiche für Angestellte (VKA)

Angestellte, deren Ortszuschlag sich nach § 29 Abschnitt B Abs. 5 BAT/ BAT-O/Ostdeutsche Sparkassen bemisst, erhalten den entsprechenden Anteil, in jedem Fall aber die Hälfte des Strukturausgleichs für Verheiratete.

Soweit nicht anders ausgewiesen, beginnt die Zahlung des Strukturausgleichs am 1. Oktober 2007. Die Angabe „nach … Jahren" bedeutet, dass die Zahlung nach den genannten Jahren ab dem In-Kraft-Treten des TVöD beginnt; so wird z.B. bei dem Merkmal „nach 4 Jahren" der Zahlungsbeginn auf den 1. Oktober 2009 festgelegt, wobei die Auszahlung eines Strukturausgleichs mit den jeweiligen Monatsbezügen erfolgt. Die Dauer der Zahlung ist ebenfalls angegeben; dabei bedeutet „dauerhaft" die Zahlung während der Zeit des Arbeitsverhältnisses.

Ist die Zahlung „für" eine bestimmte Zahl von Jahren angegeben, ist der Bezug auf diesen Zeitraum begrenzt (z.B. „für 5 Jahre" bedeutet Beginn der Zahlung im Oktober 2007 und Ende der Zahlung mit Ablauf September 2012). Eine Ausnahme besteht dann, wenn das Ende des Zahlungszeitraumes nicht mit einem Stufenaufstieg in der jeweiligen Entgeltgruppe zeitlich zusammenfällt; in diesen Fällen wird der Strukturausgleich bis zum nächsten Stufenaufstieg fortgezahlt. Diese Ausnahmeregelung gilt nicht, wenn der Stufenaufstieg in die Endstufe erfolgt; in diesen Fällen bleibt es bei der festgelegten Dauer.

Betrifft die Zahlung eines Strukturausgleichs eine Vergütungsgruppe (Fallgruppe) mit Bewährungs- bzw. Zeitaufstieg, wird dies ebenfalls angegeben. Soweit keine Aufstiegszeiten angegeben sind, gelten die Ausgleichsbeträge für alle Aufstiege.

I. Angestellte, die aus der Anlage 1a zum BAT/BAT-O/BAT-Ostdeutsche Sparkassen übergeleitet werden.

EG	Vergütungs-gruppe	Ortszu-schlag Stufe 1/2	Überlei-tung aus Stufe	nach	für	Betrag Tarifgebiet West	Betrag Tarifgebiet Ost
15 Ü	I	OZ 1	9	2 Jahren	5 Jahre	130,– €	126,– €
	I	OZ 2	8	2 Jahren	dauerhaft	50,– €	48,– €
	I	OZ 2	10	2 Jahren	dauerhaft	50,– €	48,– €
	I	OZ 2	11	2 Jahren	dauerhaft	50,– €	48,– €
15	I a	OZ 1	6	2 Jahren	4 Jahre	60,– €	58,– €
	I a	OZ 1	8	4 Jahren	dauerhaft	30,– €	29,– €
	I a	OZ 1	9	2 Jahren	für 5 Jahre danach	90,– € 30,– €	87,– € 29,– €
	I a	OZ 1	10	4 Jahren	dauerhaft	30,– €	29,– €

(Fortsetzung nächste Seite)

EG	Vergütungs-gruppe	Ortszu-schlag Stufe 1/2	Überlei-tung aus Stufe	nach	für	Betrag Tarifgebiet West	Betrag Tarifgebiet Ost
	I a	OZ 1	11	2 Jahren	dauerhaft	30,– €	29,– €
	I a	OZ 2	6	2 Jahren	für 4 Jahre danach	110,– € 60,– €	106,– € 58,– €
	I a	OZ 2	7	4 Jahren	dauerhaft	50,– €	48,– €
	I a	OZ 2	8	2 Jahren	dauerhaft	80,– €	77,– €
	I a	OZ 2	9	4 Jahren	dauerhaft	80,– €	77,– €
	I a	OZ 2	10	2 Jahren	dauerhaft	80,– €	77,– €
14	I b	OZ 1	5	2 Jahren	4 Jahre	50,– €	48,– €
	I b	OZ 1	8	2 Jahren	5 Jahre	50,– €	48,– €
	I b	OZ 2	5	2 Jahren	4 Jahre danach	130,– € 20,– €	126,– € 19,– €
	I b	OZ 2	7	2 Jahren	5 Jahre danach	90,– € 40,– €	87,– € 38,– €
	I b	OZ 2	8	2 Jahren	5 Jahre danach dauerhaft	110,– € 40,– €	106,– € 38,– €
	I b	OZ 2	9	2 Jahren	dauerhaft	30,– €	29,– €
14	II/5 J. I b	OZ 1	4	1 Jahr	8 Jahre	110,– €	106,– €
	II/5 J. I b	OZ 1	5	2 Jahren	4 Jahre	50,– €	48,– €
	II/5 J. I b	OZ 1	8	2 Jahren	5 Jahre	50,– €	48,– €
	II/5 J. I b	OZ 2	4	2 Jahren	5 Jahre	90,– €	87,– €
	II/5 J. I b	OZ 2	5	2 Jahren	4 Jahre danach	130,– € 20,– €	126,– € 19,– €
	II/5 J. I b	OZ 2	7	4 Jahren	3 Jahre danach	90,– € 40,– €	87,– € 38,– €
	II/5 J. I b	OZ 2	8	2 Jahren	5 Jahre danach dauerhaft	110,– € 40,– €	106,– € 38,– €
	II/5 J. I b	OZ 2	9	2 Jahren	dauerhaft	30,– €	29,– €
14	II/6 J. I b	OZ 1	4	2 Jahren	7 Jahre	110,– €	106,– €
	II/6 J. I b	OZ 1	5	2 Jahren	4 Jahre	50,– €	48,– €
	II/6 J. I b	OZ 1	8	2 Jahren	5 Jahre	50,– €	48,– €
	II/6 J. I b	OZ 2	4	2 Jahren	5 Jahre	90,– €	87,– €
	II/6 J. I b	OZ 2	5	2 Jahren	4 Jahre danach	130,– € 20,– €	126,– € 19,– €
	II/6 J. I b	OZ 2	7	4 Jahren	3 Jahre danach	90,– € 40,– €	87,– € 38,– €

(Fortsetzung nächste Seite)

EG	Vergütungs-gruppe	Ortszu-schlag Stufe 1/2	Überlei-tung aus Stufe	nach	für	Betrag Tarifgebiet West	Betrag Tarifgebiet Ost
	II/6 J. I b	OZ 2	8	2 Jahren	5 Jahre danach dauerhaft	110,– € 40,– €	106,– € 38,– €
	II/6 J. I b	OZ 2	9	2 Jahren	dauerhaft	30,– €	29,– €
13	II	OZ 1	9	2 Jahren	5 Jahre	50,– €	48,– €
	II	OZ 2	8	2 Jahren	5 Jahre	80,– €	77,– €
12	III/5 J. II	OZ 1	5	2 Jahren	4 Jahre	90,– €	87,– €
	III/5 J. II	OZ 1	8	2 Jahren	5 Jahre	80,– €	77,– €
	III/5 J. II	OZ 2	4 (aus III)	1 Jahr	2 Jahre	110,– €	106,– €
	III/5 J. II	OZ 2	4 (aus II)	2 Jahren	4 Jahre	90,– €	87,– €
	III/5 J. II	OZ 2	6	4 Jahren	dauerhaft	30,– €	29,– €
	III/5 J. II	OZ 2	7	4 Jahren	dauerhaft	60,– €	58,– €
	III/5 J. II	OZ 2	8	4 Jahren	dauerhaft	50,– €	48,– €
	III/5 J. II	OZ 2	9	2 Jahren	dauerhaft	50,– €	48,– €
	III/5 J. II	OZ 2	10	2 Jahren	dauerhaft	30,– €	29,– €
12	III/6 J. II	OZ 1	5	2 Jahren	4 Jahre	90,– €	87,– €
	III/6 J. II	OZ 1	8	2 Jahren	5 Jahre	70,– €	67,– €
	III/6 J. II	OZ 2	4 (aus III)	2 Jahren	5 Jahre	70,– €	67,– €
	III/6 J. II	OZ 2	4 (aus II)	2 Jahren	für 4 Jahre	90,– €	87,– €
	III/6 J. II	OZ 2	6	4 Jahren	dauerhaft	30,– €	29,– €
	III/6 J. II	OZ 2	7	4 Jahren	dauerhaft	60,– €	58,– €
	III/6 J. II	OZ 2	8	4 Jahren	dauerhaft	50,– €	48,– €
	III/6 J. II	OZ 2	9	2 Jahren	dauerhaft	50,– €	48,– €
	III/6 J. II	OZ 2	10	2 Jahren	dauerhaft	30,– €	29,– €
12	III/8 J. II	OZ 1	5 (aus III)	2 Jahren	5 Jahre	70,– €	67,– €
	III/8 J. II	OZ 1	5 (aus II)	2 Jahren	4 Jahre	90,– €	87,– €
	III/8 J. II	OZ 1	8	2 Jahren	5 Jahre	70,– €	67,– €
	III/8 J. II	OZ 2	5 (aus III)	2 Jahren	4 Jahre	130,– €	126,– €
	III/8 J. II	OZ 2	6	4 Jahren	dauerhaft	30,– €	29,– €
	III/8 J. II	OZ 2	7	4 Jahren	dauerhaft	60,– €	58,– €
	III/8 J. II	OZ 2	8	4 Jahren	dauerhaft	50,– €	48,– €
	III/8 J. II	OZ 2	9	2 Jahren	dauerhaft	50,– €	48,– €
	III/8 J. II	OZ 2	10	2 Jahren	dauerhaft	30,– €	29,– €
12	III/10 J. II	OZ 1	6 (aus III)	2 Jahren	4 Jahre	90.– €	87,– €

(Fortsetzung nächste Seite)

EG	Vergütungs-gruppe	Ortszu-schlag Stufe 1/2	Überlei-tung aus Stufe	nach	für	Betrag Tarifgebiet West	Betrag Tarifgebiet Ost
	III/10 J. II	OZ 1	8	2 Jahren	5 Jahre	70,– €	67,– €
	III/10 J. II	OZ 2	6 (aus III)	2 Jahren	4 Jahre danach	110,– € 60,– €	106,– € 58,– €
	III/10 J. II	OZ 2	6 (aus II)	4 Jahren	dauerhaft	30,– €	29,– €
	III/10 J. II	OZ 2	7	4 Jahren	dauerhaft	60,– €	58,– €
	III/10 J. II	OZ 2	8	4 Jahren	dauerhaft	50,– €	48,– €
	III/10 J. II	OZ 2	9	2 Jahren	dauerhaft	50,– €	48,– €
	III/10 J. II	OZ 2	10	2 Jahren	dauerhaft	30,– €	29,– €
11	III	OZ 1	5	2 Jahren	4 Jahre	90,– €	87,– €
	III	OZ 1	9	2 Jahren	5 Jahre	60,– €	58,– €
	III	OZ 2	4	2 Jahren	4 Jahre	90,– €	87,– €
	III	OZ 2	7	4 Jahren	3 Jahre	90,– €	87,– €
	III	OZ 2	8	2 Jahren	5 Jahre	90.– €	87,– €
11	IV a/4 J. III	OZ 1	5	2 Jahren	4 Jahre	90,– €	87,– €
	IV a/4 J. III	OZ 1	9	2 Jahren	5 Jahre	60,– €	58,– €
	IV a/4 J. III	OZ 2	4	2 Jahren	4 Jahre	90,– €	87,– €
	IV a/4 J. III	OZ 2	7	4 Jahren	3 Jahre	90,– €	87,– €
	IV a/4 J. III	OZ 2	8	2 Jahren	5 Jahre	90.– €	87,– €
	IV a/6 J. III	OZ 1	5	2 Jahren	4 Jahre	90,– €	87,– €
	IV a/6 J. III	OZ 1	9	2 Jahren	5 Jahre	60,– €	58,– €
	IV a/6 J. III	OZ 2	4	2 Jahren	4 Jahre	90,– €	87,– €
	IV a/6 J. III	OZ 2	7	4 Jahren	3 Jahre	90,– €	87,– €
	IV a/6 J. III	OZ 2	8	2 Jahren	5 Jahre	100.– €	97,– €
11	IV a/8 J. III	OZ 1	5	2 Jahren	4 Jahre	90,– €	87,– €
	IV a/8 J. III	OZ 1	9	2 Jahren	5 Jahre	60,– €	58,– €
	IV a/8 J. III	OZ 2	5	2 Jahren	9 Jahre	110,– €	106,– €
	IV a/8 J. III	OZ 2	7	4 Jahren	3 Jahre	90,– €	87,– €
	IV a/8 J. III	OZ 2	8	2 Jahren	5 Jahre	90.– €	87,– €
10	IV a	OZ 2	4	2 Jahren	4 Jahre	30,– €	29,– €
	IV a	OZ 2	7	4 Jahren	dauerhaft	25,– €	24,– €
	IV a	OZ 2	8	2 Jahren	5 Jahre danach	50,– € 25,– €	48,– € 24,– €
	IV a	OZ 2	9	2 Jahren	dauerhaft	25,– €	24,– €
10	IV b/2 J. IV a	OZ 2	4	2 Jahren	4 Jahre	30,– €	29,– €

(Fortsetzung nächste Seite)

EG	Vergütungs-gruppe	Ortszu-schlag Stufe 1/2	Überlei-tung aus Stufe	nach	für	Betrag Tarifgebiet West	Betrag Tarifgebiet Ost
	IV b/2 J. IV a	OZ 2	7	4 Jahren	dauerhaft	25,– €	24,– €
	IV b/2 J. IV a	OZ 2	8	2 Jahren	5 Jahre danach	50,– € 25,– €	48,– € 24,– €
	IV b/2 J. IV a	OZ 2	9	2 Jahren	dauerhaft	25,– €	24,– €
10	IV b/4 J. IV a	OZ 2	4	2 Jahren	4 Jahre	30,– €	29,– €
	IV b/4 J. IV a	OZ 2	7	4 Jahren	dauerhaft	25,– €	24,– €
	IV b/4 J. IV a	OZ 2	8	2 Jahren	5 Jahre danach	50,– € 25,– €	48,– € 24,– €
	IV b/4 J. IV a	OZ 2	9	2 Jahren	dauerhaft	25,– €	24,– €
10	IV b/5 J. IV a	OZ 1	4	1 Jahr	8 Jahre	90,– €	87,– €
	IV b/5 J. IV a	OZ 2	4	1 Jahr	6 Jahre	90,– €	87,– €
	IV b/5 J. IV a	OZ 2	7	4 Jahren	dauerhaft	25,– €	24,– €
	IV b/5 J. IV a	OZ 2	8	2 Jahren	5 Jahre danach	50,– € 25,– €	48,– € 24,– €
	IV b/5 J. IV a	OZ 2	9	2 Jahren	dauerhaft	25,– €	24,– €
10	IV b/6 J. IV a	OZ 1	4	2 Jahren	7 Jahre	90,– €	87,– €
	IV b/6 J. IV a	OZ 2	4	2 Jahren	5 Jahre	90,– €	87,– €
	IV b/6 J. IV a	OZ 2	7	4 Jahren	dauerhaft	25,– €	24,– €
	IV b/6 J. IV a	OZ 2	8	2 Jahren	5 Jahre danach	50,– € 25,– €	48,– € 24,– €
	IV b/6 J. IV a	OZ 2	9	2 Jahren	dauerhaft	25,– €	24,– €
10	IV b/8 J. IV a	OZ 1	4	4 Jahren	5 Jahre	90,– €	87,– €
	IV b/8 J. IV a	OZ 1	5	2 Jahren	7 Jahre	180,– €	174,– €
	IV b/8 J. IV a	OZ 2	5	2 Jahren	5 Jahre danach	115,– € 25,– €	111,– € 24,– €
	IV b/8 J. IV a	OZ 2	7	4 Jahren	dauerhaft	25,– €	24,– €
	IV b/8 J. IV a	OZ 2	8	2 Jahren	5 Jahre danach	50,– € 25,– €	48,– € 24,– €
	IV b/8 J. IV a	OZ 2	9	2 Jahren	dauerhaft	25,– €	24,– €
9	IV b	OZ 1	5	2 Jahren	4 Jahre	50,– €	48,– €
	IV b	OZ 1	8	2 Jahren	5 Jahre	50,– €	48,– €
	IV b	OZ 2	4	2 Jahren	4 Jahre	80,– €	77,– €
	IV b	OZ 2	6	2 Jahren	5 Jahre	25,– €	24,– €
	IV b	OZ 2	7	2 Jahren	5 Jahre	90,– €	87,– €
9	V b/2 J. IV b	OZ 1	5	2 Jahren	4 Jahre	50,– €	48,– €

(Fortsetzung nächste Seite)

EG	Vergütungs-gruppe	Ortszu-schlag Stufe 1/2	Überlei-tung aus Stufe	nach	für	Betrag Tarifgebiet West	Betrag Tarifgebiet Ost
	V b/2 J. IV b	OZ 1	8	2 Jahren	5 Jahre	50,– €	48,– €
	V b/2 J. IV b	OZ 2	4	2 Jahren	4 Jahre	80,– €	77,– €
	V b/2 J. IV b	OZ 2	6	2 Jahren	5 Jahre	25,– €	24,– €
	V b/2 J. IV b	OZ 2	7	2 Jahren	5 Jahre	90,– €	87,– €
9	V b/4 J. IV b	OZ 1	5	2 Jahren	4 Jahre	50,– €	48,– €
	V b/4 J. IV b	OZ 1	8	2 Jahren	5 Jahre	50,– €	48,– €
	V b/4 J. IV b	OZ 2	4	2 Jahren	4 Jahre	80,– €	77,– €
	V b/4 J. IV b	OZ 2	6	2 Jahren	5 Jahre	25,– €	24,– €
	V b/4 J. IV b	OZ 2	7	2 Jahren	5 Jahre	90,– €	87,– €
9	V b/5 J. IV b	OZ 1	4	1 Jahr	2 Jahre	110,– €	106,– €
	V b/5 J. IV b	OZ 1	5	2 Jahren	4 Jahre	50,– €	48,– €
	V b/5 J. IV b	OZ 1	8	2 Jahren	5 Jahre	50,– €	48,– €
	V b/5 J. IV b	OZ 2	4	1 Jahr	5 Jahre	80,– €	77,– €
	V b/5 J. IV b	OZ 2	6	2 Jahren	5 Jahre	25,– €	24,– €
	V b/5 J. IV b	OZ 2	7	2 Jahren	5 Jahre	90,– €	87,– €
9	V b/6 J. IV b	OZ 1	5	2 Jahren	4 Jahre	50,– €	48,– €
	V b/6 J. IV b	OZ 1	8	2 Jahren	5 Jahre	50,– €	48,– €
	V b/6 J. IV b	OZ 2	4	2 Jahren	4 Jahre	80,– €	77,– €
	V b/6 J. IV b	OZ 2	6	2 Jahren	5 Jahre	25,– €	24,– €
	V b/6 J. IV b	OZ 2	7	2 Jahren	5 Jahre	90,– €	87,– €
9	V b	OZ 2	6	2 Jahren	9 Jahre	50,– €	48,– €
8	V c	OZ 1	2	9 Jahren	dauerhaft	55,– €	53,– €
	V c	OZ 1	3	9 Jahren	dauerhaft	55,– €	53,– €
	V c	OZ 1	4	7 Jahren	dauerhaft	55,– €	53,– €
	V c	OZ 1	5	6 Jahren	dauerhaft	55,– €	53,– €
	V c	OZ 1	6	2 Jahren	dauerhaft	55,– €	53,– €
	V c	OZ 1	7	2 Jahren	dauerhaft	55,– €	53,– €
	V c	OZ 1	8	2 Jahren	dauerhaft	55,– €	53,– €
	V c	OZ 2	2	5 Jahren	dauerhaft	55,– €	53,– €
	V c	OZ 2	3	3 Jahren	dauerhaft	120,– €	116,– €
	V c	OZ 2	4	2 Jahren	dauerhaft	120,– €	116,– €
	V c	OZ 2	5	2 Jahren	dauerhaft	120,– €	116,– €
	V c	OZ 2	6	2 Jahren	dauerhaft	120,– €	116,– €

(Fortsetzung nächste Seite)

EG	Vergütungs-gruppe	Ortszu-schlag Stufe 1/2	Überlei-tung aus Stufe	nach	für	Betrag Tarifgebiet West	Betrag Tarifgebiet Ost
	V c	OZ 2	7	2 Jahren	dauerhaft	120,– €	116,– €
	V c	OZ 2	8	2 Jahren	dauerhaft	55,– €	53,– €
6	VI b	OZ 1	2	9 Jahren	dauerhaft	50,– €	48,– €
	VI b	OZ 1	3	9 Jahren	dauerhaft	50,– €	48,– €
	VI b	OZ 1	4	7 Jahren	dauerhaft	50,– €	48,– €
	VI b	OZ 1	5	6 Jahren	dauerhaft	50,– €	48,– €
	VI b	OZ 1	6	6 Jahren	dauerhaft	50,– €	48,– €
	VI b	OZ 1	7	2 Jahren	dauerhaft	50,– €	48,– €
	VI b	OZ 1	8	2 Jahren	dauerhaft	50,– €	48,– €
	VI b	OZ 1	9	2 Jahren	dauerhaft	50,– €	48,– €
	VI b	OZ 2	2	7 Jahren	dauerhaft	90.– €	87,– €
	VI b	OZ 2	3	6 Jahren	dauerhaft	90,– €	87,– €
	VI b	OZ 2	4	6 Jahren	dauerhaft	90.– €	87,– €
	VI b	OZ 2	5	2 Jahren	dauerhaft	90,– €	87,– €
	VI b	OZ 2	6	2 Jahren	dauerhaft	90,– €	87,– €
	VI b	OZ 2	7	2 Jahren	dauerhaft	90.– €	87,– €
	VI b	OZ 2	8	2 Jahren	dauerhaft	50,– €	48,– €
	VI b	OZ 2	9	2 Jahren	dauerhaft	50,– €	48,– €
5	VII	OZ 2	4	4 Jahren	dauerhaft	20,– €	19,– €
	VII	OZ 2	5	2 Jahren	dauerhaft	20,– €	19,– €
	VII	OZ 2	6	2 Jahren	dauerhaft	20,– €	19,– €
	VII	OZ 2	7	2 Jahren	dauerhaft	20,– €	19,– €
	VII	OZ 2	8	2 Jahren	dauerhaft	20,– €	19,– €
3	VIII	OZ 1	7	2 Jahren	4 Jahre	30,– €	29,– €
	VIII	OZ 1	9	2 Jahren	5 Jahre	20,– €	19,– €
	VIII	OZ 2	3	2 Jahren	9 Jahre	40,– €	38,– €
	VIII	OZ 2	4	4 Jahren	3 Jahre	25,– €	24,– €
	VIII	OZ 2	5	2 Jahren	dauerhaft	50,– €	48,– €
3	VIII	OZ 2	6	2 Jahren	dauerhaft	50,– €	48,– €
	VIII	OZ 2	7	2 Jahren	dauerhaft	50,– €	48,– €
	VIII	OZ 2	8	2 Jahren	dauerhaft	50,– €	48,– €
	VIII	OZ 2	9	2 Jahren	dauerhaft	35,– €	33,– €
	VIII	OZ 2	10	2 Jahren	dauerhaft	25,– €	24,– €

(Fortsetzung nächste Seite)

EG	Vergütungsgruppe	Ortszuschlag Stufe 1/2	Überleitung aus Stufe	nach	für	Betrag Tarifgebiet West	Betrag Tarifgebiet Ost
2	IX 2 J. IX a	OZ 2	4	2 Jahren	5 Jahre	45,– €	43,– €
2	X 2 J. IX	OZ 1	5	2 Jahren	4 Jahre	25,– €	24,– €
	X 2 J. IX	OZ 2	3	4 Jahren	dauerhaft	40,– €	38,– €
	X 2 J. IX	OZ 2	4	4 Jahren	dauerhaft	40,– €	38,– €
	X 2 J. IX	OZ 2	5	2 Jahren	dauerhaft	40,– €	38,– €
	X 2 J. IX	OZ 2	6	2 Jahren	dauerhaft	40,– €	38,– €
	X 2 J. IX	OZ 2	7	2 Jahren	dauerhaft	25,– €	24,– €

II. Angestellte, die aus der Anlage 1 b zum BAT/BAT-O übergeleitet werden

EG	Vergütungsgruppe	Ortszuschlag Stufe 1/2	Überleitung aus Stufe	nach	für	Betrag Tarifgebiet West	Betrag Tarifgebiet Ost
12 a	Kr. XII 5 Jahre Kr. XIII	OZ 2	6	1 Jahr	6 Jahre	90,– €	87,– €
11 b	Kr. XI 5 Jahre Kr. XII	OZ 2	6	1 Jahr	6 Jahre	150,– €	145,– €
		OZ 1	6	1 Jahr	6 Jahre	90,– €	87,– €
			7	2 Jahren	5 Jahre	130,– €	126,– €
11 a	Kr. X 5 Jahre Kr. XI	OZ 2	4	5 Jahren	2 Jahre	220,– €	213,– €
			5	3 Jahren	4 Jahre	300,– €	291,– €
		OZ 1	5	3 Jahren	4 Jahre	190,– €	184,– €
			6	1 Jahr	6 Jahre	260,– €	252,– €
10 a	Kr. IX 5 Jahre Kr. X	OZ 2	5	3 Jahren	2 Jahre, danach dauerhaft	270,– € 20,– €	261,– € 19,– €
			6	4 Jahren	dauerhaft	35,– €	33,– €
			7	2 Jahren	dauerhaft	35,– €	33,– €
			8	2 Jahren	dauerhaft	35,– €	33,– €
		OZ 1	5	3 Jahren	2 Jahre	170,– €	164,– €
			6	1 Jahr	4 Jahre	240,– €	232,– €
9 d	Kr. VIII 5 Jahre Kr. IX	OZ 2	5	6 Jahren	dauerhaft	15,– €	14,– €
			6	1 Jahr	3 Jahre, danach dauerhaft	140,– € 15,– €	135,– € 14,– €

(Fortsetzung nächste Seite)

EG	Vergütungsgruppe	Ortszuschlag Stufe 1/2	Überleitung aus Stufe	nach	für	Betrag Tarifgebiet West	Betrag Tarifgebiet Ost
			7	2 Jahren	dauerhaft	30,– €	29,– €
			8	2 Jahren	dauerhaft	20,– €	19,– €
		OZ 1	6	1 Jahr	1 Jahr, danach für 2 Jahre	200,– € 60,– €	194,– € 58,– €
9 b	Kr. VII	OZ 2	5	4 Jahren	3 Jahre	45,– €	43,– €
			6	2 Jahren	2 Jahre, danach für 3 Jahre	40,– € 100,– €	38,– € 97,– €
			7	2 Jahren	dauerhaft	10,– €	9,– €
			8	2 Jahren	dauerhaft	10,– €	9,– €
		OZ 1	6	6 Jahren	1 Jahr	60,– €	58,– €
			7	4 Jahren	3 Jahre	60,– €	58,– €
9 c	Kr. VII 5 Jahre Kr. VIII	OZ 2	4	4 Jahren	2 Jahre, danach für 4 Jahre	55,– € 110,– €	53,– € 106,– €
			5	4 Jahren	3 Jahre	80,– €	77,– €
			6	1 Jahr	6 Jahre	140,– €	135,– €
		OZ 1	5	3 Jahren	2 Jahre, danach für 5 Jahre	150,– € 60,– €	145,– € 58,– €
			6	1 Jahr	9 Jahre	150,– €	145,– €
			7	2 Jahren	5 Jahre	100,– €	97,– €
9 b	Kr. VI 5 Jahre Kr. VII	OZ 2	6	1 Jahr	6 Jahre	90,– €	87,– €
			7	2 Jahren	dauerhaft	10,– €	9,– €
			8	2 Jahren	dauerhaft	10,– €	9,– €
		OZ 1	5	3 Jahren	2 Jahre	240,– €	232,– €
			6	1 Jahr	1 Jahr	200,– €	194,– €
			7	4 Jahren	3 Jahre	65,– €	63,– €
9 b	Kr. VI 7 Jahre Kr. VII	OZ 2	6	4 Jahren	3 Jahre	90,– €	87,– €
			7	1 Jahr	1 Jahr danach für 5 Jahre	200,– € 120,– €	194,– € 116,– €
			8	2 Jahren	dauerhaft	10,– €	9,– €
		OZ 1	5	4 Jahren	4 Jahre	50,– €	48,– €

(Fortsetzung nächste Seite)

185

4 TVÜ-VKA **Anl. 2 II**

EG	Vergütungs-gruppe	Ortszu-schlag Stufe 1/2	Überlei-tung aus Stufe	nach	für	Betrag Tarifge-biet West	Betrag Tarifge-biet Ost
			7	1 Jahr	1 Jahr danach für 5 Jahre	190,– € 20,– €	184,– € 19,– €
9 a	Kr VI	OZ 2	4	4 Jahren	3 Jahre	30,– €	29,– €
			5	2 Jahren	5 Jahre	75,– €	72,– €
		OZ 1	5	2 Jahren	8 Jahre	50,– €	48,– €
			6	4 Jahren	3 Jahre	40,– €	38,– €
			7	2 Jahren	5 Jahre	60,– €	58,– €
8 a	Kr. V a 3 Jahre, Kr. VI	OZ 2	3	4 Jahren	7 Jahre	45,– €	43,– €
			5	2 Jahren	5 Jahre	60,– €	58,– €
		OZ 1	4	2 Jahren	9 Jahre	55,– €	53,– €
			7	2 Jahren	5 Jahre	60,– €	58,– €
8 a	Kr. V a 5 Jahre Kr. VI	OZ 2	3	4 Jahren	7 Jahre	45,– €	43,– €
			5	2 Jahren	5 Jahre	60,– €	58,– €
		OZ 1	3	4 Jahren	3 Jahre	55,– €	53,– €
			4	2 Jahren	9 Jahre	55,– €	53,– €
			7	2 Jahren	5 Jahre	60,– €	58,– €
8 a	Kr. V 6 Jahre Kr. VI	OZ 2	2	6 Jahren	7 Jahre	30,– €	29,– €
			3	4 Jahren	7 Jahre	35,– €	33,– €
			5	2 Jahren	5 Jahre	60,– €	58,– €
		OZ 1	3	2 Jahren	7 Jahre	120,– €	116,– €
			4	2 Jahren	9 Jahre	55,– €	53,– €
			7	2 Jahren	5 Jahre	60,– €	58,– €
8 a	Kr. V 4 Jahre, Kr. V a 2 Jahre, Kr. VI	OZ 2	2	6 Jahren	7 Jahre	60,– €	58,– €
			3	4 Jahren	7 Jahre	60,– €	58,– €
			4	3 Jahren	4 Jahre	25,– €	24,– €
			5	1 Jahr	2 Jahre, da-nach für 4 Jahre	25,– € 80,– €	24,– € 77,– €
			7	1 Jahr	1 Jahr	40,– €	38,– €
			8	1 Jahr	1 Jahr	40,– €	38,– €

(Fortsetzung nächste Seite)

EG	Vergütungsgruppe	Ortszuschlag Stufe 1/2	Überleitung aus Stufe	nach	für	Betrag Tarifgebiet West	Betrag Tarifgebiet Ost
		OZ 1	3	2 Jahren	5 Jahre	55,– €	53,– €
			4	2 Jahren	4 Jahre, danach für 5 Jahre	70,– € 20,– €	67,– € 19,– €
			7	2 Jahren	5 Jahre	55,– €	53,– €
7 a	Kr. V 4 Jahre Kr. V a	OZ 2	3	4 Jahren	7 Jahre	55,– €	53,– €
			5	4 Jahren	3 Jahre	70,– €	67,– €
			7	2 Jahren	dauerhaft	25,– €	24,– €
			8	2 Jahren	dauerhaft	20,– €	19,– €
		OZ 1	5	2 Jahren	9 Jahre	45,– €	43,– €
			7	2 Jahren	5 Jahre	40,– €	38,– €
7 a	Kr. V 5 Jahre Kr. V a	OZ 2	3	4 Jahren	7 Jahre	45,– €	43,– €
			4	2 Jahren	9 Jahre	100,– €	97,– €
			5	4 Jahren	3 Jahre	90,– €	87,– €
			7	2 Jahren	dauerhaft	25,– €	24,– €
			8	2 Jahren	dauerhaft	20,– €	19,– €
		OZ 1	5	2 Jahren	9 Jahre	45,– €	43,– €
			7	2 Jahren	5 Jahre	40,– €	38,– €
7 a	Kr. IV 2 Jahre (Hebammen 1 Jahr, Altenpflegerinnen 3 Jahre) Kr. V 4 Jahre Kr. V a	OZ 2	3	2 Jahren (Altenpflegerinnen nach 3 Jahren)	9 Jahre (Altenpflegerinnen für 8 Jahre)	50,– €	48,– €
			5	2 Jahren	5 Jahre	55,– €	53,– €
			7	2 Jahren	dauerhaft	25,– €	24,– €
			8	2 Jahren	dauerhaft	20,– €	19,– €
		OZ 1	4	4 Jahren	2 Jahre	20,– €	19,– €
			5	2 Jahren	9 Jahre	55,– €	53,– €
			6	4 Jahren	3 Jahre	10.– €	9,– €
			7	2 Jahren	5 Jahre	60,– €	58,– €
7 a	Kr. IV 4 Jahre Kr. V	OZ 2	4	4 Jahren	dauerhaft	25,– €	24,– €
			5	6 Jahren	dauerhaft	25,– €	24,– €

(Fortsetzung nächste Seite)

EG	Vergütungs-gruppe	Ortszu-schlag Stufe 1/2	Überlei-tung aus Stufe	nach	für	Betrag Tarifge-biet West	Betrag Tarifge-biet Ost
			6	4 Jahren	dauerhaft	35,– €	33,– €
			7	2 Jahren	dauerhaft	65,– €	63,– €
			8	2 Jahren	dauerhaft	40,– €	38,– €
		OZ 1	3	2 Jahren	3 Jahre	100,– €	97,– €
			6	2 Jahren	4 Jahre	40,– €	38,– €
			7	2 Jahren	4 Jahre	90,– €	87,– €
4 a	Kr. III 4 Jahre Kr. IV	OZ 2	3	2 Jahren	2 Jahre. danach für 7 Jahre	20,– € 60,– €	19,– € 58,– €
			4	4 Jahren	3 Jahre	40,– €	38,– €
			5	2 Jahren	5 Jahre	60,– €	58,– €
			7	2 Jahren	dauerhaft	25,– €	24,– €
			8	2 Jahren	dauerhaft	35,– €	33,– €
		OZ 1	5	2 Jahren	9 Jahre	55,– €	53,– €
			7	2 Jahren	5 Jahre	40,– €	38,– €
4 a	Kr. II 2 Jahre Kr. III 4 Jahre Kr. IV	OZ 2	3	2 Jahren	9 Jahre	40,– €	38,– €
			4	4 Jahren	3 Jahre	40,– €	38,– €
			5	2 Jahren	5 Jahre	60,– €	58,– €
			7	2 Jahren	dauerhaft	25,– €	24,– €
			8	2 Jahren	dauerhaft	35,– €	33,– €
		OZ 1	5	2 Jahren	9 Jahre	55,– €	53,– €
			7	2 Jahren	5 Jahre	40,– €	38,– €
3 a	Kr. I 3 Jahre Kr. II	OZ 2	2	1 Jahr	10 Jahre	55,– €	53,– €
			7	4 Jahren	dauerhaft	15,– €	14,– €
			8	2 Jahren	dauerhaft	25,– €	24,– €
		OZ 1	2	1 Jahr	3 Jahre	30,– €	29,– €
			4	2 Jahren	9 Jahre	35,– €	33,– €

Anlage 3

Vorläufige Zuordnung der Vergütungs- und Lohngruppen zu den Entgeltgruppen für zwischen dem 1. Oktober 2005 und dem In-Kraft-Treten der neuen Entgeltordnung stattfindende Eingruppierungs- und Einreihungsvorgänge (VKAd)

Entgelt-gruppe	Vergütungsgruppe	Lohngruppe
15	I a I b mit Aufstieg nach I a (zwingend Stufe 1, keine Stufe 6)	–
14	I b ohne Aufstieg nach I a	–
13	Beschäftigte mit Tätigkeiten, die eine abgeschlossene wissenschaftliche Hochschulausbildung voraussetzen (II mit und ohne Aufstieg nach I b [ggf. mit Zulagenregelung nach § 17 Abs. 8 TVÜ-VKA]und weitere Beschäftigte, die nach der Vergütungsordnung zum BAT/BAT-O/BAT-Ostdeutsche Sparkassen unmittelbar in Verg. Gr. II eingruppiert sind	–
12	III mit Aufstieg nach II	–
11	III ohne Aufstieg nach II IV a mit Aufstieg nach III	–
10	IV a ohne Aufstieg nach III IV b mit Aufstieg nach IV a V b in den ersten sechs Monaten der Berufsausübung, wenn danach IV b mit Aufstieg nach IV a	–
9	IV b ohne Aufstieg nach IV a V b mit Aufstieg nach IV b V b ohne Aufstieg nach IV b (Stufe 5 nach 9 Jahren in Stufe 4, keine Stufe 6)	9 (zwingend Stufe 1, Stufe 4 nach 7 Jahren in Stufe 3, keine Stufen 5 und 6)
8	V c mit Aufstieg nach V b V c ohne Aufstieg nach V b	7 mit Aufstieg nach 8 und 8 a
7	Keine	7 mit Aufstieg nach 7 a 6 mit Aufstieg nach 7und 7 a
6	VI b mit Aufstieg nach V c VI b ohne Aufstieg nach V c	6 mit Aufstieg nach 6 a 5 mit Aufstieg nach 6 und 6 a
5	VII mit Aufstieg nach VI b VII ohne Aufstieg nach VI b	5 mit Aufstieg nach 5 a 4 mit Aufstieg nach 5 und 5 a
4	Keine	4 mit Aufstieg nach 4 a 3 mit Aufstieg nach 4 und 4 a

(Fortsetzung nächste Seite)

Entgelt-gruppe	Vergütungsgruppe	Lohngruppe
3	VIII mit Aufstieg nach VII VIII ohne Aufstieg nach VII	3 mit Aufstieg nach 3 a 2 mit Aufstieg nach 3 und 3 a
2 Ü	Keine	2 mit Aufstieg nach 2 a 1 mit Aufstieg nach 2 und 2 a
2	IX a mit Aufstieg nach VIII IX mit Aufstieg nach IX a oder VIII X (keine Stufe 6)	1 mit Aufstieg nach 1 a (keine Stufe 6)
1	Beschäftigte mit einfachsten Tätigkeiten, zum Beispiel – Essens- und Getränkeausgeber/innen – Garderobenpersonal – Spülen und Gemüseputzen und sonstige Tätigkeiten im Haus- und Küchenbereich – Reiniger/innen in Außenbereichen wie Höfe, Wege, Grünanlagen, Parks – Wärter/innen von Bedürfnisanstalten – Servierer/innen – Hausarbeiter/innen – Hausgehilfe/Hausgehilfin – Bote/Botin (ohne Aufsichtsfunktion) Ergänzungen können durch landesbezirklichen Tarifvertrag geregelt werden. Hinweis: Diese Zuordnung gilt unabhängig von bisherigen tariflichen Zuordnungen zu Vergütungs-/Lohngruppen.	

Anlage 4

Kr-Anwendungstabelle

Werte aus Entgeltgruppe allg. Tabelle	Entgeltgruppe KR	Zuordnungen Vergütungsgruppen KR/KR-Verläufe	Grundentgelt		Entwicklungsstufen			
			Stufe 1	Stufe 2	Stufe 3	Stufe 4	Stufe 5	Stufe 6
EG 12	12 a	XII mit Aufstieg nach XIII	–	–	3200	3550 nach 2 J. St. 3	4000 nach 3 J. St. 4	4200
EG 11	11 b	XI mit Aufstieg XII	–	–		3200	3635	3835
EG 11	11 a	X mit Aufstieg nach XI	–	–	2900	3200 nach 2 J. St. 3	3635 nach 5 J. St. 4	–
EG 10	10 a	IX mit Aufstieg nach X	–	–	2800	3000 nach 2 J. St. 3	3380 nach 3 J. St. 4	–
	9 d	VIII mit Aufstieg nach IX	–	–	2730	2980 nach 4 J. St. 3	3180 nach 2 J. St. 4	–
EG 9, EG 9b	9 c	VII mit Aufstieg nach VIII	–	–	2650	2840 nach 5 J. St. 3	3020 nach 5 J. St. 4	–
	9 b	VI mit Aufstieg nach VII / VII ohne Aufstieg	–	–	2410	2730 nach 5 J. St. 3	2840 nach 5 J. St. 4	–
	9 a	VI ohne Aufstieg	–	–	2410	2495 nach 5 J. St. 3	2650 nach 5 J. St. 4	–
EG 7, EG 8, EG 9b	8 a	V a mit Aufstieg nach VI / V mit Aufstieg nach V a und VI / V mit Aufstieg nach VI	– / 2000	2130	2240	2330	2495	2650

(Fortsetzung nächste Seite)

Werte aus Entgeltgruppe allg. Tabelle	Entgeltgruppe KR	Zuordnungen Vergütungsgruppen KR/KR–Verläufe	Grundentgelt		Entwicklungsstufen			
			Stufe 1	Stufe 2	Stufe 3	Stufe 4	Stufe 5	Stufe 6
EG 7, EG 8	7 a	V mit Aufstieg nach V a	–	2000	2130	2330	2430	2533★
		IV mit Aufstieg nach V und V a	1850★					–
		IV mit Aufstieg nach V						
EG 4, EG 6	4 a	II mit Aufstieg nach III und IV	1652★	1780	1900	2155	2220	2340★
		III mit Aufstieg nach IV						
EG 3, EG 4	3 a	I mit Aufstieg nach II	1575	1750	1800	1880	1940	2081

Anlage 5

Kr-Anwendungstabelle

Werte aus Entgeltgruppe allg. Tabelle	Entgeltgruppe KR	Zuordnungen Vergütungsgruppen KR/KR-Verläufe	Grundentgelt			Entwicklungsstufen		
			Stufe 1	Stufe 2	Stufe 3	Stufe 4	Stufe 5	Stufe 6
EG 12	12 a	XII mit Aufstieg nach XIII	–	–	3008	3337 nach 2 J. St. 3	3760 nach 3 J. St. 4	3948
EG 11	11 b	XI mit Aufstieg XII	–	–	–	3008	3417	3605
EG 11	11 a	X mit Aufstieg nach XI	–	–	2726	3008 nach 2 J. St. 3	3417 nach 5 J. St. 4	–
EG 10	10 a	IX mit Aufstieg nach X	–	–	2632	2820 nach 2 J. St. 3	3177 nach 3 J. St. 4	–
EG 9, EG 9b	9 d	VIII mit Aufstieg nach IX	–	–	2566	2801 nach 4 J. St. 3	2989 nach 2 J. St. 4	–
	9 c	VII mit Aufstieg nach VIII	–	–	2491	2670 nach 5 J. St. 3	2839 nach 5 J. St. 4	–
	9 b	VI mit Aufstieg nach VII / VII ohne Aufstieg	–	–	2265	2566 nach 5 J. St. 3	2670 nach 5 J. St. 4	–
	9 a	VI ohne Aufstieg	–	–	2265	2345 nach 5 J. St. 3	2491 nach 5 J. St. 4	–
EG 7, EG 8, EG 9b	8 a	V a mit Aufstieg nach VI / V mit Aufstieg nach V a und VI / V mit Aufstieg nach VI	– / 1880	2002	2106	2190	2345	2491

(Fortsetzung nächste Seite)

193

Werte aus Entgeltgruppe allg. Tabelle	Entgeltgruppe KR	Zuordnungen Vergütungsgruppen KR/KR-Verläufe	Grundentgelt		Entwicklungsstufen			
			Stufe 1	Stufe 2	Stufe 3	Stufe 4	Stufe 5	Stufe 6
EG 7, EG 8	7 a	V mit Aufstieg nach V a	–	1880	2002	2190	2284	2381★
		IV mit Aufstieg nach V und V a	1739★					
		IV mit Aufstieg nach V						–
EG 4, EG 6	4 a	II mit Aufstieg nach III und IV	1553★	1673	1786	2026	2087	2200★
		III mit Aufstieg nach IV						
EG 3, EG 4	3 a	I mit Aufstieg nach II	1481	1645	1692	1767	1824	1956

10 a. Tarifvertrag für Auszubildende des öffentlichen Dienstes (TVAöD) – Allgemeiner Teil –

vom 13. September 2005

Zwischen der Bundesrepublik Deutschland, vertreten durch das Bundesministerium des Innern, und der Vereinigung der kommunalen Arbeitgeberverb, vertreten durch den Vorstand, einerseits und ver.di – Vereinigte Dienstleistungsgewerkschaft (ver.di), vertreten durch den Bundesvorstand, diese handelnd für
– Gewerkschaft der Polizei,
– Industriegewerkschaft Bauen – Agrar – Umwelt,
– Gemeinschaft – Erziehung und Wissenschaft,
andererseits wird Folgendes vereinbart:[1]

§ 1[2] **Geltungsbereich.** (1) Dieser Tarifvertrag gilt für

a) Personen, die in Verwaltungen und Betrieben, die unter den Geltungsbereich des TVöD fallen, in einem staatlich anerkannten oder als staatlich anerkannt geltenden Ausbildungsberuf ausgebildet werden,
b) Schülerinnen/Schüler in der Gesundheits- und Krankenpflege, Gesundheits- und Kinderkrankenpflege, Entbindungspflege und Altenpflege, die in Verwaltungen und Betrieben, die unter den Geltungsbereich des TVöD fallen, ausgebildet werden,
c) Auszubildende in Betrieben oder Betriebsteilen, auf deren Arbeitnehmerinnen/Arbeitnehmer der TV-V oder der TV-WW/NW Anwendung findet,
d) Auszubildende in Betrieben oder Betriebsteilen, auf deren Arbeitnehmerinnen/Arbeitnehmer ein TV-N Anwendung findet, soweit und solange nicht eine anderweitige landesbezirkliche Regelung getroffen wurde (Auszubildende).

(2) Dieser Tarifvertrag gilt nicht für

a) Schülerinnen/Schüler in der Krankenpflegehilfe und Altenpflegehilfe,
b) Praktikantinnen/Praktikanten und Volontärinnen/Volontäre,
c) Auszubildende, die in Ausbildungsberufen der Landwirtschaft, des Weinbaues oder der Forstwirtschaft ausgebildet werden,
d) körperlich, geistig oder seelisch behinderte Personen, die aufgrund ihrer Behinderung in besonderen Ausbildungswerkstätten, Berufsförderungswerkstätten oder in Lebenshilfeeinrichtungen ausgebildet werden.

(3) Soweit in diesem Tarifvertrag nichts anderes geregelt ist, gelten die jeweils einschlägigen gesetzlichen Vorschriften.

---

[1] Ein inhaltsgleicher TV wurde mit dbb tarifunion vereinbart.
[2] **Niederschriftserklärung zu § 1:** *Auszubildender im Sinne dieses Tarifvertrages ist, wer andere Personen zur Ausbildung einstellt.*

§ 1 a Geltungsbereich des Besonderen Teils. [In den Besonderen Teilen geregelt]

§ 2 Ausbildungsvertrag, Nebenabreden. (1) Vor Beginn des Ausbildungsverhältnisses ist ein schriftlicher Ausbildungsvertrag zu schließen, der neben der Bezeichnung des Ausbildungsberufs mindestens Angaben enthält über

a) die maßgebliche Ausbildungs- und Prüfungsordnung in der jeweils geltenden Fassung sowie Art, sachliche und zeitliche Gliederung der Ausbildung,
b) Beginn und Dauer der Ausbildung,
c) Dauer der regelmäßigen täglichen oder wöchentlichen Ausbildungszeit,
d) Dauer der Probezeit,
e) Zahlung und Höhe des Ausbildungsentgelts,
f) Dauer des Urlaubs,
g) Voraussetzungen, unter denen der Ausbildungsvertrag gekündigt werden kann,
h) die Geltung des Tarifvertrages für Auszubildende im öffentlichen Dienst (TVAöD) sowie einen in allgemeiner Form gehaltenen Hinweis auf die auf das Ausbildungsverhältnis anzuwendenden Betriebs-/Dienstvereinbarungen.

(2) ¹Nebenabreden sind nur wirksam, wenn sie schriftlich vereinbart werden. ²Sie können gesondert gekündigt werden, soweit dies einzelvertraglich vereinbart ist.

§ 3 Probezeit. [In den Besonderen Teilen geregelt]

§ 4 Ärztliche Untersuchungen. (1) ¹Auszubildende haben auf Verlangen des Ausbildenden vor ihrer Einstellung ihre gesundheitliche Eignung durch das Zeugnis eines Amts- oder Betriebsarztes nachzuweisen. ²Für Auszubildende, die unter das Jugendarbeitsschutzgesetz fallen, ist ergänzend § 32 Abs. 1 JArbSchG zu beachten.

(2) ¹Der Ausbildende ist bei begründeter Veranlassung berechtigt, Auszubildende zu verpflichten, durch ärztliche Bescheinigung nachzuweisen, dass sie in der Lage sind, die nach dem Ausbildungsvertrag übernommenen Verpflichtungen zu erfüllen. ²Bei dem beauftragten Arzt kann es sich um einen Betriebsarzt handeln, soweit sich die Betriebsparteien nicht auf einen anderen Arzt geeinigt haben. ³Die Kosten dieser Untersuchung trägt der Ausbildende.

(3) Auszubildende, die besonderen Ansteckungsgefahren ausgesetzt, mit gesundheitsgefährdenden Tätigkeiten beschäftigt oder mit der Zubereitung von Speisen beauftragt sind, sind in regelmäßigen Zeitabständen oder auf ihren Antrag bei Beendigung des Ausbildungsverhältnisses ärztlich zu untersuchen.

§ 5 Schweigepflicht, Nebentätigkeiten. (1) Auszubildende haben in demselben Umfang Verschwiegenheit zu wahren wie die Beschäftigten des Ausbildenden.

(2) [1]Nebentätigkeiten gegen Entgelt haben Auszubildende ihrem Ausbildenden rechtzeitig vorher schriftlich anzuzeigen. [2]Der Ausbildende kann die Nebentätigkeit untersagen oder mit Auflagen versehen, wenn diese geeignet ist, die nach dem Ausbildungsvertrag übernommenen Verpflichtungen der Auszubildenden oder berechtigte Interessen des Ausbildenden zu beeinträchtigen.

§ 6 Personalakten. (1) [1]Die Auszubildenden haben ein Recht auf Einsicht in ihre vollständigen Personalakten. [2]Sie können das Recht auf Einsicht durch einen hierzu schriftlich Bevollmächtigten ausüben lassen. [3]Sie können Auszüge oder Kopien aus ihren Personalakten erhalten.

(2) [1]Beurteilungen sind Auszubildenden unverzüglich bekannt zu geben. [2]Die Bekanntgabe ist aktenkundig zu machen.

§ 7 Wöchentliche und tägliche Ausbildungszeit. [In den Besonderen Teilen geregelt]

§ 8 Ausbildungsentgelt. [In den Besonderen Teilen geregelt]

§ 8 a Unständige Entgeltbestandteile. Für die Ausbildung an Samstagen, Sonntagen, Feiertagen und Vorfesttagen, für den Bereitschaftsdienst und die Rufbereitschaft, für die Überstunden und für die Zeitzuschläge gelten die für die Beschäftigten des Ausbildenden geltenden Regelungen sinngemäß.

§ 9 Urlaub. (1) Auszubildende erhalten in jedem Urlaubsjahr Erholungsurlaub unter Fortzahlung ihres Ausbildungsentgelts (§ 8) in entsprechender Anwendung der für die Beschäftigten des Ausbildenden geltenden Regelungen.

(2) Der Erholungsurlaub ist nach Möglichkeit zusammenhängend während der unterrichtsfreien Zeit zu erteilen und in Anspruch zu nehmen.

§ 10 Ausbildungsmaßnahmen außerhalb der Ausbildungsstätte. [In den Besonderen Teilen geregelt]

§ 10 a Familienheimfahrten. [In den Besonderen Teilen geregelt]

§ 11 Schutzkleidung, Ausbildungsmittel. [In den Besonderen Teilen geregelt]

§ 12 Entgelt im Krankheitsfall. (1) Werden Auszubildende durch Arbeitsunfähigkeit infolge Krankheit ohne ihr Verschulden verhindert, ihre Verpflichtungen aus dem Ausbildungsvertrag zu erfüllen, erhalten sie für die Zeit der Arbeitsunfähigkeit für die Dauer von bis zu sechs Wochen sowie nach Maßgabe der gesetzlichen Bestimmungen bei Wiederholungserkrankungen das Ausbildungsentgelt (§ 8) in entsprechender Anwendung der für die Beschäftigten des Ausbildenden geltenden Regelungen fortgezahlt.

(2) Im Übrigen gilt das Entgeltfortzahlungsgesetz.

(3) Bei der jeweils ersten Arbeitsunfähigkeit, die durch einen bei dem Ausbildenden erlittenen Arbeitsunfall oder durch eine bei dem Ausbildenden zugezogene Berufskrankheit verursacht ist, erhalten Auszubildende nach Ablauf des nach Absatz 1 maßgebenden Zeitraums bis zum Ende der 26. Woche seit dem Beginn der Arbeitsunfähigkeit einen Krankengeldzuschuss in Höhe des Unterschiedsbetrages zwischen dem Bruttokrankengeld und dem sich nach Absatz 1 ergebenden Nettoausbildungsentgelt, wenn der zuständige Unfallversicherungsträger den Arbeitsunfall oder die Berufskrankheit anerkennt.

§ 12a Entgeltfortzahlung in anderen Fällen. (1) Auszubildenden ist das Ausbildungsentgelt für insgesamt fünf Ausbildungstage fortzuzahlen, um sich vor den in den Ausbildungsordnungen vorgeschriebenen Abschlussprüfungen ohne Bindung an die planmäßige Ausbildung auf die Prüfung vorbereiten zu können; bei der Sechstagewoche besteht dieser Anspruch für sechs Ausbildungstage.

(2) Der Freistellungsanspruch nach Absatz 1 verkürzt sich um die Zeit, für die Auszubildende zur Vorbereitung auf die Abschlussprüfung besonders zusammengefasst werden; es besteht jedoch mindestens ein Anspruch auf zwei Ausbildungstage.

(3) Im übrigen gelten die für die Beschäftigten des Ausbildenden maßgebenden Regelungen zur Arbeitsbefreiung entsprechend.

§ 13 Vermögenswirksame Leistungen. (1) [1]Nach Maßgabe des Vermögensbildungsgesetzes in seiner jeweiligen Fassung erhalten Auszubildende im Tarifgebiet West eine vermögenswirksame Leistung in Höhe von 13,29 Euro monatlich und im Tarifgebiet Ost in Höhe von 6,65 Euro monatlich. [2]Der Anspruch auf vermögenswirksame Leistungen entsteht frühestens für den Kalendermonat, in dem den Ausbildenden die erforderlichen Angaben mitgeteilt werden, und für die beiden vorangegangenen Monate desselben Kalenderjahres.

(2) Die vermögenswirksamen Leistungen sind kein zusatzversorgungspflichtiges Entgelt.

(3) Die in Absatz 1 Satz 1 genannten Beträge gelten nicht für die Auszubildenden der Sparkassen.

§ 14 Jahressonderzahlung. (1) [1]Auszubildende, die am 1. Dezember in einem Ausbildungsverhältnis stehen, haben Anspruch auf eine Jahressonderzahlung. [2]Diese beträgt bei Auszubildenden, für die die Regelungen des Tarifgebiets West Anwendung finden, und für Auszubildende der ostdeutschen Sparkassen 90 v.H. sowie bei den sonstigen Auszubildenden, für die die Regelungen des Tarifgebiets Ost Anwendung finden, 67,5 v.H. des den Auszubildenden für November zustehenden Ausbildungsentgelts (§ 8).

(2) [1]Der Anspruch ermäßigt sich um ein Zwölftel für jeden Kalendermonat, in dem Auszubildende keinen Anspruch auf Ausbildungsentgelt (§ 8), Fortzahlung des Entgelts während des Erholungsurlaubs (§ 9) oder im Krankheitsfall (§ 12) haben. [2]Die Verminderung unterbleibt für Kalendermonate,

für die Auszubildende wegen Beschäftigungsverboten nach § 3 Abs. 2 und § 6 Abs. 1 des Mutterschutzgesetzes kein Ausbildungsentgelt erhalten haben. [3] Die Verminderung unterbleibt ferner für Kalendermonate der Inanspruchnahme der Elternzeit nach dem Bundeserziehungsgeldgesetz bis zum Ende des Kalenderjahres, in dem das Kind geboren ist, wenn am Tag vor Antritt der Elternzeit Entgeltanspruch bestanden hat.

(3) [1] Die Jahressonderzahlung wird mit dem für November zustehenden Ausbildungsentgelt ausgezahlt. [2] Ein Teilbetrag der Jahressonderzahlung kann zu einem früheren Zeitpunkt ausgezahlt werden.

(4) Auszubildende, die im unmittelbaren Anschluss an die Ausbildung von ihrem Ausbildenden in ein Arbeitsverhältnis übernommen werden und am 1. Dezember noch in diesem Arbeitsverhältnis stehen, erhalten zusammen mit der anteiligen Jahressonderzahlung aus dem Arbeitsverhältnis eine anteilige Jahressonderzahlung aus dem Ausbildungsverhältnis.

(5) Für die Jahre 2005 und 2006 gelten die in Anlage 1 aufgeführten Übergangsregelungen.

§ 15 Zusätzliche Altersversorgung. Die Versicherung zum Zwecke einer zusätzlichen Altersversorgung wird durch besonderen Tarifvertrag geregelt.

§ 16 Beendigung des Ausbildungsverhältnisses. (1) [1] Das Ausbildungsverhältnis endet mit Ablauf der Ausbildungszeit; abweichende gesetzliche Regelungen bleiben unberührt. [2] Im Falle des Nichtbestehens der Abschlussprüfung verlängert sich das Ausbildungsverhältnis auf Verlangen der Auszubildenden bis zur nächstmöglichen Wiederholungsprüfung, höchstens um ein Jahr.

(2) Können Auszubildende ohne eigenes Verschulden die Abschlussprüfung erst nach beendeter Ausbildungszeit ablegen, gilt Absatz 1 Satz 2 entsprechend.

(3) Beabsichtigt der Ausbildende keine Übernahme in ein Arbeitsverhältnis, hat er dies den Auszubildenden drei Monate vor dem voraussichtlichen Ende der Ausbildungszeit schriftlich mitzuteilen.

(4) Nach der Probezeit (§ 3) kann das Ausbildungsverhältnis unbeschadet der gesetzlichen Kündigungsgründe nur gekündigt werden

a) aus einem sonstigen wichtigen Grund ohne Einhalten einer Kündigungsfrist,

b) von Auszubildenden mit einer Kündigungsfrist von vier Wochen.

(5) Werden Auszubildende im Anschluss an das Ausbildungsverhältnis beschäftigt, ohne dass hierüber ausdrücklich etwas vereinbart worden ist, so gilt ein Arbeitsverhältnis auf unbestimmte Zeit als begründet.

§ 16a Übernahme von Auszubildenden. [In dem Besonderen Teil BBiG geregelt]

§ 17 Abschlussprämie. (1) [1] Bei Beendigung des Ausbildungsverhältnisses aufgrund erfolgreich abgeschlossener Abschlussprüfung bzw. staatlicher Prüfung erhalten Auszubildende eine Abschlussprämie als Einmalzahlung in Höhe von 400 Euro. [2]Die Abschlussprämie ist kein zusatzversorgungspflichtiges Entgelt. [3]Sie ist nach Bestehen der Abschlussprüfung bzw. der staatlichen Prüfung fällig.

(2) [1]Absatz 1 gilt nicht für Auszubildende, die ihre Ausbildung nach erfolgloser Prüfung aufgrund einer Wiederholungsprüfung abschließen. [2]Im Einzelfall kann der Ausbildende von Satz 1 abweichen.

(3) Die Absätze 1 und 2 gelten erstmals für Ausbildungsverhältnisse, die im Jahr 2006 beginnen.

§ 18 Zeugnis. [In dem Besonderen Teil BBiG geregelt]

§ 19 Ausschlussfrist. Ansprüche aus dem Ausbildungsverhältnis verfallen, wenn sie nicht innerhalb einer Ausschlussfrist von sechs Monaten nach Fälligkeit von den Auszubildenden oder vom Ausbildenden schriftlich geltend gemacht werden.

§ 20 In-Kraft-Treten, Laufzeit. (1) [1]Dieser Tarifvertrag tritt am 1. Oktober 2005 in Kraft. [2]Abweichend von Satz 1 tritt § 14 Abs. 1 bis 4 am 1. Januar 2007 in Kraft.

(2) Dieser Tarifvertrag kann mit einer Frist von drei Monaten zum Ende eines Kalenderhalbjahres, frühestens zum 31. Dezember 2009, schriftlich gekündigt werden.

(3) Abweichend von Absatz 2 können § 14 sowie § 17 jeweils gesondert zum 31. Dezember eines jeden Jahres, frühestens jedoch zum 31. Dezember 2008, schriftlich gekündigt werden.

(4) [1]Dieser Tarifvertrag ersetzt für den Bereich des Bundes die in Anlage 2 aufgeführten Tarifverträge. [2]Die Ersetzung erfolgt mit Wirkung vom 1. Oktober 2005, soweit in Anlage 2 kein abweichender Termin bestimmt ist.

(5) Mit In-Kraft-Treten dieses Tarifvertrages finden im Bereich der Mitgliedverbände der VKA die in Anlage 3 aufgeführten Tarifverträge auf die in § 1 Abs. 1 genannten Personen keine Anwendung mehr.

§ 20a In-Kraft-Treten, Laufzeit des Besonderen Teils. [In den Besonderen Teilen geregelt]

Anlage 1 (Bund)[1]

Jahressonderzahlung für das Jahr 2006

Die mit dem Ausbildungsentgelt für den Monat November 2006 zu zahlende Jahressonderzahlung für das Jahr 2006 berechnet sich für den Bereich des Bundes nach den Bestimmungen des § 14 Abs. 1 bis 4 mit folgenden Maßgaben:

1. Der Bemessungssatz der Jahressonderzahlung beträgt in allen Entgeltgruppen
   a) bei Auszubildenden nach BBiG, für die die Regelungen des Tarifgebiets West Anwendung finden, 83,20 v. H.,
   b) bei Auszubildenden nach BBiG, für die die Regelungen des Tarifgebiets Ost Anwendung finden, 62,41 v. H.,
   c) bei Schülerinnen/Schülern, die nach Maßgabe des Krankenpflegegesetzes oder des Hebammengesetzes ausgebildet werden und für die die Regelungen des Tarifgebiets West Anwendung finden, 82,14 v. H.,
   d) bei Schülerinnen/Schülern, die nach Maßgabe des Krankenpflegegesetzes oder des Hebammengesetzes ausgebildet werden und für die die Regelungen des Tarifgebiets Ost Anwendung finden, 61,60 v. H.
2. [1]Der sich nach Nr. 1 ergebende Betrag der Jahressonderzahlung erhöht sich um einen Betrag in Höhe von 255,65 Euro. [2]Der Zusatzbetrag nach Satz 1 ist kein zusatzversorgungspflichtiges Entgelt.

Anlage 1 (VKA)

Jahressonderzahlungen für die Jahre 2005 und 2006

(1) [1]Im Zeitraum vom 1. Oktober bis 31. Dezember 2005 gelten im Bereich der Mitgliedverbände der VKA folgende Tarifverträge als den TVAöD ergänzende Tarifverträge:

a) Tarifvertrag über eine Zuwendung für Auszubildende (VKA) vom 12. Oktober 1973,
b) Tarifvertrag über eine Zuwendung für Auszubildende (TV Zuwendung Azubi-O) vom 5. März 1991,
c) Tarifvertrag über eine Zuwendung für Auszubildende (TV Zuwendung Azubi-Ostdeutsche Sparkassen) vom 25. Oktober 1990,

---

[1] **Niederschriftserklärung zu Anlage 1 (Bund):**
1. Auszubildende, deren Ausbildungsverhältnis mit dem Bund nach dem 31. Juli 2003 begründet worden ist, erhalten im Jahr 2005 mit dem Ausbildungsentgelt für den Monat November 2005 eine Zuwendung in gleicher Weise (Anspruchsgrund und Anspruchshöhe) wie im Jahr 2004.
2. Auszubildende, deren Ausbildungsverhältnis mit dem Bund vor dem 1. August 2003 begründet worden ist, erhalten im Jahr 2005 eine Zuwendung nach Maßgabe der nachwirkenden Tarifverträge über eine Zuwendung.

d) Tarifvertrag über eine Zuwendung für Schülerinnen/Schüler, die nach Maßgabe des Krankenpflegegesetzes oder des Hebammengesetzes ausgebildet werden, vom 21. April 1986,

e) Tarifvertrag über eine Zuwendung für Schülerinnen/Schüler, die nach Maßgabe des Krankenpflegegesetzes oder des Hebammengesetzes ausgebildet werden (TV Zuwendung Schü-O), vom 5. März 1991.

[2] Die unter Satz 1 Buchst. a bis e aufgeführten Tarifverträge finden auf Auszubildende, die unter den Geltungsbereich des TVAöD fallen, nach dem 31. Dezember 2005 keine Anwendung mehr.

(2) [1] Die mit dem Ausbildungsentgelt für den Monat November 2006 zu zahlende Jahressonderzahlung beträgt bei Auszubildenden,

a) für die die Regelungen des Tarifgebiets West und bis zum 31. Dezember 2005 die unter Absatz 1 Satz 1 Buchst. a und c aufgeführten Tarifverträge Anwendung finden, 83,20 v. H.,

b) für die die Regelungen des Tarifgebiets West und bis zum 31. Dezember 2005 der unter Absatz 1 Satz 1 Buchst. d aufgeführte Tarifvertrag Anwendung finden, 82,14 v. H.,

c) für die die Regelungen des Tarifgebiets Ost und bis zum 31. Dezember 2005 der unter Absatz 1 Satz 1 Buchst. b aufgeführte Tarifvertrag Anwendung finden, 62,41 v. H.,

d) für die die Regelungen des Tarifgebiets Ost und bis zum 31. Dezember 2005 der unter Absatz 1 Satz 1 Buchst. e aufgeführte Tarifvertrag Anwendung finden, 61,60 v. H.

des den Auszubildenden für November 2006 zustehenden Ausbildungsentgelts nach Maßgabe der Bestimmungen des § 14 Abs. 1 bis 4. [2] Der sich nach Satz 1 ergebende Betrag erhöht sich um 255,65 Euro. [3] Der Erhöhungsbetrag nach Satz 2 ist kein zusatzversorgungspflichtiges Entgelt.

(3) Die Absätze 1 und 2 gelten für Auszubildende, mit denen nach dem 30. September 2005 ein Ausbildungsverhältnis begründet wird, entsprechend.

Anlage 2 (zu § 20 Abs. 4)

1. Manteltarifvertrag für Auszubildende vom 6. Dezember 1974,
2. Manteltarifvertrag für Auszubildende (Mantel-TV Azubi-O) vom 5. März 1991,
3. Ausbildungsvergütungstarifvertrag Nr. 22 für Auszubildende vom 31. Januar 2003,
4. Ausbildungsvergütungstarifvertrag Nr. 7 für Auszubildende (Ost) vom 31. Januar 2003,
5. Tarifvertrag über vermögenswirksame Leistungen an Auszubildende vom 17. Dezember 1970,
6. Tarifvertrag über vermögenswirksame Leistungen an Auszubildende (TV VL Azubi-O) vom 8. Mai 1991,
7. Tarifvertrag über ein Urlaubsgeld für Auszubildende (Bund) vom 16. März 1977, mit Wirkung ab 1. Januar 2006,

8. Tarifvertrag über ein Urlaubsgeld für Auszubildende (TV Urlaubsgeld Azubi-O) vom 5. März 1991, mit Wirkung ab 1. Januar 2006,
9. Tarifvertrag über eine Zuwendung für Auszubildende (Bund) vom 12. Oktober 1973, mit Wirkung ab 1. Januar 2006,
10. Tarifvertrag über eine Zuwendung für Auszubildende (TV Zuwendung Azubi-O) vom 5. März 1991, mit Wirkung ab 1. Januar 2006,
11. Tarifvertrag zur Regelung der Rechtsverhältnisse der Schülerinnen/ Schüler, die nach Maßgabe des Krankenpflegegesetzes oder des Hebammengesetzes ausgebildet werden, vom 28. Februar 1986,
12. Tarifvertrag zur Regelung der Rechtsverhältnisse der Schülerinnen/ Schüler, die nach Maßgabe des Krankenpflegegesetzes oder des Hebammengesetzes ausgebildet werden (Mantel-TV Schü-O), vom 5. März 1991,
13. Ausbildungsvergütungstarifvertrag Nr. 12 für Schülerinnen/Schüler, die nach Maßgabe des Krankenpflegegesetzes oder des Hebammengesetzes ausgebildet werden, vom 31. Januar 2003,
14. Ausbildungsvergütungstarifvertrag Nr. 7 für Schülerinnen/Schüler, die nach Maßgabe des Krankenpflegegesetzes oder des Hebammengesetzes ausgebildet werden (Ost), vom 31. Januar 2003,
15. Tarifvertrag über ein Urlaubsgeld für Schülerinnen/Schüler, die nach Maßgabe des Krankenpflegegesetzes in der Krankenpflege oder in der Kinderkrankenpflege oder nach Maßgabe des Hebammengesetzes ausgebildet werden, vom 21. April 1986, mit Wirkung ab 1. Januar 2006,
16. Tarifvertrag über ein Urlaubsgeld für Schülerinnen/Schüler, die nach Maßgabe des Krankenpflegegesetzes in der Krankenpflege oder in der Kinderkrankenpflege oder nach Maßgabe des Hebammengesetzes ausgebildet werden (TV Urlaubsgeld Schü-O), vom 5. März 1991, mit Wirkung ab 1. Januar 2006,
17. Tarifvertrag über eine Zuwendung für Schülerinnen/Schüler, die nach Maßgabe des Krankenpflegegesetzes oder des Hebammengesetzes ausgebildet werden, vom 21. April 1986, mit Wirkung ab 1. Januar 2006,
18. Tarifvertrag über eine Zuwendung für Schülerinnen/Schüler, die nach Maßgabe des Krankenpflegegesetzes oder des Hebammengesetzes ausgebildet werden (TV Zuwendung Schü-O), vom 5. März 1991, mit Wirkung ab 1. Januar 2006.

Anlage 3 (zu § 20 Abs. 5)

1. Manteltarifvertrag für Auszubildende vom 6. Dezember 1974,
2. Manteltarifvertrag für Auszubildende (Mantel-TV Azubi-O) vom 5. März 1991,
3. Manteltarifvertrag für Auszubildende (Mantel-TV Azubi-Ostdeutsche Sparkassen) vom 16. Mai 1991,
4. Ausbildungsvergütungstarifvertrag Nr. 22 für Auszubildende vom 31. Januar 2003,
5. Ausbildungsvergütungstarifvertrag Nr. 7 für Auszubildende (Ost) vom 31. Januar 2003,

6. Ausbildungsvergütungstarifvertrag Nr. 7 für Auszubildende der ostdeutschen Sparkassen vom 31. Januar 2003,
7. Tarifvertrag über vermögenswirksame Leistungen an Auszubildende vom 17. Dezember 1970,
8. Tarifvertrag über vermögenswirksame Leistungen an Auszubildende (TV VL Azubi-O) vom 8. Mai 1991,
9. Tarifvertrag über ein Urlaubsgeld für Auszubildende vom 16. März 1977,
10. Tarifvertrag über ein Urlaubsgeld für Auszubildende (TV Urlaubsgeld Azubi-O) vom 5. März 1991,
11. Tarifvertrag über ein Urlaubsgeld für Auszubildende (TV Urlaubsgeld Azubi-Ostdeutsche Sparkassen) vom 25. Oktober 1990,
12. Tarifvertrag zur Regelung der Rechtsverhältnisse der Schülerinnen/Schüler, die nach Maßgabe des Krankenpflegegesetzes oder des Hebammengesetzes ausgebildet werden, vom 28. Februar 1986,
13. Tarifvertrag zur Regelung der Rechtsverhältnisse der Schülerinnen/Schüler, die nach Maßgabe des Krankenpflegegesetzes oder des Hebammengesetzes ausgebildet werden (Mantel-TV Schü-O), vom 5. März 1991,
14. Ausbildungsvergütungstarifvertrag Nr. 12 für Schülerinnen/Schüler, die nach Maßgabe des Krankenpflegegesetzes oder des Hebammengesetzes ausgebildet werden, vom 31. Januar 2003,
15. Ausbildungsvergütungstarifvertrag Nr. 7 für Schülerinnen/Schüler, die nach Maßgabe des Krankenpflegegesetzes oder des Hebammengesetzes ausgebildet werden (Ost), vom 31. Januar 2003,
16. Tarifvertrag über ein Urlaubsgeld für Schülerinnen/Schüler, die nach Maßgabe des Krankenpflegegesetzes in der Krankenpflege oder in der Kinderkrankenpflege oder nach Maßgabe des Hebammengesetzes ausgebildet werden, vom 21. April 1986,
17. Tarifvertrag über ein Urlaubsgeld für Schülerinnen/Schüler, die nach Maßgabe des Krankenpflegegesetzes in der Krankenpflege oder in der Kinderkrankenpflege oder nach Maßgabe des Hebammengesetzes ausgebildet werden (TV Urlaubsgeld Schü-O), vom 5. März 1991.

Anlage 4 (VKA)

Einmalzahlungen für die Jahre 2006 und 2007

(1) Die im Bereich der Mitgliedverbände der VKA von diesem Tarifvertrag erfassten Auszubildenden im Tarifgebiet West erhalten für die Jahre 2006 und 2007 jeweils eine Einmalzahlung in Höhe von 100 Euro, die mit dem Ausbildungsentgelt des Monats Juli 2006 bzw. Juli 2007 ausgezahlt wird.

(2) Der Anspruch auf die Einmalzahlungen nach Absatz 1 besteht, wenn der/die Auszubildende an mindestens einem Tag des Monats Juli 2006 bzw. Juli 2007 Anspruch auf Ausbildungsentgelt gegen einen in § 1 Abs. 1 genannten Ausbildenden hat.

(3) Die Einmalzahlungen sind bei der Bemessung sonstiger Leistungen nicht zu berücksichtigen.

(4) Die Absätze 1 bis 3 gelten nicht für Schülerinnen/Schüler in der Altenpflege.

Anlage 5

Übergangsregelungen für Schülerinnen/Schüler in der Altenpflege
[Regelung zum Besonderen Teil Pflege, S. 213 ff.][1]

---

[1] **Anlage 5 Übergangsregelungen für Schülerinnen/Schüler in der Altenpflege:**
1. Für Schülerinnen/Schüler in der Altenpflege, deren Ausbildungsverhältnis vor dem 1. Oktober 2005 begonnen hat, gelten die jeweils einzelvertraglich vereinbarten Ausbildungsentgelte bis zur Beendigung des Ausbildungsverhältnisses weiter, soweit einzelvertraglich nichts Abweichendes vereinbart wird.
2. Soweit Ausbildende von Schülerinnen/Schülern in der Altenpflege bis zum 30. September 2005 ein Ausbildungsentgelt gezahlt haben, das niedriger ist als die in § 8 Abs. 1 geregelten Ausbildungsentgelte, gelten für die Ausbildungsentgelte bei Ausbildungsverhältnissen, die nach dem 30. September 2005 beginnen, spätestens ab 1. Januar 2008 die in § 8 Abs. 1 geregelten Beträge.

10 b. Tarifvertrag für Auszubildende des öffentlichen Dienstes (TVAöD) – Besonderer Teil BBiG –

vom 13. September 2005

Zwischen der Bundesrepublik Deutschland, vertreten durch das Bundesministerium des Innern, und der Vereinigung der kommunalen Arbeitgeberverbände, vertreten durch den Vorstand, einerseits und ver.di – Vereinigte Dienstleistungsgewerkschaft (ver.di) vertreten durch den Bundesvorstand, diese handelnd für
– Gewerkschaft der Polizei,
– Industriegewerkschaft Bauen – Agrar – Umwelt,
– Gemeinschaft – Erziehung und Wissenschaft,
andererseits wird Folgendes vereinbart:[1]

§ 1 a Geltungsbereich des Besonderen Teils. (1) [1]Dieser Tarifvertrag gilt nur für die in § 1 Abs. 1 des Tarifvertrages für Auszubildende des öffentlichen Dienstes (TVAöD) – Allgemeiner Teil unter Buchst. a, c und d aufgeführten Auszubildenden. [2]Er bildet im Zusammenhang mit dem Allgemeinen Teil des TVAöD den Tarifvertrag für die Auszubildenden des öffentlichen Dienstes nach BBiG (TVAöD – BBiG).

(2) Soweit in den nachfolgenden Bestimmungen auf die §§ 2, 4, 5, 6, 8 a, 9, 12, 12 a, 13, 14, 15, 16, 17, 19 und die Anlagen 1 bis 4 verwiesen wird, handelt es sich um die Regelungen des TVAöD – Allgemeiner Teil.

§ 3 Probezeit. (1) Die Probezeit beträgt drei Monate.

(2) Während der Probezeit kann das Ausbildungsverhältnis von beiden Seiten jederzeit ohne Einhalten einer Kündigungsfrist gekündigt werden.

§ 7 Wöchentliche und tägliche Ausbildungszeit. (1) Die regelmäßige durchschnittliche wöchentliche Ausbildungszeit und die tägliche Ausbildungszeit der Auszubildenden, die nicht unter das Jugendarbeitsschutzgesetz fallen, richten sich nach den für die Beschäftigten des Ausbildenden maßgebenden Vorschriften über die Arbeitszeit.

(2) Wird das Führen von Berichtsheften (Ausbildungsnachweisen) verlangt, ist den Auszubildenden dazu Gelegenheit während der Ausbildungszeit zu geben.

(3) An Tagen, an denen Auszubildende an einem theoretischen betrieblichen Unterricht von mindestens 270 tatsächlichen Unterrichtsminuten teilnehmen, dürfen sie nicht zur praktischen Ausbildung herangezogen werden.

---

[1] Ein inhaltsgleicher TV wurde mit dbb tarifunion vereinbart.

(4) ¹Unterrichtszeiten einschließlich der Pausen gelten als Ausbildungszeit. ²Dies gilt auch für die notwendige Wegezeit zwischen Unterrichtsort und Ausbildungsstätte, sofern die Ausbildung nach dem Unterricht fortgesetzt wird.

(5) Auszubildende dürfen an Sonn- und Wochenfeiertagen und in der Nacht zur Ausbildung nur herangezogen werden, wenn dies nach dem Ausbildungszweck erforderlich ist.

(6) ¹Auszubildende dürfen nicht über die nach Absatz 1 geregelte Ausbildungszeit hinaus zu Mehrarbeit herangezogen und nicht mit Akkordarbeit beschäftigt werden. ²§§ 21, 23 JArbSchG und § 17 Abs. 3 BBiG bleiben unberührt.

§ 8 Ausbildungsentgelt. (1) ¹Das monatliche Ausbildungsentgelt beträgt für Auszubildende, für die die Regelungen des Tarifgebiets West Anwendung finden,

im ersten Ausbildungsjahr	617,34 Euro,
im zweiten Ausbildungsjahr	666,15 Euro,
im dritten Ausbildungsjahr	710,93 Euro,
im vierten Ausbildungsjahr	773,06 Euro.

²Das monatliche Ausbildungsentgelt beträgt für Auszubildende des Bundes, für die die Regelungen des Tarifgebiets Ost Anwendung finden,

im ersten Ausbildungsjahr	571,04 Euro,
im zweiten Ausbildungsjahr	616,19 Euro,
im dritten Ausbildungsjahr	657,61 Euro,
im vierten Ausbildungsjahr	715,08 Euro.

³Das monatliche Ausbildungsentgelt beträgt für Auszubildende im Bereich der Mitgliedverbände der VKA, für die die Regelungen des Tarifgebiets Ost Anwendung finden,

a) ab 1. Oktober 2005

im ersten Ausbildungsjahr	580,30 Euro,
im zweiten Ausbildungsjahr	626,18 Euro,
im dritten Ausbildungsjahr	668,27 Euro,
im vierten Ausbildungsjahr	726,68 Euro.

b) ab 1. Juli 2006

im ersten Ausbildungsjahr	589,56 Euro,
im zweiten Ausbildungsjahr	636,17 Euro,
im dritten Ausbildungsjahr	678,94 Euro,
im vierten Ausbildungsjahr	738,27 Euro.

c) ab 1. Juli 2007

im ersten Ausbildungsjahr	598,82 Euro,
im zweiten Ausbildungsjahr	646,17 Euro,
im dritten Ausbildungsjahr	689,60 Euro,
im vierten Ausbildungsjahr	749,87 Euro.

(2) Das Ausbildungsentgelt ist zu demselben Zeitpunkt fällig wie das den Beschäftigten des Ausbildenden gezahlte Entgelt.

(3) Im Geltungsbereich des TV-S wird eine von Absatz 1 abweichende Regelung getroffen.

(4) Ist wegen des Besuchs einer weiterführenden oder einer berufsbildenden Schule oder wegen einer Berufsausbildung in einer sonstigen Einrichtung die Ausbildungszeit verkürzt, gilt für die Höhe des Ausbildungsentgelts der Zeitraum, um den die Ausbildungszeit verkürzt wird, als abgeleistete Ausbildungszeit.

(5) Wird die Ausbildungszeit

a) gemäß § 16 Abs. 1 Satz 2 verlängert oder

b) auf Antrag der Auszubildenden nach § 8 Abs. 2 BBiG von der zuständigen Stelle oder nach § 27 b Abs. 2 der Handwerksordnung von der Handwerkskammer verlängert, wenn die Verlängerung erforderlich ist, um das Ausbildungsziel zu erreichen,

wird während des Zeitraums der Verlängerung das Ausbildungsentgelt des letzten regelmäßigen Ausbildungsabschnitts gezahlt.

(6) In den Fällen des § 16 Abs. 2 erhalten Auszubildende bis zur Ablegung der Abschlussprüfung das Ausbildungsentgelt des letzten regelmäßigen Ausbildungsabschnitts, bei Bestehen der Prüfung darüber hinaus rückwirkend von dem Zeitpunkt an, an dem das Ausbildungsverhältnis geendet hat, den Unterschiedsbetrag zwischen dem ihnen gezahlten Ausbildungsentgelt und dem für das vierte Ausbildungsjahr maßgebenden Ausbildungsentgelt.

(7) Im Bereich der Mitgliedverbände der VKA werden für die Jahre 2006 und 2007 Einmalzahlungen nach Maßgabe der Anlage 4 gezahlt.

§ 10 Ausbildungsmaßnahmen außerhalb der Ausbildungsstätte.

(1) Bei Dienstreisen und Reisen zur Ablegung der in den Ausbildungsordnungen vorgeschriebenen Prüfungen erhalten Auszubildende eine Entschädigung in entsprechender Anwendung der für die Beschäftigten des Ausbildenden geltenden Reisekostenbestimmungen in der jeweiligen Fassung.

(2) [1]Bei Reisen zur Teilnahme an überbetrieblichen Ausbildungsmaßnahmen im Sinne des § 5 Abs. 2 Satz 1 Nr. 6 BBiG außerhalb der politischen Gemeindegrenze der Ausbildungsstätte werden die entstandenen notwendigen Fahrtkosten bis zur Höhe der Kosten der Fahrkarte der jeweils niedrigsten Klasse des billigsten regelmäßig verkehrenden Beförderungsmittels (im Bahnverkehr ohne Zuschläge) erstattet; Möglichkeiten zur Erlangung von Fahrpreisermäßigungen (z. B. Schülerfahrkarten, Monatsfahrkarten, BahnCard) sind auszunutzen. [2]Beträgt die Entfernung zwischen den Ausbildungsstätten hierbei mehr als 300 km, können im Bahnverkehr Zuschläge bzw. besondere Fahrpreise (z. B. für ICE) erstattet werden. [3]Die nachgewiesenen notwendigen Kosten einer Unterkunft am auswärtigen Ort sind, soweit nicht eine unentgeltliche Unterkunft zur Verfügung steht, bis zu 20 Euro pro Übernachtung erstattungsfähig. [4]Zu den Auslagen des bei notwendiger auswärtiger Unterbringung entstehenden Verpflegungsmehraufwands wird für volle Kalendertage der Anwesenheit am auswärtigen Ausbildungsort ein Verpflegungszuschuss in Höhe der nach der Sachbezugsverordnung maßgebenden Sachbezugswerte für Frühstück, Mittagessen und Abendessen gewährt. [5]Bei unentgeltlicher Verpflegung wird der jeweilige Sachbezugswert einbehalten. [6]Bei einer über ein Wochenende oder einen Feiertag hinaus andau

ernden Ausbildungsmaßnahme werden die dadurch entstandenen Mehrkosten für Unterkunft und Verpflegungsmehraufwand nach Maßgabe der Sätze 3 bis 5 erstattet.

(3) Ist der Besuch einer auswärtigen Berufsschule vom Ausbildenden veranlasst, werden die notwendigen Fahrtkosten sowie die Auslagen für Unterkunft und Verpflegungsmehraufwand nach Maßgabe des Absatzes 2 erstattet.

(4) Bei Abordnungen und Zuweisungen werden die Kosten nach Maßgabe des Absatzes 2 erstattet.

§ 10a Familienheimfahrten. [1]Für Familienheimfahrten vom jeweiligen Ort der Ausbildungsstätte oder vom Ort der auswärtigen Berufsschule, deren Besuch vom Ausbildenden veranlasst wurde, zum Wohnort der Eltern, der Erziehungsberechtigten oder der Ehegattin/des Ehegatten oder der Lebenspartnerin/des Lebenspartners werden den Auszubildenden monatlich einmal die im Bundesgebiet entstandenen notwendigen Fahrtkosten bis zur Höhe der Kosten der Fahrkarte der jeweils niedrigsten Klasse des billigsten regelmäßig verkehrenden Beförderungsmittels (im Bahnverkehr ohne Zuschläge) erstattet; Möglichkeiten zur Erlangung von Fahrpreisermäßigungen (z.B. Schülerfahrkarten, Monatsfahrkarten, BahnCard) sind auszunutzen. [2]Beträgt die Entfernung mehr als 300 km, können im Bahnverkehr Zuschläge bzw. besondere Fahrpreise (z.B. für ICE) erstattet werden. [3]Die Sätze 1 und 2 gelten nicht, wenn aufgrund geringer Entfernung eine tägliche Rückkehr möglich und zumutbar ist oder der Aufenthalt am jeweiligen Ort der Ausbildungsstätte oder der auswärtigen Berufsschule weniger als vier Wochen beträgt.

§ 11 Schutzkleidung, Ausbildungsmittel. (1) Soweit das Tragen von Schutzkleidung gesetzlich vorgeschrieben oder angeordnet ist, wird sie unentgeltlich zur Verfügung gestellt und bleibt Eigentum des Ausbildenden.

(2) Der Ausbildende hat den Auszubildenden kostenlos die Ausbildungsmittel zur Verfügung zu stellen, die zur Berufsausbildung und zum Ablegen von Zwischen- und Abschlussprüfungen erforderlich sind.

§ 16a Übernahme von Auszubildenden. [1]Die Tarifvertragsparteien wirken darauf hin, dass Auszubildende nach erfolgreich bestandener Abschlussprüfung für mindestens zwölf Monate in ein Arbeitsverhältnis übernommen werden, soweit nicht personen- oder verhaltensbedingte Gründe entgegenstehen. [2]Satz 1 gilt nicht, soweit die Verwaltung bzw. der Betrieb über Bedarf ausgebildet hat. [3]Diese Regelung tritt mit Ablauf des 31. Dezember 2007 außer Kraft.

§ 18 Zeugnis. [1]Der Ausbildende hat den Auszubildenden bei Beendigung des Berufsausbildungsverhältnisses ein Zeugnis auszustellen. [2]Das Zeugnis muss Angaben über Art, Dauer und Ziel der Berufsausbildung sowie über die erworbenen Fertigkeiten und Kenntnisse der Auszubildenden enthalten. [3]Auf deren Verlangen sind auch Angaben über Führung, Leistung und besondere fachliche Fähigkeiten aufzunehmen.

§ 20a In-Kraft-Treten, Laufzeit des Besonderen Teils. (1) Dieser Tarifvertrag tritt am 1. Oktober 2005 in Kraft.

(2) Er kann mit einer Frist von drei Monaten zum Ende eines Kalenderhalbjahres, frühestens zum 31. Dezember 2009, schriftlich gekündigt werden.

(3) Abweichend von Absatz 2 kann § 8 Abs. 1 mit einer Frist von einem Monat zum Schluss eines Kalendermonats, frühestens jedoch zum 31. Dezember 2007, schriftlich gekündigt werden.

10 c Tarifvertrag für Auszubildende des öffentlichen Dienstes (TVAöD)
– Besonderer Teil Pflege –

vom 13. September 2005

Zwischen der Bundesrepublik Deutschland, vertreten durch das Bundesministerium des Innern, und der Vereinigung der kommunalen Arbeitgeberverbände, vertreten durch den Vorstand, einerseits und ver.di – Vereinigte
Dienstleistungsgewerkschaft (ver.di) vertreten durch den Bundesvorstand,
diese handelnd für
– Gewerkschaft der Polizei,
– Industriegewerkschaft Bauen – Agrar – Umwelt,
– Gemeinschaft – Erziehung und Wissenschaft,
andererseits wird Folgendes vereinbart:[1]

§ 1a Geltungsbereich des Besonderen Teils. (1) [1]Dieser Tarifvertrag
gilt nur für die in § 1 Abs. 1 des Tarifvertrages für Auszubildende des öffentlichen Dienstes (TVAöD) – Allgemeiner Teil unter Buchst. b aufgeführten
Auszubildenden. [2]Er bildet im Zusammenhang mit dem Allgemeinen Teil
des TVAöD den Tarifvertrag für die Auszubildenden des öffentlichen Dienstes in Pflegeberufen (TVAöD – Pflege).

(2) Soweit in den nachfolgenden Bestimmungen auf die §§ 2, 4, 5, 6, 8a,
9, 12, 12a, 13, 14, 15, 16, 17, 19 und die Anlagen 1 bis 4 verwiesen wird,
handelt es sich um die Regelungen des TVAöD – Allgemeiner Teil.

§ 3 Probezeit. (1) Die Probezeit beträgt sechs Monate.

(2) Während der Probezeit kann das Ausbildungsverhältnis von beiden
Seiten jederzeit ohne Einhalten einer Kündigungsfrist gekündigt werden.

§ 7 Wöchentliche und tägliche Ausbildungszeit. (1) Die regelmäßige
durchschnittliche wöchentliche Ausbildungszeit und die tägliche Ausbildungszeit der Auszubildenden, die nicht unter das Jugendarbeitsschutzgesetz
fallen, richten sich nach den für die Beschäftigten des Ausbildenden maßgebenden Vorschriften über die Arbeitszeit.

(2) Auszubildende dürfen im Rahmen des Ausbildungszwecks auch an
Sonntagen und Wochenfeiertagen und in der Nacht ausgebildet werden.

(3) Eine über die durchschnittliche regelmäßige wöchentliche Ausbildungszeit hinausgehende Beschäftigung ist nur ausnahmsweise zulässig.

§ 8 Ausbildungsentgelt. (1) [1]Das monatliche Ausbildungsentgelt beträgt
für Schülerinnen/Schüler in der Gesundheits- und Krankenpflege, Gesund-

---

[1] Ein inhaltsgleicher TV wurde mit dbb tarifunion vereinbart.

heits- und Kinderkrankenpflege, Entbindungspflege und Altenpflege, für die
die Regelungen des Tarifgebiets West Anwendung finden,

im ersten Ausbildungsjahr   729,06 Euro,
im zweiten Ausbildungsjahr   788,57 Euro,
im dritten Ausbildungsjahr   884,44 Euro.

[2]Das monatliche Ausbildungsentgelt beträgt im Bereich des Bundes für
Schülerinnen/Schüler in der Gesundheits- und Krankenpflege, Gesundheits-
und Kinderkrankenpflege, Entbindungspflege und Altenpflege, für die die
Regelungen des Tarifgebiets Ost Anwendung finden,

im ersten Ausbildungsjahr   674,38 Euro,
im zweiten Ausbildungsjahr   729,43 Euro,
im dritten Ausbildungsjahr   818,11 Euro,

[3]Das monatliche Ausbildungsentgelt beträgt im Bereich der Mitgliedverbände
der VKA für Schülerinnen/Schüler in der Gesundheits- und Krankenpflege,
Gesundheits- und Kinderkrankenpflege, Entbindungspflege und Altenpflege,
für die die Regelungen des Tarifgebiets Ost Anwendung finden,

a) ab 1. Oktober 2005
    im ersten Ausbildungsjahr   685,32 Euro,
    im zweiten Ausbildungsjahr   741,26 Euro,
    im dritten Ausbildungsjahr   831,37 Euro,
b) ab 1. Juli 2006
    im ersten Ausbildungsjahr   696,25 Euro,
    im zweiten Ausbildungsjahr   753,08 Euro,
    im dritten Ausbildungsjahr   844,64 Euro,
c) ab 1. Juli 2007
    im ersten Ausbildungsjahr   707,19 Euro,
    im zweiten Ausbildungsjahr   764,91 Euro,
    im dritten Ausbildungsjahr   857,91 Euro,

[4]Abweichend von den Sätzen 1 bis 3 gelten für Schülerinnen/Schüler in der
Altenpflege die Übergangsregelungen in Anlage 5.

(2) Das Ausbildungsentgelt ist zu demselben Zeitpunkt fällig wie das den
Beschäftigten des Ausbildenden gezahlte Entgelt.

(3) Für den Bereich der Mitgliedverbände der VKA werden für die Jahre
2006 und 2007 Einmalzahlungen nach Maßgabe der Anlage 4 gezahlt.

§ 10 Ausbildungsmaßnahmen außerhalb der Ausbildungsstätte.

(1) Bei Dienstreisen erhalten die Auszubildenden eine Entschädigung in
entsprechender Anwendung der für die Beschäftigten des Ausbildenden geltenden Reisekostenbestimmungen in der jeweiligen Fassung.

(2) Bei Reisen zur vorübergehenden Ausbildung an einer anderen Einrichtung außerhalb der politischen Gemeindegrenze der Ausbildungsstätte
sowie zur Teilnahme an Vorträgen, an Arbeitsgemeinschaften oder an Übungen werden die entstandenen notwendigen Fahrtkosten bis zur Höhe der
Kosten für die Fahrkarte der jeweils niedrigsten Klasse des billigsten regelmäßig verkehrenden Beförderungsmittels (im Bahnverkehr ohne Zuschläge) erstattet; Möglichkeiten zur Erlangung von Fahrpreisermäßigungen (z. B.
Schülerfahrkarten, Monatsfahrkarten, BahnCard) sind auszunutzen.

§ 10 a Familienheimfahrten. [1]Für Familienheimfahrten vom jeweiligen Ort der Ausbildungsstätte zum Wohnort der Eltern, der Erziehungsberechtigten oder der Ehegattin/des Ehegatten oder der Lebenspartnerin/des Lebenspartners werden den Auszubildenden monatlich einmal die im Bundesgebiet entstandenen notwendigen Fahrtkosten bis zur Höhe der Kosten der Fahrkarte der jeweils niedrigsten Klasse des billigsten regelmäßig verkehrenden Beförderungsmittels (im Bahnverkehr ohne Zuschläge) erstattet; Möglichkeiten zur Erlangung von Fahrpreisermäßigungen (z. B. Schülerfahrkarten, Monatsfahrkarten, BahnCard) sind auszunutzen. [2]Satz 1 gilt nicht, wenn aufgrund geringer Entfernung eine tägliche Rückkehr möglich und zumutbar ist oder der Aufenthalt am jeweiligen Ort der Ausbildungsstätte weniger als vier Wochen beträgt.

§ 11 Schutzkleidung, Ausbildungsmittel. (1) Für die Gewährung von Schutzkleidung gelten die für die in dem Beruf beim Ausbildenden tätigen Beschäftigten jeweils maßgebenden Bestimmungen, in dem die Auszubildenden ausgebildet werden.

(2) Der Ausbildende hat den Auszubildenden kostenlos die Ausbildungsmittel zur Verfügung zu stellen, die zur Ausbildung und zum Ablegen der staatlichen Prüfung erforderlich sind.

§ 20 a In-Kraft-Treten, Laufzeit des Besonderen Teils. (1) Dieser Tarifvertrag tritt am 1. Oktober 2005 in Kraft.

(2) Er kann mit einer Frist von drei Monaten zum Ende eines Kalenderhalbjahres, frühestens zum 31. Dezember 2009, schriftlich gekündigt werden.

(3) Abweichend von Absatz 2 kann § 8 Abs. 1 mit einer Frist von einem Monat zum Schluss eines Kalendermonats, frühestens jedoch zum 31. Dezember 2007, gesondert schriftlich gekündigt werden.

Buchanzeigen

BERUF UND KARRIERE
Die richtigen Bücher für Ihren Erfolg

ArbG · Arbeitsgesetze

mit den wichtigsten Bestimmungen zum Arbeitsverhältnis, KündigungsR, ArbeitsschutzR, BerufsbildungsR, TarifR, BetriebsverfassungsR, MitbestimmungsR und VerfahrensR.
Stand: 1.8.2005.

Textausgabe.
67. Aufl. 2005. 852 S.
€ 7,–. dtv 5006
Neu im Oktober 2005

EU-ArbR · EU-Arbeitsrecht

Richtlinien und Verordnungen der Europäischen Union dominieren in zunehmendem Maße das nationale Arbeitsrecht. Dieser Band enthält alle einschlägigen Vorschriften mit Querverweisen auf die Textausgabe »ArbG«, dtv 5006 (siehe links).

Textausgabe.
2. Aufl. 2004. 467 S.
€ 11,–. dtv 5751

Schaub
Arbeitsrecht von A–Z

Rund 650 Stichwörter zum aktuellen Recht mit den Arbeitsmarktreformen.
Aussperrung, Befristung von Arbeitsverträgen, Betriebsrat, Gewerkschaften, Jugendarbeitsschutz, Kündigung, Mitbestimmung, Elternzeit, Ruhegeld, Streik, Tarifvertrag, Teilzeitarbeit, Zeugnis u.a.m.

17. Aufl. 2004. 1097 S. §
€ 14,50. dtv 5041

Schaub/Rühle
Guter Rat im Arbeitsrecht

Für Arbeitgeber und Arbeitnehmer.
Eine praxisnahe Übersicht über das gesamte Arbeitsrecht mit zahlreichen Mustern und Beispielsfällen.

3. Aufl. 2003. 889 S. §
€ 14,–. dtv 5600

Schaub
Rechte und Pflichten als Arbeitnehmer

Anbahnung und Abschluss des Arbeitsvertrages sowie seine Beendigung, Rechte und Pflichten, der Einfluss des Betriebsrats, Betriebsnachfolge, Sonderrechte.

8. Aufl. 2001. 576 S. §
€ 13,50. dtv 5229

MitbestG ·
Mitbestimmungsgesetze

Mitbestimmung in den
Unternehmen, mit den
Wahlordnungen 2002 zum
Mitbestimmungsgesetz.

Textausgabe.
7. Aufl. 2003. 351 S.
€ 10,–. dtv 5524

SGB III · Arbeitsförderung

mit SGB II (Hartz IV), Leis-
tungsentgeltVO, Tabellen
Arbeitslosengeld II VO,
AltersteilzeitG, Beschäfti-
gungsVO und weiteren
wichtigen Vorschriften.

Textausgabe.
10. Aufl. 2005. 427 S.
€ 9,–. dtv 5597

Schulz
Kündigungsschutz im
Arbeitsrecht von A–Z

Alle wesentlichen Fragen
zum Thema »Kündigung und
Kündigungsschutz« in rund
400 Stichwörtern erläutert.

4. Aufl. 2006. Rd. 300 S.   §
Ca. € 10,–. dtv 5070
In Vorbereitung für
Anfang 2006

Notter/Obenaus/Ruf
Arbeitsrecht
in Frage und Antwort

Fragen und Antworten rund
um das Arbeitsverhältnis.

1. Aufl. 2004. 348 S.   §
€ 10,–. dtv 50629

Wetter
Ärger im Betrieb

Hilfestellung bei Abmah-
nung und Kündigung,
Mobbing und allen wei-
teren Problemen am
Arbeitsplatz.

2. Aufl. 2004. 206 S.   €
€ 9,–. dtv 50606

Schaub/Kreft
Der Betriebsrat

Wahlen – Organisation –
Rechte – Pflichten.
Mit der Reform der Betriebs-
verfassung.
Wahl und Organisation des
Betriebsrats, Mitbestimmung
in sozialen und personellen
Angelegenheiten, Beteili-
gung des Betriebsrats in
wirtschaftlichen Angelegen-
heiten, Verfahren nach dem
BetrVG.

8. Aufl. 2006. Rd. 650 S.   §
Ca. € 14,–. dtv 5202
In Vorbereitung für
Anfang 2006

Wetter
Der richtige
Arbeitsvertrag

Die wichtigsten Rechtsfragen bei Vertragsabschluss
und späteren Änderungen.
Mit Vertragsmustern und
Gesetzestexten im Anhang.

3. Aufl. 2000. 117 S.   §
€ 5,88. dtv 50607

Schaub/Künzl
Arbeitsgerichtsverfahren

Rechte · Pflichten · Verfahren · Instanzen.
Klagearten, Klageerhebung, Güteverhandlung, Vertretung durch Anwalt, Rechtsmittel, Vollstreckung, Einstweilige Verfügung, Beschlussverfahren, Kosten.

7. Aufl. 2004. 475 S. §
€ 14,–. dtv 5205

Schulz
Alles über Arbeitszeugnisse

Zeugnissprache, Haftung, Rechtsschutz.
Arbeitszeugnisse beeinflussen maßgeblich die Entscheidung über Erfolg oder Misserfolg einer Bewerbung.

Der Ratgeber behandelt nicht nur Rechtsfragen, sondern gibt auch Einblick in die »Geheimsprachen« und die Möglichkeiten zu ihrer Entschlüsselung.
Mit Zeugnismustern und Beispielen.

7. Aufl. 2003. 189 S. §
€ 9,50. dtv 5280

Schmidt
Freie Mitarbeit – Ehrenamt – Minijob von A–Z

Rechtslexikon zu den arbeits-, steuer- und sozialversicherungsrechtlichen Fragen bei der Ausübung eines Ehrenamtes, einer Nebentätigkeit, einer Tätigkeit als freier Mitarbeiter oder Ein-Personen-Unternehmer.

2. Aufl. Rd. 390 S. §
Ca. € 13,50. dtv 5678
In Vorbereitung

Rittweger
Altersteilzeit

Mit Beispielen, Faustformeln und Vertragsmustern.

1. Aufl. 2001. 233 S. §
€ 11,50. dtv 5636

Hansen/Kanstinger
Zeitarbeit von A–Z

Fachbegriffe, Zusammenhänge, Checklisten.
Die übersichtliche und handliche Informationsquelle zur Zeitarbeit in Deutschland, die das breite inhaltliche Spektrum sachlich, kurz, prägnant und verständlich wiedergibt.

1. Aufl. 2001. 152 S. §
€ 8,50. dtv 50850

Gröner/Fuchs-Brüninghoff
Lexikon der Berufsausbildung

Über 1500 Begriffe für Ausbilder, Führungskräfte und Personalentwickler.
Didaktik und Methodik, Rechtsgrundlagen, jugendpsychologische Fragen, Grundfragen der Berufsbildung.

1. Aufl. 2004. 486 S. €
€ 15,–. dtv 50835

BeamtR · Beamtenrecht

BundesbeamtenG,
BeamtenrechtsrahmenG,
BundesbesoldungsG,
BeamtenversorgungsG,
BundesdisziplinarG,
Beihilfevorschriften und
weitere Vorschriften des
Beamtenrechts.

Textausgabe.
21. Aufl. 2005. 514 S.
€ 8,50. dtv 5529

**TVöD/TVÜ · Tarifrecht
öffentlicher Dienst
Bund und Kommunen**

Textausgabe.
1. Aufl. 2006. 234 S.
€ 5,–. dtv 5768
Neu im Januar 2006

**EingruppR ·
Eingruppierungsrecht**

Öffentlicher Dienst. Tarifliche und außertarifliche
Eingruppierungs-Richtlinien.

Textausgabe.
1. Aufl. 2006. Rd. 300 S.
Ca. € 10,–. dtv 5769
In Vorbereitung für
Anfang 2006 →

**BAT · Bundes-
Angestelltentarifvertrag**

mit Vergütungstarifverträ-
gen, Versorgungs-Tarifver-
trägen und anderen Tarif-
verträgen, Bundespersonal-
vertretungsG mit Wahlord-
nung, Beihilfevorschriften.

Textausgabe.
16. Aufl. 2006. Rd. 320 S.
Ca. € 6,50. dtv 5553
In Vorbereitung für
Anfang 2006

**BAT-O · Bundes-
Angestelltentarifvertrag–
Ost**

Tarifverträge für Angestellte
und Auszubildende.

Textausgabe.
10. Aufl. 2003. 252 S.
€ 8,–. dtv 5565

Hugo-Becker
Der Test zur Berufswahl

Meine Motive, Vorlieben
und Stärken.
Der Test zeigt, wo Stärken,
Schwächen und Vorlieben
liegen. Die Ergebnisse helfen, den passenden Beruf
zu finden und Fehler bei der
Berufswahl zu vermeiden.

1. Aufl. 2005. 250 S.
€ 9,50. dtv 50884

Schabert/Lattke
Der Bewerbungsratgeber

Praktische Tipps für Wieder-
einsteiger und Absolventen.

1. Aufl. 2001. 145 S.   €
€ 8,50. dtv 50856

Nasemann

Richtig bewerben

Praktische Hinweise für die Stellensuche, Inhalt und Form der Bewerbung, alle Rechtsfragen zu Vorstellungsgespräch und Einstellungstest.

5. Aufl. 2002. 129 S.   §
€ 7,–. dtv 50608

Göpfert

Aktiv bewerben

Tipps für die Stellensuche, Bewerbung und Vorstellung. Anschauliche Beschreibungen und Beispiele, Formulierungsvorschläge und praxisnahe Tipps helfen, ein individuelles Bewerbungskonzept zu entwickeln und

in allen Phasen der Bewerbung überzeugend zu argumentieren.

1. Aufl. 2006. Rd. 140 S.
Ca. € 7,50. dtv 50896
In Vorbereitung für
Frühjahr 2006

Lee

Jobsuche weltweit

Global Job-Seeking Strategies in English.
Bewerben in englischer Sprache. Mit Informationen zu Arbeitsmärkten, Branchen, Gehältern, Einreisebestimmungen, Arbeitserlaubnis, Förderprogrammen, Arbeitsverträgen, Sozialabgaben, Recherchemöglichkeiten u.v.m.

1. Aufl. Rd. 200 S.   €
Ca. € 10,–. dtv 50867
In Vorbereitung

Hell

Assessment Center

Souverän agieren –
gekonnt überzeugen.
Der Band beantwortet alle Fragen rund um ein Assessment Center: Erwartungen, Abläufe, mögliche und auch

»inoffizielle« Übungen, Beurteilung.
Mit praktischen Tipps und Übungsbeispielen.

1. Aufl. 2006. Rd. 190 S.
Ca. € 10,–. dtv 50892
In Vorbereitung für
Anfang 2006

Reinker

Das Job-Lexikon

Erste Hilfe für den Berufsstart.
Eine Fülle von Informationen, praktischen Tipps und Denkanstößen, garniert mit witzigen Beispielen aus dem Berufsalltag.

1. Aufl. 2004. 768 S.   €
€ 19,50. dtv 50878

Aus den Pressestimmen:

»Die wichtigsten Finten und fiesesten Fettnäpfchen für Berufseinsteiger.«
               SPIEGEL online

»Besonders schön: der Mix aus seriöser Information und witzigen Beispielen aus dem Berufsalltag.«
               Young Miss

»750 Seiten voller Tipps, Infos und Denkanstöße – was soll da noch passieren.«
               Berliner Morgenpost